KB268364

왜 인간은 도덕적이어야 하는가? 어떻게 도덕적일 수 있는가? 무엇이 옳고 그르며, 무엇이 선이며 악인가? 도덕의 원리는 무엇인가? 도덕은 실재하는가, 혹여 사람들이 약속을 통해 만들어낸 가공물에 지나지 않는가? 전통과 공동체, 하나님의 존재 없이 도덕을 생각할 수 있는가? 이러한 물음은 자연법의 입장에서 출발하는가, 하나님의 명령에서 출발하는가, 인간의 의무의 관점에서 출발하는가, 공리적인 입장에서 출발하는가에 따라 다른 답을 얻게 된다. 존 헤어는 현존하는 도덕철학자 중 "하나님의 명령의 윤리"(Ethics of Divine Command)를 가장 분명하고 설득력 있게 주장하는 철학자다. 우리는 이 책을 통해 도덕이 어디에 근거를 두는지, 도덕적 의무의 요구와 우리의 능력 사이의 간격을 어떻게 좁힐 수 있을지, 우리가 어떻게 선을 추구하면서 살아갈 수 있을지를 제대로 배울 수 있는 기회를 얻게 될 것이다.

강영안 | 미국 칼빈 신학대학원 철학신학 교수, 서강대학교 명예교수

미국 예일 대학교에서 철학적 신학을 가르치고 있는 존 헤어는 사람이 도덕적으로 살아야 하는 이유와 그렇게 살 수 있는 근거를 하나님에게서 찾는다. 절대 선이신 하나님이 인간을 선하게 살도록 창조했기 때문에 도덕의 토대와 이유를 하나님과 그분의 뜻으로부터 찾아야 한다는 것이다. 헤어는 도덕에서의 하나님의 자리와 하나님의 명령의 윤리로서의 기독교 윤리를 학문적으로 연구하고 변호하는 데 크게 기여해왔다. 그 학문적 성과물을 대중적인 눈높이에 맞춰 일반인들이 더 쉽게 이해하도록 내놓은 것이 바로 이 책이다. 그는 이 책에서 인간이 왜 선하게 살아야 하고, 선하게 살 수 있는 하나님의 도우심이 무엇인지를 설명한다. 이 책은 하나님 없이도 인간의 도덕적 지각, 본성, 이성, 공동체 등을 통해 도덕적 이상을 실현할 수 있다고 주장하는 오래된 도덕적 낙관주의에 이의를 제기하고 그 논리적 모순과 한계를 분석한다. 신명 윤리는 기독교 윤리가 타율적이고 유아적인 윤리 체계라는 비판에 대해 하나님과의 언약과 사랑의 관계 속에서 행해지는 매우 자유로운 윤리 체계라고 결론 부분에서 대답한다. 독자들은 이 책을 통해 어렵게 느껴졌던 철학적이고 신학적인 주제들이 일상과 연결되어 편하게 이해되는 뜻밖의 선물을 받게 될 것이다.

신원하 | 고려신학대학원 원장, 기독교윤리학 교수

이 책은 "도덕은 하나님을 필요로 할까?"라는 칼빈 대학의 대중 강좌를 발전시킨 내용을 담고 있다. 기독교철학자 존 헤어는 도덕적 상대주의를 받아들이는 21세기에 하나님이 도덕의 절대적 기초라는 성경의 가르침을 옹호하고자 한다. 그는 도덕적 삶의 이유를 다루기 전에 먼저 도덕적 삶이 가능한지부터 다룬다. 도덕의 요구는 우리가 지키기에 너무 높다고 여겨지기 때문이다. 헤어는 도덕적 요구와 우리의 실행 능력 사이에 소위 "도덕적 간극"(moral gap)이 있다고 주장한다. 그에 따르면 인간 스스로 도덕의 요구를 완전히 충족시킬 수 없기에 도덕적 간극을 넘어서기 위해서는 하나님이 절대로 필요하다.

헤어는 속죄와 칭의, 성화라는 기독교 교리가 하나님께서 우리로 하여금 도덕적 간극을 어떻게 넘어서게 하시는지를 잘 보여준다고 주장한다. 그는 우리가 도덕적으로 선하게 살아야 하는 이유에 대해 제시된 네 가지 대안을 검토한 후에 도덕의 필수조건인 자율성이 하나님의 권위와 모순되지 않음을 보여주고자 한다. 헤어는 도덕적 삶의 실현 가능성을 성자 하나님을 다루는 기독론과 연결하고, 도덕적 삶의 이유를 성부 하나님을 다루는 신론과 연결한다. 도덕적으로 선한 삶이 한 개인의 역사에서 어떻게 구현되는지에 대해 성령론과 연결해서 이루어지는 논의는 앞으로 다루기로 약속된다. 삼위일체론에 기반한 윤리학을 시도한다는 점이 한국 윤리학자들과 기독교철학자들, 일반 성도들의 관심과 흥미를 끌기에 충분하다.

이경직 | 백석대학교 신학대학원 조직신학 교수

WHY BOTHER BEING GOOD?

The Place of God in the Moral Life

John Hare

우리는 어떻게 선한 삶을 살 수 있는가?

존 헤어 지음 | 정원호 옮김

왜 우리는 굳이 선한 삶을 살려고 노력해야 할까? 이것이 이 책의 주제다. 이 책을 구성하는 전체 10장 중 후반부 6장(제5장-제10장)은 왜 우리가 도덕적으로 선해야만 하는지, 혹은 도덕의 권위는 어디에서 오는지의 문제를 다룰 것이다. 하지만 이 질문은 도덕의 "실행 가능성"과 우리가 도덕적으로 선할 수 있는 **가능성**이 전제되지 않는다면 제기될 수 없다. 그래서 전반부 4장(제1장-제4장)은 이 문제를 다룬다. 우리가 왜 도덕적으로 선해야 하는지를 물으려면 먼저 그것이 우리에게 가능한지 알아야 하기 때문이다. 이 책 전체를 통한 나의 주장은 이렇다. 우리가 알고 있는 도덕은 기독교 신앙에 뿌리를 두고 있고, 기독교적 맥락이 제거될 때 도덕은 와해되기 시작한다. 그때 우리는 도덕의 요구를 어떻게 충족시킬 수 있는지, 특히 도덕적 요구는 어떤 권위에 근거하는지를 명확하게 알 수 없다.

우리는 제1장에서 도덕적으로 선하다는 것이 무엇을 의미하는지를 논한 뒤에 "도덕적 간극"(moral gap)의 문제를 제기할 것이다. 내가 생각하기에 도덕이란 우리가 어떻게 살아야 하는지에 대한 일군의 규범 체계다. 규범들은 우리가 중요하게 여기는 가치들을 지지해주거나 표현하기 위해 존재한다. 규범들은 우리가 도덕적으로 행동하도록 허용된 행위들과, 우리가 도덕적으로 그런 종류의 사람들이 될 것을 강요하는 중심 지침으로 구성된다. 나는 인간의 자연적 능력에 비춰볼 때 도덕의 요구는 인간에게 너무 높다고 생각한다. 이것이 "도덕적 간극"의 문제를 만든다. 우리는 어떻게 도덕적으로 **선할 수 있을까**? 기독교 교리에 따르면, 하나님은 우리를 특정한 방식으로 살도록 부르시고, 그다음에 정말로 그렇게 살 수 있도록 여러 가지 방법으로 도와주신다. 하지만 우리가 하나님의 도우심을 더 이상 믿지 않는다면, 우리는 그런 요구에 합리적으로 응할 수 있을까?

제2장은 현대 사상가들이 제안한 대안, 곧 하나님의 도우심에 대한 다양한 대안을 살펴본다. 내가 보기에 그 누구도 성공적인 대안을 제시하지 못했고, 도덕적 간극의 문제는 여전히 남아 있다. 제3장은 속죄, 칭의, 성화라는 세 가지 기독교 교리를 논한다. 이 교리들은 하나님의 도우심이 우리의 내면에서 어떻게 작용하는지를 설명한다. 이어서 제4장은 섭리에 대한 교리를 다루고, 하나님이 도덕적인 삶을 위해 우리의 외부 세계에서 베푸시는 도움이 무엇을 의미하는지 살펴본다. 우리는 세상이 모종의 도덕적 의미를 만들어낸다고 믿어야 한다.

이 책 후반부의 주제는 왜 우리가 도덕적으로 **반드시** 선해야 하는가의 문제다. 다시 말해 도덕적 권위의 근거는 무엇인가? 기독교 교리에 따르면 그 근거는 하나님의 뜻과 부르심이다. 우리는 제5장에서 이러한 견해에 대한 몇 가지 대안을 언급할 것이다. 나는 전반부에서와 마찬가지로 먼저 이 문제에 대한 비기독교적 답변들을 검토하고, 그것들이 충분한 대안이 될 수 있는지 살펴보려 한다. 한 가지 대안에 의하면 도덕의 권위는 감각적 지각의 권위와 흡사하며, 이는 너무 분명해서 근거가 있을 수 없다. 두 번째 대안은 도덕의 권위가 인간 본성에서 오는 것이고, 따라서 우리는 온전한 인간다움을 이루기 위해 도덕적으로 살아야 한다고 말한다. 또 다른 대안에 의하면 도덕은 이성의 명령이고, 그 명령을 거부하는 것은 비합리적이다. 마지막 대안은 우리가 공동체에 속한 일원임을 강조한다. 공동체는 우리가 사회적 정체성을 충실히 따르는지를 보여주는 조건으로 도덕을 요구하고, 그렇기에 우리는 도덕적으로 살아야 한다. 이와 같은 네 가지 대안은 우리가 하나님에게 호소하지 않고서도 도덕의 권위를 보존할 수 있는 길을 제시하려고 한다. 나는 제6장부터 제9장까지 이 네 가지 대안을 하나씩 차례로 살펴보고 각 제안들이 지닌 타당점들을 찾아본 후, 마지막으로 그것들이 전부 불충분하다는 결론을 내릴 것이다. 마지막 제10장은 자율성의 개념을 논한다. 우리가 하나님의 부르심이라는 권위 아래 살고 있다면, 어떻게 우리가 자율적일 수 있을까?

이 책은 기술적으로는 과거 자료를 검토하는 작업이다. 이 책은 기독교의 전통적 교리에서 어떻게 우리가 도덕적으로 선할 수 있고, 왜 그래야만 하는지에 대한 이해를 끄집어내려고 시도한다. 도덕 이론을 위한 자료 검토 작업은 세 번째 부분도 갖고 있지만 이 책에는 포함되지 않았다. 나는 좋은(선한) 삶을 사는 방법에 관해서는 많이 논하지 않는다. 구체적 사례에 대한 판단과 반대되는 도덕의 역할도 다루지 않는다. 나는 선한 삶의 구조 혹은 선한 삶이 어떻게 한 사람의 전체 인생사에 의해 구현되는지는 설명하려 하지 않았다. 하나님의 인도하심을 받는 것 혹은 부르심의 음성을 듣는 것도 내가 추구하는 주제는 아니었다. 이 책의 전반부는 주로 그리스도의 사역에 관한 교리와 관계되고, 후반부는 아버지 하나님에 관한 교리와 연관된다. (아직 쓰지 못한) 세 번째 부분은 성령에 관한 교리와 연관된 내용이다.

내가 이 책에서 제시한 모든 주장을 한 마디로 말하자면, 우리가 잘 알고 있는 도덕이 의미가 있으려면 신학적 배경이 요구된다는 사실이다. 물론 이 사실이 기독교 교리가 참이라는 것을 입증해주는 것은 아니다. 우리가 익숙하게 알고 있는 도덕을 거부할 수 있는 다른 가능성은 항상 존재한다. 내가 이 책에서 보여주려는 것은 다음과 같다. 곧 우리가 현재의 도덕을 그대로 따르면서 기독교 신학을 거부한다면, 그렇다면 우리는 지금까지 기독교 신학이 해오던 역할을 대신할 어떤 대체물을 찾아야만 할 것이다. 하지만 그런 대체물을 찾기란 쉽지 않을 것이다.

이 책은 미국 칼빈 대학에서 칼뱅 강연자(Calvin Lecturer)로 선정되어 일 년 동안 활동하는 교수들이 저술할 저작 시리즈의 첫 번째 책이다. 이 프로그램에 선정된 교수들은 캐나다, 미국, 유럽의 여러 대학을 방문해서 특정 학과나 학술 단체에서 더 전문적인 강좌를 개설할 뿐만 아니라 일반인을 대상으로 하는 대중 강좌도 개설한다. 학문 분야는 해마다 다르다. 나의 경우에 학술 분야는 철학이고, 하위 분과는 윤리학이다. 나의 일반 대중 강좌의 주제는 "도덕은 하나님을 필요로 할까?"였다.

이 저작 시리즈의 한 가지 목표는 각 저자의 전공 분야와 관계없는 일반 독자들에게도 각 전공 분야에 대한 흥미를 불러일으키는 것이다. 이것은 대단한 특권이다. 전문 철학자 중 몇 사람이나 자기 분야에 종사하는 소수의 철학자 집단을 위해서가 아니라 비전문가인 일반 독자를 위한 책을 쓸 기회를 갖겠는가? 나는 이 목표에 충실하려고 애썼고, 그래서 나의 평소의 집필 스타일에 두 가지 제약을 두었다. 첫째, 본문에 각주를 달지 않았다. 다만 각 장에 대한 참고 문헌을 책의 마지막에 포함시켰다. 나는 보통 책을 쓸 때 매 쪽마다 하단에 각주들로 장식을 했다. 나는 나의 논의에 소소한 조건들을 많이 다는 경향이 있고 또 학문적 책임을 느끼기 때문이다. 나는 처음 마주쳤던 출처를 밝히지 않은 채 다른 사람의 견해를 사용하고 싶지 않다. 하지만 이 책에서는 그 점에 신경 쓰지 않기로 했다. 출처가 궁금한 독자들은 세부적인 각주를 이미 출간된 나의 학술적인 저서들에서 확인할 수 있기 때문이다. 자세히 말하자면 이 책의 전반부 네 장에 대한 각주는 『도덕의 간극』(*The Moral Gap*)에 있다. 제1장과 관련된 상세한 문헌은 『도덕의 간극』 제1장에서, 제2장은 『도덕의 간극』 제4장, 제5장, 제7장에서 확인할 수 있고, 제3장의 문헌은 『도덕의 간극』 제8장, 제10장에서 확인할 수 있으며, 그리고 제4장의 문헌은 『도덕의 간극』 제3장에서 확인할 수 있다. 본서의 후반부 여섯 장에 대한 각주는 대부분 『하나님의 부르심』(*God's Call*)에서 확인할 수 있다. 제6장의 상세한 문헌은 『하나님의 부르심』 제1장과 『도덕의 간극』 제5장에서 확인할 수 있고, 제7장의 문헌은 『하나님의 부르심』 제2장에서 확인할 수 있으며, 제8장과 제9장의 문헌은 『도덕의 간극』 제6장에서 확인할 수 있고, 제10장의 문헌은 『하나님의 부르심』 제3장에서 확인할 수 있다.

내가 준수했던 두 번째 제약은 철학의 전문 용어를 배제하는 것이었다. 예를 들면, 일반적으로 사용되는 용어가 아니라면 "~주의"(ism)로 끝나는 모든 단어를 제외했다. 예를 들어 "상대주의"(relativism)는 허용했지만, "규정주의"(prescriptivism)는 제외됐다. 이 제약은 처음에 생각했던 것처럼 번거로운 일은 아니었다. 오히려 나는 저자가 충분히 노력한다면 대부분의 전문 용어들을 삭제하고 일상적인 단어들로 표현할 수 있다는 사실을 발견했다. 그 결과 나는 말하고자 하는 의미가 실제로 더욱 분명해졌다고 생각한다.

그렇지만 독자들이 꽤 어렵게 느낄 수 있는 몇 가지 사상은 논의에서 제외하지 않았다. 이 점에 대해 굳이 변명하지는 않겠다. 내 생각에 그것들은 한번쯤 철저히 공부해볼 가치가 있는 사상들이다. 독자들이 이 책을 다 읽은 후 내 말에 동의하길 바란다. 이 시대에 도덕 철학자이자 기독교인이 된다는 것은 아주 흥미로운 일이다. 기독교 신앙을 이해하는 데 도움이 되는 많은 사상이 최근의 철학사에 등장했으며, 거꾸로 신앙에 관한 많은 이론이 현재 상황에서의 철학적 논의를 이해하는 데 도움을 줄 수 있다. 그러나 양방향의 연결은 복잡한 작업이며, 그 연결의 이해는 지속적인 학문 작업을 필요로 한다.

나는 철학 전공자가 아닌 많은 사람도 이 책에 흥미를 느낄 수 있도록 하나의 방법을 고안했는데 그것은 시와 지어낸 예화와 같은 비철학적 자료를 도입한 것이다. 특히 지어낸 예화는 로사라는 엄마를 중심 인물로 해서 이 책 전체에 이어지는 가족 이야기로 구성된 것이다. 이것은 시나 산문 전문가가 아닌 사람에게는 모험적인 시도일 수밖에 없다. 나의 이러한 시도에서 투박함이나 미숙함을 느낄 수 있는 독자들에게는 미리 양해를 구한다. 내가 지어낸 예화들은 그 자체로서 훌륭한 이야기를 구성하려는 데 목적이 있지 않다. 그것들은 철학에 봉사하는 도구이고, 나는 그것들이 그러한 역할을 넘어서지 않도록 조심했다. 인용된 시도 주로 철학적 동기에서 해석했고, 각각의 시가 가진 의미 속으로 더 깊이 들어가고 싶은 충동은 자제했다.

나는 철학 전공자가 아닌 사람들, 나아가 기독교인이 아닌 사람들도 이 책을 읽었으면 좋겠다. 나는 철학 전공자가 아닌 기독교인들이 그들의 신앙에 대해 숙고해볼 수 있는 새롭고 유용한 방법을 발견하리라 기대한다. 철학적 사고는 전통 사상을 새롭게 이해하는 힘이 되며, 그 사상을 현대의 발전된 사상과 연결한다. 기독교인이 아닌 철학 전공자들 혹은 다른 전공자들은 지난 2천년 동안 나타난 다수의 위대한 철학 문헌들과 직접 관련된 윤리학을 숙고할 수 있을 것이다. 그들은 이 책을 통해 자신의 전통을 더 깊이 이해할 것이고, 나아가 현대 윤리 이론이 봉착해 있는 몇 가지 심각한 난관들을 해결할 수 있는 기독교적 자료들을 발견할 수 있을 것이다.

나 자신의 교회 배경과 철학적 배경을 독자들에게 밝힐 필요가 있을 것 같다. 나는 성공회 출신이고, 그 가운데서도 이른바 칼뱅주의 분파에 속해 있다. 나는 칼뱅주의 성공회 신학의 좁은 관점에서 저술하려는 의도를 갖지는 않았지만, 나의 교회 배경은 내가 기독교 신앙을 이해하고 그것을 도덕적 삶과 연결하는 것에 틀림없이 영향을 미쳤을 것이다. 나는 다른 기독교 전통의 책도 폭넓게 읽으려고 노력했고, 나의 논의가 세계 교회의 특정한 한 부분인 나의 교단에 속하지 않은 사람들에게도 유용한 것이 되기를 바란다. 나는 분석 철학 전통에서 철학을 연구했고, 학부와 대학원에서 고대 그리스 철학을 전공했다. 이 배경이 나의 철학적 관점과 태도를 형성했다는 것은 분명하다. 하지만 나는 내가 속한 철학적 전통 이외의 분야를 폭넓게 연구하려고 노력했다. 그래서 나는 이 책이 방법론과 그 실행에 있어 협소한 가정을 가진 것으로 여겨지지 않기를 바란다. 고대 그리스 철학과 더불어 이 책에 중요한 영향을 준 것은 둔스 스코투스, 임마누엘 칸트 및 20세기 철학의 한 사조인 일상 언어 철학이다.

이 책의 집필에 도움을 준 많은 분들께 감사를 표하고 싶다. 나는 칼뱅 강의를 위해 방문했던 대학들에서 많은 훌륭한 조언을 받았다. 미국 칼빈 대학 철학과 동료 교수들은 여러 방식으로 원고의 많은 부분을 나와 함께 검토했고, 그 결과 이 책은 훨씬 좋아졌다. 목요일 아침 모임을 함께했던 친구들은 기독교인 전문 철학자들과 기독 지성인들 사이에 어떤 공통 기반이 존재한다는 사실을 확인해주었다. 스테판 에반스, 제임스 잉그램, 코넬리우스 플랜팅가 주니어, 윌리암 젠센, 사무엘 졸만, 벤자민 립스콤, 그리고 테렌스 쿠네오가 내 원고를 읽고 유익한 비평을 해주었다. 그리고 여기서 언급하지는 못했지만 도움을 주었던 다른 많은 사람에게도 고마움을 전한다.

제1장

도덕이란 무엇인가?

나는 이 책에서 도덕이 하나님과 무슨 관련이 있는가를 묻는다. 도덕이란 무엇인가? 그것은 두 가지 요소로 구성된다. 도덕은 (1) 사회적 실천을 위한 일군의 규범을 포함하고, (2) 그 규범들을 중심적인 지침에 따라 통합적으로 구성한다. 도덕적 규범의 사례를 들면 이렇다. 우리는 약속을 지켜야 하고, 살인하지 말아야 하며, 우리에게 친절을 베푼 사람에게 감사할 줄 알아야 하고, 악한 감정을 품지 말아야 한다. 어떤 규범은 우리가 해야 할 것을 말해주고, 다른 규범은 우리가 하지 말아야 할 것을 알려준다. 어떤 규범은 행동을 위한 것이고, 다른 규범은 품성이나 마음가짐을 위한 것이다. 어떤 규범은 법률적 규범이지만, 그렇지 않은 것도 있다. 이런 모든 규범은 사회적 실천을 위한 것인데, 그것들이 사회 안에서 전수되고 사회를 하나로 결속시키는 접착제 역할을 한다는 의미에서 그렇다. 부모들은 자녀에게 도덕을 가르치려고 노력하고, 사회 구성원들은 서로에게 규범적 행위를 기대하면서 그 규범들을 유지한다. 이런 모든 규범은 우리가 인지하는 가치들에 따른 반응이고, 규범들은 그 가치들을 지지하거나 표현하기 위해 존재한다. 예를 들어 살인하지 말라는 규범은 인간 생명이라는 가치에 대응한다. 악한 감정을 품지 말라는 규범은 관계 및 화해라는 가치에 대응한다. 이러한 규범들과 그 배후에 놓인 가치들은 우리가 때로는 그것들 중 하나를 선택해야만 한다는 의미에서 서로 경쟁하는 관계에 놓일 수 있다.

이러한 선택을 돕기 위해 도덕은 두 번째 요소, 곧 구성적 지침을 갖는다. 이 지침에 따르면 우리는 최대한의 다수로부터 유용한 세계관을 채택하고 그 세계관에 따라 모든 사람의 행복에 관심을 기울이며, 각 사람의 유일무이하고 동등한 가치를 존중한다. 우리는 이번 장의 세 번째 단락에서 이 정의를 하나씩 논할 것이다. 대략 말하자면 우리의 규범들은 모든 사람을 위한 배려, 곧 보편적이면서도 완전히 세분화된 배려라는 이상을 중심으로 구성되어야 한다.

도덕의 첫 번째 요소(규범들 그리고 그것들에 따른 가치들)에 대한 기독교 내부의 배경은 율법의 계명들, 특히 시내산에서 모세에게 주어졌던 십계명의 두 번째 부분이다(출 20:12-17). 예수도 우리에게 산상수훈을 말씀하셨고(마 5-7), 신약의 서신들은 우리가 서로를 어떻게 대해야 하는지에 대한 권고와 조언으로 가득 차 있다. 예를 들어 "이제는 너희가 이 모든 것을 벗어버리라. 곧 분함과 노여움과 악의와 비방과 너희 입의 부끄러운 말이라. 너희가 서로 거짓말을 하지 말라. 옛 사람과 그 행위를 벗어버리고 새 사람을 입었으니 이는 자기를 창조하신 이의 형상을 따라 지식에까지 새롭게 하심을 입은 자니라"(골 3:8-10). 도덕의 두 번째 요소(구성적 지침)에 대한 기독교적 배경은 예수가 주신 가장 큰 계명의 두 번째 부분, 즉 네 이웃을 네 몸과 같이 사랑하라는 계명이다 (마 22:39-40; 레 19:18도 보라).

기독교 내부의 이와 같은 다양한 계명이 현재 우리가 알고 있는 도덕의 두 가지 요소에 대한 배경이다. 하지만 이것은 지구상의 모든 기독교인 그리고 교회 역사에 존재했던 모든 기독교인이 현재 "우리"가 알고 있는 규범과 가치들을 잘 알고 있거나 알고 있었다고 말하는 것은 아니고, 그들 모두가 앞서 언급한 구성적 지침을 가지고 있었다고 말하지도 않는다. 나는 이번 장의 다섯 번째 단락에서 내가 의미하는 "우리"라는 단어에 대해 더 자세히 설명할 것이다. 나는 기독교가 "우리"가 알고 있는 도덕의 유일한 배경이라고 주장하지도 않는다. 제7장은 고대 그리스에서 표출되었던 가치들 중 기독교 정신과 일치하지 않는 가치들이 어떻게 해서 여전히 우리에게 강한 영향을 미치는지를 논할 것이다.

나는 이 책에서 우리와 이웃의 관계에 대한 계명들과 우리와 하나님과의 관계에 대한 계명들이 서로 연관된다고 주장한다. 다르게 말하자면 시내산에서 주어진 십계명의 두 부분의 계명들은 서로 일치하여 하나의 통일체를 이룬다. 예수가 주신 가장 큰 두 가지 계명이 서로 일치하는 것처럼 말이다. 이웃 사랑은 하나님 사랑의 맥락에 포함된다. 우리가 이웃 사랑을 하나님 사랑에서 분리하면, 우리는 여러 가지 모순에 직면한다. 이 책은 두 가지 문제에 집중할 것이다. 그것은 우리가 이웃 사랑의 계명을 지킬 수 있는지, 그리고 왜 그 계명을 지켜야 하는지의 문제다. 이에 따라 이 책의 연구 과제는 어느 선에서는 과거 자료를 검토하는 작업이라 할 수 있다. 나는 과거로 돌아가 신학적 배경을 회복시키길 원한다. 우리가 알고 있는 도덕은 바로 그 신학적 배경에 비추어 이해될 때 비로소 의미가 통하기 때문이다. 그러나 이 작업은 단순히 과거의 주장들에 대한 검토나 옛것에 대한 향수에 그치지는 않는다. 예를 들어 이것은 중세로 돌아가야 한다고 말하는 것이 아니다. 우리가 현대에 이르러 도덕에 관해 알아낸 것들은 과거의 그런 배경에 비추어 조정될 때 가치가 있고 보존할 만한 것이 된다.

이번 장은 도덕의 두 가지 요소에 대해 논의한 후에 가치와 의무 혹은 "좋음"과 "옳음"의 관계를 검토할 것이다. 그다음에 "우리는" 혹은 "우리의"라는 말을 통해 내가 의미하는 바를 설명할 것이다. 마지막 단락은 도덕적 요구와 우리의 자연적 능력 사이에 놓인 "도덕적 간극"에 대해 검토하고, 하나님의 존재를 믿지 않는 사람들과 믿는 사람들이 이 간극을 해결하기 위해 사용하는 몇 가지 전략을 간략하게 살펴볼 것이다. (제2장과 제3장은 그 전략들을 좀 더 깊이 탐구한다.)

규범과 가치들

규범(norm)이란 무엇인가? 나는 이 단어가 지닌 단순한 통계적 의미를 염두에 두지 않는다. "인간은 하루에 2천 칼로리를 섭취한다"는 말은 통계적 규범(평균)이 될 것이다. 생물학자가 이렇게 말했다면, 그는 이 정도 양의 음식 섭취를 권고한 것이 아니다. 그는 (말하자면 아르마딜로와 다르게) 인간들이 평균적으로 섭취하는 칼로리 수준을 보고할 뿐이다. 통계적 사실은 다양한 사람이 실제로 칼로리를 섭취할 때 굉장히 다양한 편차를 보인다는 점을 보여주지 않는다. 그러나 규범이 도덕의 한 가지 구성 요소를 의미할 경우에, 그것은 단순히 우리가 어떻게 살고 있는지(how)만이 아니라 어떻게 살아야 하는지(should)에 대해서도 말해준다. 규범은 가치를 따르고, 그 가치를 지지하고 표현하기 위해 존재한다. 예를 들어 거짓말하지 말라는 규범은 진리와 정직이라는 가치에 반응하는 것이다. 사회 구성원들이 대체로 좋아하고 싫어하는 성향의 분석표를 만들어본다면, 우리는 그 사회에서 승인되는 가치들이 무엇인지 기술할 수 있다. 이것은 개인에게도 해당된다. 한 가지 사례를 들어보자.

로사는 정직한 것을 좋아한다. 그녀는 온전한 진실에서 조금이라도 벗어난 것을 요구하는 상황에 처할 때마다 마음이 몹시 불편하다. 그녀는 남편과 아이들을 사랑하고, 자신이 상당한 희생을 치르더라도 그들에게 충실하려고 노력한다. 그럼에도 그녀는 남편과 아이들이 잘못했을 때―필요한 일이고 냉혹하지 않다면―그것을 사실대로 말해주려고 한다. 그녀는 새로운 사람을 만나는 것을 좋아하지만, 그들이 도움이 필요한 처지에 있는데도 자신이 그들을 전혀 도울 수 없는 상황을 매우 싫어한다. 이 말은 도움을 필요로 하는 사람이 무척 많기 때문에, 그녀는 항상 여러 개의 공을 던져가며 곡예를 하듯이 한정된 시간 동안 여러 가지 일을 동시에 처리한다는 뜻이다. 그녀는 불의를 미워하며, 그것이 사람들 사이에서 인종 차별이나 빈부 격차의 장벽을 만드는 것을 특히 증오한다. 그래서 그녀는 그러한 장벽을 허물기 위해 많은 개인과 접촉하며, 때로는 평범한 일상에서 벗어나기까지 노력한다. 그녀는 좋은 음악을 듣고 연주하기를 좋아하며 도전적인 작품을 만나 만족스럽게 연주할 수 없을 때는 열심히 연습한다. 특히 그녀는 실내악을 좋아하는데, 그것이 음악에서 느끼는 기쁨과 사람을 잘 사귀는 그녀의 소질을 결합해주기 때문이다. 그녀는 음이 맞지 않게 대충 연주하는 것을 싫어하고, 감상적 취향에 영합해서 음을 조금 끌어올리거나 늘어지게 하는 기법을 클래식 음악에 사용하는 것도 싫어한다. 그녀는 다른 사람의 감정을 상하게 하는 것이 아니라면 재미있는 농담과 유쾌하게 웃는 것을 좋아한다. 또한 그녀는 자신의 가식이 종종 드러나는 상황을 매우 재미있어 한다. 마지막으로 그녀의 몸에 밴 천성적인 공손함은 사람들이 그녀를 대할 때 편안함을 느낄 수 있게 해준다. 예를 들어 그녀는 식당 종업원이나 백화점 판매원과 같은 사람들과 즉석에서 사적인 대화를 나누는 것을 좋아한다.

내가 로사를 선한 사람이라고 판단한다는 것은 그녀가 인식하는 가치들을 내가 승인한다는 것이다. 이것은 그녀가 좋아하고 싫어하는 것들을 대략 보여주는 위의 목록이 자석처럼 실제로 좋은 것을 향해 이끌리고, 실제로 나쁜 것에 대해서는 반발하는 작용을 묘사한다는 사실을 주장하는 것이다. 로사의 마음을 끌어당기는 가치들이 동시에 성취될 수 있을 때, 로사는 일관된 성품을 보일 것이다. 그러나 만일 그 가치들이 그 자체로서 혹은 그녀가 처한 상황 때문에 서로 충돌한다면 그녀는 내적 분열을 겪을 것이다. 때로는 선한 사람들조차, 아니 특히 선한 사람들일수록 이런 식의 분열을 경험한다. 나는 로사의 목록에 서로 다른 종류의 규범들, 곧 도덕적 규범과 미학적 규범 그리고 유머의 규범과 예의의 규범이 혼재하도록 의도적으로 구성했다. 로사의 사례에서 이것들을 서로 분리하는 것은 쉽지 않다.

도덕적 규범을 **도덕적**으로 만드는 것은 무엇일까? 어떤 것이 도덕적인 것이 아닌지를 말하는 것은 상대적으로 쉬운 일이다. 어떤 사회에서 당신이 식사할 때 손으로 음식을 만지는 행동은 교양 없는 행동이지만, 다른 사회에서는 그것이 오히려 당연시된다. 내가 최근에 방문했던 잠비아 남부 지역의 엔졸라라는 마을을 예로 들어보자. 내 딸이 거기서 일하고 있다. 우리는 시마(nshima)라는 걸쭉한 옥수수 죽이 든 그릇과 야채나 고기 양념이 든 다른 그릇을 대접받았고, 우리는 우리의 손을 일종의 숟가락으로 사용해 시마를 뭉쳐서 다른 그릇에 담긴 양념에 살짝 담가서 먹어야 했다. 이것은 도덕이 아니라 식사 예절이다. 우리가 세잔이 그린 그림 속에서 탁자 위에 가지런히 놓인 사과들을 보며 견고함과 구조에 대한 그의 감각에 감탄할 때, 우리는 도덕적 기준이 아니라 미적 기준을 가지고 그것을 평가한다. 그러나 겹치는 부분도 있을 수 있다. 예를 들어 도덕은 예술의 과정이나 미적 관점에서 정의될 수 없지만, 그럼에도 세잔의 그림을 불태워버리는 것은 도덕적으로 잘못된 일이다. 유머의 규범에서도 마찬가지다. 우리는 어떤 이야기가 지루하다고 판단할 수 있지만, 그것은 도덕과는 관계가 없다. 하지만 우리가 홀로코스트를 가지고 농담할 때 웃는다면, 그것은 도덕적으로 문제가 될 것이다. 일반적으로 말한다면, 도덕은 예술, 예절, 유머의 관점에서 정의되지 않는다. 그렇다면 우리는 다른 종류의 규범들과는 다르게 도덕을 무엇이라 말해야 할까?

도덕적(moral)이라는 말은 모스(*mos*)라는 라틴어에서 유래했고 이것은 "관례"나 "습관"을 의미한다. **윤리적**(ethical)이라는 말은 에토스(*ethos*)라는 그리스어에서 유래했고, 이것은 "습관", "성품" 혹은 "관례"를 뜻한다. 그런데 어떤 사람이 "도덕적" 혹은 "윤리적"이라는 말을 사용할 때, 우리는 그가 어떤 습관이나 사회적 관례를 가리키는지를 알기 위해서는 그 사람의 문화적 맥락을 우선 알아야 한다. 앞서 나는 이렇게 주장했다. 우리가 지금 도덕적이라고 여기는 성품과 삶을 위한 규범들은 한 가지 주요 지침, 곧 세계에 대해 가장 포괄적으로 유용한 관점을 취하고, 그 관점에서 모든 사람의 행복을 돌보며, 그리고 각 사람의 유일무이하고 동등한 가치를 존중하라는 지침을 중심으로 구성된다. 도덕에 대한 이런 설명을 받아들이는 것은 내가 방금 언급했던 다른 종류들, 즉 예술, 예절, 유머의 규범들로부터 도덕적 규범들을 구별하는 데 도움을 준다.

다른 종류의 규범들은 어느 정도 독립적인 영역을 가진 가치들에 상응한다. 아름다움 및 사회적 관습 혹은 익살 등이 그런 가치들이다. 나는 지금 "독립적"이라고 말한다. 하나의 예술 작품(예를 들면 영국 화가인 프랜시스 베이컨의 몇몇 그림)은 잔인하면서도 미적 만족을 줄 수 있기 때문이다. 어떤 사회적 관습은 잔인할 수 있지만, 그것을 따르는 것이 신사 숙녀의 요건이 될 수 있다. 18-19세기 유럽에서 행해진 결투나, 10세기부터 20세기 초까지 중국에서 여성들의 발을 인위적으로 묶어 성장하지 못하게 한 전족이 그런 예가 될 수 있다. 비열한 농담이 재미있을 수도 있다. 실제로 많은 경우에 그렇다. 그러나 다른 종류의 규범들이 이러한 독립적 특성을 가졌음에도 불구하고 그것들에는 도덕과 중복되는 부분이 있다. 아름다움은 우리를 행복하게 한다. 그래서 그림을 불태우는 행위는 도덕적으로 잘못된 일이다. 반면에 탁월한 예술 작품도 창작된 후에 악한 목적을 위해 사용될 수 있다. 사회적 관습들은 도덕적으로 필요하다. 왜냐하면 우리의 행복을 위해서는 사회적 관계에서 대략 예측될 수 있는 종류의 질서가 요구되기 때문이다. 반면에 어떤 관습들은 도덕적으로 해롭다. 좋은 유머 감각은 도덕적으로 가치가 있다. 그것은 인간이 만족스러운 삶을 형성하는 데 필요한 주요 부분이기 때문이다. 그렇지만 우리는 우리가 말하고 웃는 어떤 농담에 대해서는 도덕적 제약을 느끼거나 혹은 느껴야만 한다.

간단하게 말해서 규범은 우리가 어떻게 살아야 하는지를 말해주고, 그것이 지지하고 표현하는 가치에 상응한다. (우리는 제6장에서 가치의 객관적인 실재를 더욱 깊이 탐구할 것이다.) 도덕적 규범은 모든 사람의 행복에 관심을 기울이는 지침, 곧 보편적이면서도 개개인의 세부적인 상황까지 고려하는 지침을 중심으로 구성된다.

구성적 지침

구성적 지침은 세 부분으로 나뉜다. (1) 그것은 우리에게 전체의 행복이 무엇인지 판단할 수 있고 그 행복을 깊이 고려하는 사람의 입장에서 사고하도록 노력하라고 말한다. (2) 그것은 우리에게 각 사람을 세상에서 가장 소중한 존재로 여기고 그들을 서로 동등한 가치를 지닌 사람으로 대하라고 말한다. (3) 그것은 우리에게 사람들의 공통점과 마찬가지로 각자의 독특한 가치 또한 존중하라고 말한다.

첫째, 우리는 우리가 지닌 모든 욕구를 바람직한 것으로 인정하지 않는다. 구성적 지침이 욕구를 선별한다. 우리는 전체의 행복이 무엇인지 판단할 수 있고 그것을 가장 깊이 고려하는 입장에서 주어진 상황과 그것에 대한 우리의 반응을 판단하는 이상을 갖고 있다. 여기서 "전체"는 무엇인가? 로사는 자신이 만난 사람을 도와줘야겠다고 마음이 이

끌리고 있고, 그녀는 그렇게 이끌리는 자신의 감정이 옳은 것인지 판단하고 고민하는 중이라고 생각해보자. 그녀는 이 선택이 자신이 중요하게 생각하는 다른 모든 것과 조화될 수 있는지 자문할 수 있다. 이것은 일종의 개인 전체라고 할 수 있다. 그러나 그녀는 한 걸음 더 나아갈 수 있다. 그녀는 그 선택이 그녀의 가족, 친구들, 동료들과 일반 시민들, 나아가 어디에 살고 있든 그녀가 살아가는 삶의 방식에 영향을 줄 수 있는 모든 사람의 유익과 조화될 수 있는지를 물어볼 수 있다. 여기서 그녀는 인류 전체라고 말하는 어떤 것에 도달한다.

우리의 생각이 여기서 멈출 필요는 없다. 그녀의 삶은 동물과, 사람과 동물이 함께 살아가는 지구 전체까지 영향을 미친다. 그녀는 자신의 선택이 이 모든 것의 유익과 조화되는지를 질문할 수 있다. 여기서 나는 어떤 완성된 윤리 이론을 제시하려는 것이 아니기에 더욱 구체적인 사안으로 나아가지는 않겠다. 나는 "좋음"을 이해관계나 자연적 목적 혹은 합리적 선호와 같은 관점에서 분석하지 않을 것이며, 또한 전체라고 부른 것에 식물, 산, 다른 행성들도 포함되는지에 대해서도 논하지 않을 것이다. 내 주장의 핵심은, 우리는 한 걸음 뒤로 물러나 대상을 바라보는 것처럼, 다시 말해 우리가 하려는 일이 우리가 한 부분으로 속해 있는 전체의 행복과 보전에 적절한 일인지라는 질문을 가능한 한 포괄적으로 검토하면서 우리의 선택을 도덕적으로 선별하는 것이다.

하나님을 믿는 사람은 다음과 같이 생각할 것이다. 곧 나는 "전체의 행복이 무엇인지 판단할 수 있고 그것을 깊이 고려할 수 있는 입장에서" 생각한다고 말할 때 이것은 그가 "하나님의 입장에서" 생각한다는 것을 의미한다. 전체를 볼 수 있는 분은 결국 하나님이시다. 우리는 제8장에서 구성적 지침이 요구하는 입장을 적절하게 설명하려면 하나님을 믿는 믿음이 반드시 필요한지의 문제를 살펴볼 것이다. 하지만 지금 여기서는 한 인간을 이상적인 관찰자로 가정하고, 그는 자신이 일부분으로 포함되어 있는 전체를 볼 수 있고 또 그것을 깊이 고려할 수 있다고 가정해보자. 그렇다면 우리의 상황에 대한 그의 규정은 그 상황에서 무엇이 좋은 것이고 옳은 것인지를 판단하는 기준이 될 수 있을 것이다. 실제로 우리는 그런 입장에 설 수 없다. 우리가 도덕적 판단을 내릴 때 그런 입장에 근접하려고 최대한 노력해도 말이다. 우리는 단지 우리의 지식이 유한하다는 사실에 의해서만 방해받는 것이 아니라, 우리가 자신의 행복을 선호하는 고유한 성향을 가진 것처럼 보인다는 사실에 의해서도 방해를 받는데, 이러한 성향은 전체를 배려하는 입장과는 부조화를 이룬다.

전체를 보고 돌보는 입장이 그 자체로 도덕은 아니다. 앞서 말한 이상적인 관찰자는 이 관점에서 다른 방향으로 나아갈 수도 있다. 이렇게 가정해보자. 그는 바퀴벌레가 세상에서 가장 가치 있는 존재라고 생각해서 바퀴벌레를 번식시키기 위해서는 아무리 큰 자기희생을 치르더라도 가능한 모든 일을 해야 한다고 생각한다. 아마도 그는 바퀴벌레들이 세상에서 적합한 지배적 위치를 차지하도록 돕기 위해 그것들을 자기 친구들의 집과 상점 그리고 교회에 몰래 들여올지도 모른다. 그렇지만 도덕적인 관점은 그가 "사람들"을 세상에서 가장 가치 있는 존재로 여기고, 바로 사람들을 서로에게 동등한 가치를 가진 존재로 대하라고 요구한다. 이것이 구성적 지침의 두 번째 부분이다. 이상적인 도덕-관찰자의 마음 자세는 단지 공평하기만 해서는 안 된다. 멸시와 증오도 사랑만큼이나 공평할 수 있다. 자신을 포함한 모든 인간을 똑같이 증오할 수도 있다. 이상적인 도덕-관찰자는 오히려 공평하게 호의를 베풀어야 한다. 그는 다른 어떤 것보다 사람들의 행복을 더 많이 고려하고, 모든 사람의 행복을 소중한 것으로 똑같이 여겨야 한다.

로사는 식당에서 자신에게 서빙하는 종업원과 즉석에서 사적 대화를 나누는 것을 좋아한다. 그녀는 식당 종업원을 대할 때 자신이 주문한 음식을 주방에서 그녀가 앉은 식탁까지 최대한 빨리 운반해주는 다리가 달린 컨베이어-벨트와 같은 것으로 취급하지 않는다. 로사는 자신에게 서빙하는 종업원을 자기 자신과 동등한 가치를 지닌 인간으로 존중하고 있음을 어떻게 보여줄 수 있을까? 그녀는 종업원이 원하는 것을 진지하게 생각하고 그 상황에서 할 수 있는 한 그것을 자신이 원하는 것과 일치시킨다. 로사는 길고 힘든 하루를 보냈을 수 있다. 하지만 그녀는 그 종업원도 고된 하루를 보냈을 수 있고, 그래서 자신이 참을성을 잃으면 두 사람 모두의 하루가 엉망이 될 수 있음을 잘 알고 있다. 두 사람은 똑같이 가치를 갖고 있다.

이상적인 도덕-관찰자가 이와 같은 도덕적 관심을 인간 이외의 다른 존재들에까지 확장할 것인지(혹은 그 관찰자가 예를 들어 바퀴벌레와 같은 것을 인격체로 여길 수 있을 것인지)의 문제는 여기서 다루지 않을 것이다. 내 느낌은 이렇다. 오늘날의 도덕은 변하고 있고, 우리는 (바퀴벌레까지는 아니지만) 나와 타자들과의 관계를 넘어서 더 확장된 관계에까지 도덕을 적용하기 시작했다. 나는 이 확장이 옳다고 생각한다. 그렇다고 해도 우리가 다른 동물들보다 더 높은 가치를 지닌 존재로 인간을 인정하는 한(과격한 생태학자들은 이것을 부정하는 경향이 있다), 인간의 행복이 가장 중요한 가치로 여겨질 것이다.

따라서 구성적 지침을 통한 선별은 이렇게 요약할 수 있다. 첫째, 그것은 전체의 행복이 무엇인지 판단할 수 있고 또 그것을 깊이 고려할 수 있는 사람의 관점에서 사고하려는 시도다. 둘째, 그것은 인간을 세상에서 가장 높은 가치를 가진 존재로 여기며 그들을 서로 동등한 가치를 가진 존재로 대한다. 셋째 요소는 첫째 요소와 둘째 요소처럼 도덕적인 합의를 이루는 부분은 아니다. 앞서 나는 단지 인간이라는 이유만으로 도덕적으로 동등한 것으로 간주된다는 의미로서 인간의 동질성을 이미 강조했다. 하지만 인간의 어떤 점이 그들을 세상에서 가장 가치 있는 존재로 만드는지에 대해서는 질문하지 않았다. 대답이 무엇이든지 간에, 우리는 인간성 그 자체와 같이 사람들이 공통적으로 지닌 것이어야 한다고 대답하기 쉽다.

하지만 우리가 속한 전통의 한 갈래는 그런 대답을 거부한다. 이것이 세 번째 요점이다. 이 요점에 따르면 우리 인간들을 서로 구별짓는 것이 인간이 공통적으로 지닌 것보다 더 가치 있거나 적어도 동일한 가치를 갖는다. 이런 생각은 우리 각자가 인격체로서 우리 자신에게만 고유한 개별적 본질을 갖고 있음을 의미한다. 우리가 이것을 성서적 배경에서 말하자면 다음과 같다. 하나님이 하늘에서 각 사람에게 흰 돌에 쓰인 이름을 주시는데, 그분은 그 이름을 아시지만 우리는 모른다(계 2:17). 이 이름은 (고대의 일반적인 히브리 이름처럼) 그 이름으로 지칭된 존재가 무엇인지를 말해준다. 이것은 예수가 시몬에게 "베드로"(반석이라는 뜻)라는 이름을 주신 것과 같다. 이 견해에 따르면 한 개인을 인격체로 대한다는 것은 동일성을 인정하는 것만큼 차이점도 존중하는 것을 뜻한다. 인간이란 있는 모습 그대로의 존재이기에, 인간을 존중하는 것은 동일성을 인정하면서 동시에 차이점도 존중하는 것을 의미한다. 존중은 우리가 어떤 사람에 대해 알고 있는 것에 대해서만큼 알지 못하는 것에도 경의를 표하는 것이다.

이끌림과 제약

도덕의 두 가지 요소, 즉 가치에 상응하는 다양한 규범과 이 규범들을 통합하는 구성적 지침은 어떤 관계를 맺을까? 가치들은 자석처럼 우리를 끌어당긴다. 그렇지만 규범과 구성적 지침은 상당한 정도의 구속력도 갖는다. 여기에 해당하는 용어들은 우리가 끌리고 좋아하는 "좋음"보다는 도덕적 책임 및 의무와 관련된 "옳음"과 깊이 관련이 있다. 의무는 우리가 해야 할 것과 하지 말아야 할 것을 우리에게 말해줄 수 있지만 그것은 억제되어야 하는 우리의 선호나 성향이 있는 상황에서 종종 작동한다.

로사는 학교 선생님이다. 지금 그녀는 퇴근해서 낮잠을 자는데, 일어나 내일 수업 시간에 가르칠 내용을 준비해야 하는 의무를 갖고 있다. 마침 그녀는 자신의 부모님이 크리스마스 계획에 관해 얘기하려고 전화한 휴대폰 벨소리에 놀라 잠에서 깼다. 로사는 다른 약속이 있다고 둘러대고 싶었지만, 거짓말을 해서는 안 된다는 의무를 느낀다.

의무는 단순히 (교사의 역할과 같이) 우리가 선택한 역할이나 (누군가의 자식이라는 역할처럼) 우리가 선택하지 않은 역할들 혹은 어떤 특별한 역할은 없지만 인간이라는 사실로 인해 생길 수 있다. 이 모든 경우에 의무는 우리에게 부담과 중압감을 느끼게 할 수 있다. 그래서 오그덴 내쉬(Ogden Nash)는 이렇게 표현한다.

> 오 의무여,
>
> 그대는 왜 사랑스러운 연인이나 귀염둥이의 모습이 아닌가요?
>
> 그대는 왜 양심적이고 깔끔한 노처녀의 표정을 보여주시나요?
>
> 사람들이 보자마자 얼굴을 돌리는 그런 표정 말이에요.
>
> 왜 그대의 안경은 그토록 불길하게 번쩍이죠?
>
> 왜 그대는 몸서리쳐지는 옷을 입고 있죠?
>
> 왜 그대는 비너스와 그리 다른가요?
>
> 그리고 왜 그대와 나 사이에는 공통된 관심사가 이리도 적죠?

이런 부담감은 우리가 의무와 자연적 성향이 서로 엇갈리는 경우에 집중하면서 생긴다. 그러나 이상적인 경우는 그 둘이 일치하는 것이다. 탁월한 사람은 의무적으로 해야 할 일도 즐기면서 한다. 성화(sanctification)에 관한 신학적 교리는 그런 행복한 상태로 나아가는 과정을 설명해주며, 비신학적인 관점은 그와 똑같은 과정을 도덕적 발달로 설명한다. 우리는 책임과 의무를 무거운 짐으로 생각하기보다는 우리를 어떤 특정한 방식으로 행동하고 존재하도록 허용해주는 선별 과정이라고 생각하는 게 더 좋다. 여기서 허용이라는 개념이 핵심이다. "그것이 내 의무다"라는 말은 "그것이 나에게 (도덕적으로) 허용된다"는 것을 의미하지 않는다. 달리 말해 의무는 요구되는 것이지 단순히 허용되는 것이 아니다. 그러나 의무에 대해 건전한 감각을 지닌 사람은 훌륭한 운전자가 후방 거울을 계속 확인하는 것처럼 "허용"을 항상 확인한다.

　도덕적 행위자는 모든 사람이 동등하지만 각자의 고유한 가치를 지
닌다는 사실을 고려하면서, 자신의 행동이 전체의 유익에 적합한지 점
검하기를 원한다. 그것이 적합하다면, 그는 그것을 해도 된다. 이런 종류
의 허용은 부정이 아닌 긍정이다. 이와 비슷하게 작곡가는 자신이 작곡
하려는 곡 전체의 느낌에 비추어 각각의 새로운 악절을 점검하고 마침
내 곡 전체의 느낌이 자유로움을 가져다주는 것을 경험한다. 왜냐하면
전체의 느낌이라는 테두리 안에서 자신의 독창성을 발휘할 수 있기 때
문이다. 곡 전체의 느낌은 전개되어야 할 좋은 형태를 제공한다. 우리가
어떤 일을 행하는 것 그리고 어떤 존재가 되는 것이 허용되지 않는 경우
(우리에게 금지된 것), 혹은 우리가 어떤 일을 행하지 않아야 하는 것 그
리고 어떤 존재가 되지 않는 것이 허용되지 않는 경우(우리에게 요구된
것)의 개념은 허용 개념에서 파생된다. 상황을 모면하기 위해 거짓말하
는 것은 로사에게 금지되어 있고, 일어나서 수업을 준비하는 것은 그녀
에게 요구되고 있다. 그녀는 정직한 것과 학생을 잘 가르치는 일에 마음
이 이끌리기 때문에, 여기서 그녀의 성향과 허용에 대한 가치는 서로 일
치할 것이다. 하지만 이것이 진실을 말하고 자신의 일을 성실하게 하는
것이 더 이상 그녀에게 의무로 느껴지지 않는다는 것을 의미하지는 않
는다. 그것은 단지 그녀가 자신의 성향과 허용 사이의 조화를 편안하게
느끼고 있다는 것만을 의미한다.

　의무감은 덕을 행하기 위한 차선의 동기가 아니다. 우리는 도덕적
으로 탁월한 사람은 의무가 아니라 도움을 받는 사람들의 행복을 고려
해서 남을 도울 것이라고 생각하기 쉽다. 내가 만일 학생들에게 "여러분

이 병원에 입원해 있을 때 누군가가 여러분을 사랑해서 병문안을 오는 것과 의무감 때문에 오는 것 중 어느 것이 좋을까?”라고 묻는다면, 대답은 뻔하다. 하지만 이 질문은 오그덴 내쉬처럼 자연적 성향과 의무가 서로 분리된다고 가정한다. 이것은 이미 말한 것처럼 의무에 대한 최선의 사례가 아니다. 도덕적으로 탁월한 사람은 의무를 느끼는 동시에 또한 스스로 자원하는 마음으로 병문안을 갈 것이다. 그리고 그는 그 두 가지 사이에서 어떤 긴장도 느끼지 않을 것이다. 악기를 연습하는 로사의 예를 들어보자. 그녀가 곡을 연주하기 위해서는 연습을 반드시 해야만 하고(곡은 연습을 필요로 한다) 동시에 그녀 자신도 그것을 원하기 때문이다. 그녀가 스스로 연습을 원한다는 사실이 연습이 필요하다는 사실을 없애지는 않는다. 하지만 우리는 대부분 틀림없이 이런 방식에 친숙하지 않을 것이다. 실제로 우리는 의무와 성향의 괴리를 느낀다. 심지어 우리는 전혀 원하지도 않고 마음이 끌리지도 않으면서 오로지 냉혹한 강제성에 떠밀려 행동하는 “병적인” 의무감에 대해서도 말할 수 있다. 이런 의무감이 아마도 의무가 오로지 그 자체로 고립되어 존재하는 가장 분명한 경우가 될 것이다. 하지만 이것이 우리가 가질 수 있는 최고의 의무감일 수는 없다.

우리가 이런 방식으로 의무와 자연적 성향의 관계에 대한 문제를 살펴볼 때, 우리는 이끌림과 강제력은 도덕에서 중심적인 역할을 수행하지만 그럼에도 서로 다른 역할을 수행한다는 사실을 알 수 있다. 우리가 “옳음”을 대략 강제력의 관점에서 이해하고 “좋음”을 이끌림의 관점에서 이해한다면, 둘 사이에는 서로 다른 우선성이 있다는 사실이 드러날 것이다. 옳음은 좋음의 원천이 아니다(이 점에서는 옳음이 우선적이지 않다). 좋음은 자석처럼 끌어당기는 힘을 그 자체 안에 갖고 있다. 그러나 옳음은 거부할 수 있는 힘을 가지고 있고 이런 의미에서 우선성을 갖는다. 이것은 옳음이 좋음을 지배하는 낯선 권위를 가지고 있다는 뜻이 아니다. 오히려 옳음은 어떤 특정한 좋음이 전체를 위한 좋음, 즉 각 사람이 동등하면서도 자신에게만 고유한 가치를 갖는다는 사실에 근거한 전체를 위한 좋음과 조화를 이루는 것을 뜻한다.

규범적인 것과 기술적인 것

우리가 아는 모든 문화에는 일군의 중심 규범이 존재한다. 예를 들면 모든 사회에는 약속(혹은 적어도 약속과 비슷한 어떤 것)에 관한 도덕적 관습이나, 부당하게 남의 생명을 해쳐서는 안 된다는 생각들이 존재한다. 문화 인류학자들은 "인간의 보편적 특성들"에 관한 수백에 달하는 목록을 작성했다. 하지만 우리가 지구상의 다양한 사회와 역사적으로 서로 다른 문화들을 살펴보면, 우리는 사람들이 삶의 방식에서 따르는 규범들에는 유사한 점도 있지만 수많은 차이점이 있다는 것을 알 수 있다.

그런 다양성은 약 800년의 간격을 두고 저술된 네 편의 서사시의 주요 장면들을 비교할 때 잘 드러난다. 호메로스의 『일리아스』(*Iliad*)에는 아킬레우스가 등장한다. 그는 못마땅한 태도로 자신의 천막 안에 있다가 마침내 동료들을 위해, 특히 헥토르의 손에 죽임을 당한 자신의 사랑하는 친구 파트로클로스의 복수를 위해 다시 싸우기로 결심한다. 이것을 베르길리우스의 『아이네이스』(*Aeneid*)에 등장하는 아이네아스(Aeneas)와 비교해보라. 아이네아스는 아킬레우스를 모델로 만들어진 인물이지만, 자신의 정념을 매우 다른 식으로 보여준다. 그는 카르타고를 방문해 그곳의 왕비 디도(Dido)와 사랑에 빠진다. 하지만 신들은 그를 소환해 장차 로마를 건설하는 운명으로 이끈다. 아이네아스는 괴로움에 휩싸인 왕비에게 "이제 이탈리아가 나의 사랑이자 나의 조국이오"라는 말을 남긴 채 배를 타고 카르타고를 떠난다. 호메로스의 작품에 나오는 영웅들에게는 베르길리우스가 찬양하는 조국이 없고 따라서 그들은 이런 종류의 의무감을 갖고 있지 않다. 그들은 서로에 대한 충성심은 갖고 있지만, "로마의 운명"과 같은 것에 대한 충성심은 없다.

우리가 아이네아스를 (약 800년 후의) 베오울프와 비교해보면, 우리는 서로 다른 문화에는 상이한 규범이 작동하는 것을 다시 한번 감지한다. 예를 들어 호메로스나 베르길리우스의 작품에는 가인의 후손으로서 사악한 영적 괴물인 그렌델과 베오울프 사이의 대결과 같은 것이 없다. 이전의 서사시들에서는 이런 종류의 악에 대한 묘사가 없다. 이에 대한 부분적인 이유는 『베오울프』(*Beowulf*)가 기독교와 접촉하며 영향을 받았기 때문이다. 호메로스의 『일리아스』에는 선과 악의 우주적 대결이라는 생각은 존재하지 않으며, 단지 신적 존재들 사이의 싸움에 인간이 관련될 뿐이다. 베르길리우스의 작품에는 어느 정도 우주적 투쟁이 있다고 할 수 있지만, 그것은 정치 혹은 로마의 운명이라는 렌즈를 통해 그려진다. 마지막으로, 『베오울프』 이후에 또다시 800년이라는 시간이 흐른 다음에 등장한 밀턴의 『실락원』(*Paradise Lost*)은 다시 한번 다른 세계를 보여준다. 아담이 하와에게 선악과를 받아 먹기로 선택하는 장면은 그 이전의 서사시에는 결코 등장한 적이 없었다. 이 장면은 아담이 자신의 구원을 잃는 위험보다 부부 관계를 더 중요하게 생각했다는 것을 묘사하면서 하와 홀로 하나님께 죄를 지은 게 아님을 보여준다. 아담은 다른 여인을 원하지 않았을 것이다. 비록 그 여인이 자기 갈비뼈에서 나왔다고 할지라도 말이다. 그는 자신을 창조한 창조주와의 관계보다 하와와의 관계를 우선으로 생각했다.

우리는 이런 모든 차이점에도 불구하고 유사점 또한 느낀다. 네 편의 작품은 전부 서사시이고, 그것들은 위기에 직면해서 탁월한 성품을 보여주는 영웅적 인물을 중심으로 이야기를 펼친다. 그 인물들은 자신들에게 주어진 역할로 인해 실패의 함정에 빠지기도 하고, 분노, 사랑, 슬픔, 수치를 느끼기도 한다. 우리가 그들이 가진 이런 모습에 유사점을 느끼지 못한다면, 우리는 그들의 곤경을 안타까워하거나 그들의 강인함에 감탄하지 못할 것이다. 서사시에는 우리와 다른 차이점과 의미 깊게 겹치는 유사점이 동시에 존재한다. 이것은 역사적으로뿐만 아니라 지리적으로도 사실이다. 우리가 미국 동부의 미시건주 그랜드래피즈(Grand Rapids)에서 아프리카의 잠비아까지 이동한다면, 우리는 그 여정에서 다른 문화로부터 오는 혼미함과 기본적 친숙함이 뒤섞인 느낌을 받을 것이다.

이렇게 모든 문화나 사회는 동일한 규범 체계를 갖고 있지 않고 마찬가지로 동일한 구성적 지침도 갖고 있지 않다. 인류 역사의 오랜 기간 동안 사람들은 같은 부족이나 같은 나라에 속한 사람들에게는 책임 의식을 느꼈지만, 그 밖의 다른 사람들에 대해서는 동일한 책임 의식을 느끼지 않았다. 모든 인간이 평등한 지위를 갖는다는 생각이 없는 사회는 우리가 가진 도덕성과는 다소 다른 도덕성을 갖고 있다.

그렇지만 우리는 도덕의 본성과 관련해서 규범적인 설명과 기술적인 설명을 구분해야 한다. 우리는 "도덕이 무엇인가?"라는 질문과 관련해 두 가지 방법으로 묻고 대답할 수 있다. 먼저 우리는 "어떻게 살아야 하는가?"라고 질문할 수 있다. 이에 대한 대답은 우리는 약속을 지켜야 하고 은혜를 베푼 사람에게 감사해야 한다는 것 등이 될 것이다. 이것은 규범적인 설명이다. 두 번째로 우리는 특정한 사회 혹은 사회 일반에 대해 그들이 실제로 따르는 도덕이 어떤 것인지 질문할 수도 있다. 이 질문에 대한 대답은 XYZ라는 각각의 사회가 ABC라는 종류의 삶을 가치 있게 평가한다는 것이 될 것이다. 이렇게 말하는 것은 그런 평가를 우리 혹은 그들의 삶의 방식에 대한 지침으로 승인하는 것이 아니다. 그것은 단지 XYZ라는 사회 안에서 실행되고 있는 관례를 기술할 뿐이다. 마찬가지로 "인간은 하루에 2천 칼로리를 섭취한다"는 생물학자의 보고는 단지 보고일 뿐이고 아직 승인된 것은 아니다. 이번 장의 두 번째 단락에서 우리는 규범들이 어떤 특정한 지침을 중심으로 체계화(구성)될 때, 그것을 도덕적인 것으로 간주한다고 주장했다. 구성적 지침에 대한 이러한 제안은 규범적인 것인가 아니면 기술적인가? 이에 대한 대답은 둘 다이다. 우리는 도덕적 규범들을 이러한 원리를 중심으로 체계화(구성)해야 한다. 하지만 그 제안은 하나의 특정한 사회, 즉 우리 자신의 사회에 대한 기술적 질문에도 대답한다. 질문은 이렇다. 우리는 우리 사회에서 어떤 규범들을 도덕적 규범으로 부르는가? 그 대답은 "이러한 지침을 중심으로 체계화된 것들"이다.

"우리는" 그리고 **"우리의"**라는 말은 많은 경우에 기술적이면서 동시에 규범적이다. 왜냐하면 우리가 어떤 사람을 "우리"라는 그룹에 포함하거나 제외할 때 보이지 않는 규범적 기준이 배후에서 작동하기 때문이다. 그래서 영국 상류층은 "NQOCD"라는 코드를 사용하곤 했다. 이 것은 "그대는 딱히 우리 계층 사람은 아니군요!"(Not quite our class, dear) 라는 뜻이며, 대놓고 사람을 경멸하는 것이 상대방을 너무 난처하게 할까 봐 사용하던 말이었다. 그들은 **신사**와 같은 일군의 정교한 규범적 용어를 사용해서 누가 "우리 계층"의 사람이고 누가 아닌지를 결정했다. "우리는 우리 사회에서 무엇을 도덕으로 부르는가?"라고 질문할 때, 나 는 "우리"가 누구인지를 먼저 묻는다. 이 용어는 기술적인가, 규범적인 가? 아니면 둘 다인가? 나는 여기서 "우리"라는 용어를 기술적으로 사용 한다. 다시 말해 그것은 내가 살아왔던 북미 지역과 유럽, 그리고 그와 비슷한 세계의 다른 많은 지역에 살고 있는 사람들을 포함한다. 내가 주 장하려는 것은 이렇게 점점 확장되는 문화권에는 도덕 개념에 관한 상 당한 수준의 공통적 근거가 존재한다는 것이다(물론 그 기준을 따르지 않 는 상당한 수준의 도덕적 실패도 공통적이다). 어떤 사람이 이 지역에 살면 서 예컨대 모든 인간은 평등하다는 개념을 받아들이지 않는다면, 그 혹 은 그녀는 그 사회의 지배적 문화와 부닥치겠지만 그래도 여전히 "우리" 에 속해 있다. 이것은 "우리"가 공통 근거뿐만 아니라 삶의 기준이 되는 많은 상이한 규범들을 갖고 있음을 의미한다. 이러한 지역들에서 정치 체계가 제대로 작동하기 위해서는 그 사회의 다양성과 (비록 보편적이지 는 않다고 해도) 폭넓게 일치된 의견이 함께 존중되어야 한다.

이 책의 핵심 주장은 다음의 사실을 함축한다. 곧 "우리" 가운데 많 은 사람은 (내 생각이 옳다면) 우리가 지금 승인하는 규범들에 의미를 부 여하는 배경이 되는 믿음을 갖고 있지 않다. 하지만 이 말 자체도 규 범적인 주장이고, 어쩌면 무례한 주장일 수도 있다. 왜냐하면 "의미가 있다"는 말은 규범적 개념이기 때문이다. 일관성 또는 의미 있음은 사고를 올바르게 구성하기 위한 **덕목** 중 하나다(물론 이 두 가지가 유일한 덕목은 아니다). 배경이 되는 믿음이 없이는 일관성을 담보할 수 없다는 내 주장이 맞다면, 그런 배경이 되는 믿음을 갖고 있는 사람들이 공공의 영역에서 규범과 그 배경적 믿음의 관련성에 대해 드러내어 말하는 것이 허용되어야 한다는 사실이 중요해진다. 그 이유는 다음과 같다. 만일 도덕이 그것에 대한 배경이 되는 믿음이 없이는 의미가 없는 것이 된다면, 그 배경적 믿음이 거부될 때 도덕도 다양한 방식으로 와해되기 시작할 것이기 때문이다. 이런 와해는 배경적 믿음을 가진 사람과 갖지 않는 사람 모두에게 해로운 결과를 초래한다.

도덕의 간극

우리는 "좋음"과 더불어 "옳음"을 필요로 한다. 왜냐하면 우리는 유한한 존재이고 또한 이기적이기 때문이다. 우리는 전체를 위한 좋음을 파악하지 못하며, 우리는 다른 사람들을 위해 좋음이 위기에 처하는 것을 두 눈으로 볼 때도 흔히 자신만의 좋음을 선택하는 경향이 있다. 나는 우리 자신의 좋음을 추구하는 것이 잘못되었다고 말하는 게 아니다. 하지만 도덕의 핵심 질문은 우선순위를 어떻게 정하느냐 하는 것이다. 개인적인 상황에서 생각할 때, 어떤 것은 우리에게 개인적으로는 나빠 보이지만 전체를 위해서는 좋은 것일 수 있다. 이때 우리는 우리 자신의 좋음을 첫 번째로 놓고 전체를 위한 좋음은 두 번째로 놓아야 할까? 그래서 우리는 모든 사람(그리고 모든 것)에게 좋은 것이 내게도 좋은 경우에만 그것을 행해야 할까? 아니면 그런 우선순위를 뒤집어 전체를 위한 좋음을 첫 번째로 놓고, 그래서 전체의 좋음을 위해 적절한 일만을 내 마음에 맞는 일로 삼고 그것을 행해야 할까? 우리는 선천적으로 우리 자신의 좋음을 향해 더 많이 이끌리는 것 같다(첫 번째 경우). 그렇기에 우리가 도덕적으로 좋은 사람이 되려면, 우리는 우리가 추구하는 것들을 선별하기 위한 "옳음" 개념이라는 제약을 받아들일 필요가 있다. 그러나 우리는 그런 자연적 성향을 갖고 있지 않다고 해도 여전히 "옳음"이란 개념을 필요로 한다. 우리는 유한한 존재일 뿐만 아니라 좋음이 자석처럼 우리를 끌어당기는 것을 매우 단편적이고 불완전한 방식으로 느끼기 때문이다. 그래서 우리 마음을 이끄는 좋음이 전체로서의 모든 사람(그리고 모든 것)의 행복에 부합하는 것인지를 적어도 잠정적으로라도 검토해줄 어떤 절차가 필요하다.

여기서 우리는 도덕의 간극을 구성하는 두 가지 요소를 본다. 첫째, 우리에게 주어지는 도덕적 요구가 있다. 이것은 좋음과 옳음을 지금까지 내가 설명했던 방식으로 결합한다. 다시 말해 그 요구는 우리의 삶이 구성적 지침을 따르도록 한다. 하지만 이 요구는 선천적으로 우리에게 주어진 자연적 능력에 비춰볼 때 너무 많아서 우리가 감당할 수가 없다. 이러한 우리의 자연적 능력이 도덕의 간극을 구성하는 두 번째 요소다.

이 문제를 더욱 생생하게 보여주는 한 가지 예를 들어보자. 잠비아의 1인당 소득은 하루 1달러가 조금 넘는 수준이다. 그곳에는 많은 사람이 살고 있고, 특히 어린아이들(그리고 특히 에이즈에 걸린 고아들)이 매년 기아로 죽는다. 내가 미국의 극장에서 약 7달러를 지불하고 영화 한 편을 볼 경우 나는 잠비아에 있는 한 아이가 일주일 동안 살아갈 수 있는 돈을 쓰는 것이다. 만일 우리가 모든 인간은 동등하며 각각의 고유한 가치를 지닌다고 여기는 전체를 위한 좋음의 관점에서 이 문제를 바라본다면, 그렇게 돈을 쓰는 것은 어떻게 정당화될 수 있을까?

어쩌면 그 영화는 진실과 아름다움을 가득 담은 중요한 영화일 수 있지만, 액션 영화 〈록키 V〉일 수도 있다. 아마도 나는 직업상 문화비평을 위한 정보를 얻는 차원에서 영화를 봐야 했을 수도 있다. 그렇지만 그런 목적이라면 〈록키 I〉부터 〈록키 IV〉까지 본 것으로 충분했을 것이다. 어쩌면 나는 얼마간의 휴식과 오락을 갖지 않으면 심신이 지쳐 쓰러질 위기에 처했을 수도 있다. 그렇다면 영화 관람 대신에 공원에서 산책을 할 수도 있지 않을까? 어쩌면 영화 관람은 내가 자녀들과 함께 시간을 보낼 좋은 기회일 수도 있다. 내게는 가족을 돌볼 특별한 책임이 있기 때문이다. 하지만 영화 관람이 정말로 가족들과 함께 값진 시간을 보내는 가장 좋은 방법일까?

이 모든 점을 고려할 때, 우리는 다음의 사실, 곧 우리가 지금 이야기한 도덕은 서구에 살고 있는 우리 대부분에게 현재 향유하는 삶의 질보다 훨씬 낮은 수준에서 살 것을 요구한다는 사실을 인정할 수밖에 없다. 내가 가진 자원을 어떻게 소비할 것인가에 대한 이런 질문은 우리를 고통스럽게 한다. 그것은 자기 증오를 유발할 수도 있고, 북미의 생활 방식 전체를 혐오하게 할 수도 있다. 이 문제는 단지 영화만이 아니라 CD 플레이어, 새로운 소파, 오리털 재킷에도 해당한다. 그 질문은 우리에게 절망감을 안겨줄 수도 있다. 왜냐하면 도움이 절실히 필요한 사람은 너무나 많은 데 비해, 나의 능력은 가련할 정도로 부족하기 때문이다. 우리는 이 문제를 제2장에서 다시 다룰 것이다(나는 이 문제를 나의 책『윤리와 국제 정세』[*Ethics and International Affairs*] 제7장에서도 논했다).
지금 여기서의 핵심은 우리가 가진 자연적 능력에 비춰볼 때 우리에게
부과되는 윤리적 요구가 너무 많다는 것이다. 어떻게 우리는 그런 요구
에 맞추어 살아갈 수 있을까?

사람들은 윤리적 요구와 우리의 능력 사이에 있는 이와 같은 간극
을 구성하는 것으로서 종종 세 번째 요소를 추가하기도 한다. 그들은 우
리가 가진 한계를 갖고 있지 않으면서 윤리적 요구의 원천이 되는 어떤
존재 혹은 존재들을 상상한다. 앞서 나는 이것을 이상적 관찰자라고 표
현했다. 우리는 우리와 다르게 지식의 한계가 없고 사리사욕을 채우지
않는 어떤 존재가 우리에게 요구하는 것을 도덕이라고 생각한다. 도덕
의 이러한 측면이 현 시대에 이르기까지 남아 있고, 심지어 전통적으로
본래의 "이상적 관찰자"로 여겨지던 하나님의 존재를 더 이상 믿지 않는
사상가들 사이에서도 여전히 통용되고 있다는 것은 흥미로운 일이다.
이런 사상가들은 이상적 관찰자가 실제로 존재한다고 가정하지도 않
는다. 그러나 그들은 마치 그런 관찰자 혹은 관찰자들이 실제로 존재하
는 것처럼 가정하고 도덕을 논하려 하는 것처럼 보인다.

도덕의 간극을 구성하는 이러한 세 가지 요소가 유대교, 기독교, 이
슬람교의 영향을 받은 사회에서만 발견되는 것은 아니다. 아리스토텔레
스는 최상의 삶은 인간의 차원을 초월한다고 말했다. 그러나 우리는 작
가들이 말하는 것처럼 "너는 인간이니 인간처럼 생각하라" 혹은 "너는
사멸적 존재이니 죽음을 생각하라"는 것과 같은 격언을 따르지 말아야
한다. 오히려 우리는 가능한 한 (불멸의 신들과 같이) 영원한 존재가 되
어야 한다. 나는 중국에서 일주일 동안 강연을 한 적이 있다. 그때 주자

(12세기)의 사상을 접했고, 그가 제자들을 가르쳤던 서원을 방문했다. 주자의 가르침에 의하면 우리는 인간(적어도 대부분의 인간)을 하늘의 참된 원리를 분명히 깨닫지 못하는 존재로 봐야 한다. 왜냐하면 그들은 진흙 속에 떨어져 있는 진주와 같기 때문이다.

도덕적 간극의 구조는 내적으로도 문제가 있다. 인간이 도달할 수 없는 기준에 대한 책임을 그에게 지운다는 것은 비합리적이고, 나아가 모순된 것으로 보인다. 이것은 "해야 한다"(또는 당위, ought)가 "할 수 있다"(또는 가능성, can)를 암묵적으로 나타낸다는 말로 표현할 수 있다. 이것은 맞는 말이다. 누군가가 어떤 것을 행할 수 없다는 것이 곧 그 사람이 그것을 해야만 하는지의 질문이 야기되지 않는다는 것을 의미한다면 말이다. 만일 도덕의 요구가 너무 많아서 우리가 지킬 수 없다면, 우리가 그것을 반드시 지켜야만 하는지의 질문은 제기되지 않을 것이다.

로사는 아들 네드가 갓난아기였을 때 그를 안고 목사를 방문한 적이 있다. 목사가 네드를 안아보겠다고 말했고, 그녀는 잠시 주저하다가 아기를 그의 손에 안겨주었다. 방금 아기에게 분유를 먹였고 아기가 토할 수 있다고 생각했기 때문이다. 목사가 네드를 가슴에 안고 부드럽게 토닥거리자, 순간 아기가 그의 와이셔츠에 토하고 말았다. 로사는 당혹스러웠지만 네드를 탓하지 않았다. 네드는 소화작용을 스스로 조절할 수 없고 로사가 아기에게 그것을 요구하는 것 자체가 말이 되지 않기 때문이다. 로사의 양육 방법 중 가장 중요한 원칙은 아이들이 스스로 완수할 수 있는 기준에 대해서만 책임을 묻는 것이다.

기독교는 도덕적 간극에 대해 특정한 입장을 취한다. 기독교는 도덕적 간극의 구성에서 세 번째 요소를 하나님으로 본다. 하나님이 개입하셔서 도덕의 간극을 구성하는 두 번째 요소(우리의 자연적 능력)를 변화시키시고, 그 결과 첫 번째 요소(도덕의 요구)를 충족시킬 수 있도록 하신다는 것이다.

이러한 견해는 서구의 엘리트 문화권에서는 쇠퇴했다. 그 결과 도덕적 간극의 문제를 하나님의 도우심이라는 요소를 도입하지 않고 해결하려는 일련의 시도들이 나타났다. 세 가지 주요한 전략을 들 수 있다. 여기서는 그 사례가 무엇인지 살펴보고, 다음 장에서 각각에 속한 사상을 논할 것이다. 첫 번째 전략은 도덕의 요구는 그대로 두고, 우리 자신의 의지로 그 요구에 따라 살 수 있는 능력을 가진 것처럼 우리 자신을 가장하는 것이다. 예를 들어 우리는 도덕적으로 살지 못하는 것이 우리의 의지에 근본적인 문제가 있어서가 아니라, 단지 무지나 교육의 부재 때문인 것처럼 가장한다. 두 번째 전략은 우리가 타고나서 자연적으로 계발하는 도덕적 능력에 한계가 있음을 인정하고, 그것에 맞춰 도덕적 요구를 줄이는 것이다. 예를 들어 우리는 우리가 가진 자연적 능력으로 공평하게 자선을 베푸는 것이 불가능하며, 따라서 우리는 아프리카의 알지 못하는 아이들이 굶주림으로 죽어가는 것에 대해 도덕적 책임을 갖지 않아도 된다고 주장한다. 세 번째 전략은 도덕의 간극에 대한 전통적인 그림 위에 도덕의 요구와 우리의 자연적 능력을 있는 그대로 유지한 채, 지금까지 이 간극을 메워온 하나님의 도우심을 대체할 어떤 대안을 찾으려고 시도하는 것이다. 예를 들어 우리는 우주 안에 어떤 생명의 힘이 있어서 그것이 점점 더 높은 의식의 형태로 자연적으로 발현하여 마침내 도덕적 성숙에 이른다고 주장한다. 나는 이런 세 가지 전략은 성공할 수 없고, 우리는 여전히 도덕적 간극 사이에 머물러 있다고 생각한다.

나는 지금 여기서나 이 책의 다른 어느 곳에서도 하나님을 믿는 사람만이 도덕적으로 선할 수 있다고 주장하지 않는다. 많은 기독교인을 부끄럽게 할 만큼 도덕적으로 선하게 사는 비기독교인들이 분명 많다. 그렇지만 나는 그들의 삶에 논리적 모순이 있다고 생각한다. 왜냐하면 나는 도덕적으로 선한 삶을 가능하게 하시는 분은 하나님이고, 도덕적 권위의 원천도 하나님이라고 믿기 때문이다. 그런 모순이 특별히 놀라운 일은 아니다. 우리의 믿음들은 수많은 서로 다른 출처들로부터 오기 때문에, 완전히 일관된 믿음의 체계를 갖는다는 것이 오히려 일반적인 일이 아니라 예외적이라 할 수 있다. 예를 들어 우리가 부모님들로부터 습득하여 갖게 된 세계에 대한 서로 다른 믿음들을 생각해보라. 그리고 그것들이 어떻게 우리 마음속에 나란히 자리 잡고서, 우리 부모님의 마음속에서도 그랬던 것처럼 서로 적당하게 타협하고 있는지를 생각해보라. 일군의 믿음들 안에 논리적 모순이 있는 것은 흔한 일이다. 하지만 그것이 변명이 되지는 않는다. 우리의 이성은 우리에게 일관성이라는 과제를 여전히 던져준다. 도덕에 대한 우리의 믿음들 안에 놓인 논리적 모순은 중대한 결과를 낳는다. 종교적 신앙을 가진 사람과 갖지 않는 사람의 도덕적 삶은 차이를 보일 것이다. 우리는 이 문제를 마지막 장에서 살펴볼 것이다.

도덕의 간극을 메우기 위해 기독교가 제공하는 수단들은 무엇인가? 이것은 제3장의 주제이고, 거기서 우리는 대속, 칭의, 성화의 교리를 논할 것이다. 그리스도가 우리의 죄를 위해 죽으셨고, 하나님이 그리스도의 의를 우리에게 전가시키시며, 성령이 오시어 우리 안에 거주하시면서 우리를 거룩함으로 이끄신다. 이 교리들은 주로 우리의 **내면의**

문제를 다룬다. 그러나 우리가 도덕적인 삶을 유지해야 한다는 관점에서 생각할 때, 우리가 태어나서 살고 있는 우리의 **외부** 세계를 어떤 곳으로 이해해야 하는지의 문제도 있다. 우리는 비극과 악을 경험하는 이 세상 한가운데에서도 그 세계 안에 일종의 도덕적 질서가 존재한다는 사실을 믿어야 한다. 이것은 제4장의 주제이며, 거기서 우리는 섭리에 대해 기독교 교리가 제공하는 수단들을 살펴볼 것이다.

제2장

하나님 없는
도덕적 간극의 해소

우리가 어떻게 인간이 도덕적으로 선할 수 있는가의 질문에 답하기 위해 하나님의 도우심이라는 요소를 필요로 하지 않는다면, 다시 말해 우리가 도덕적 간극의 문제를 하나님 없이 해결하려고 한다면, 우리는 세 가지 서로 다른 방식을 만난다. 그 방식들은 인간의 자연적 능력에 비해 도덕적 요구가 너무 높다는 것 같다는 문제를 해결하기 위해 고안된 것들이다. 우리의 능력으로 도달할 수 없는 기준에 대한 책임을 우리에게 묻는 것은 합리적이지 않으며, 심지어 모순인 것처럼 보인다. 그래서 하나님을 이 논의에 끌어들이고 싶지 않은 윤리학자들은 우리의 상황을 다른 방식으로 개념화하도록 한다. 먼저 그들은 우리의 자연적 능력이 도덕적 요구를 충족시킬 수 있다고 과대평가하거나, 아니면 도덕의 요구를 우리의 자연적 능력에 맞도록 하향 조정한다. 세 번째, 그들은 도덕적 간극을 메우는 일에서 하나님의 도우심을 대신할 어떤 자연주의적 대체물을 찾으려고 한다. 이번 장에서는 이러한 세 가지 전략을 논할 것이다. 한 단락은 먼저 각각의 전략의 배경을 살펴보고, 이어지는 단락들은 그 전략이 어떤 것인지 그리고 왜 실패할 수밖에 없는지를 설명할 것이다.

덕은 가르칠 수 있을까?

나는 첫 번째 전략을 "능력 부풀리기"라고 부른다. 그것은 토마토 개구리(*Dyscophus antongilii*)가 상대를 겁주기 위해 자신의 몸 크기를 두 배로 부풀리는 것과 비슷하다. 나는 다음과 같이 말하는 사람들을 염두에 두고 있다. "**물론** 우리는 도덕적으로 좋은 삶을 살 수 있는 능력을 지니고 태어나는 것은 아니다. 하지만 태어날 때부터 모국어를 말할 수 있는 것도 아니다. 우리는 우리 부모나 우리가 만나는 다른 사람들에게 반응할 수 있는 능력을 잠재적으로 가지고 태어나기에 언어와 도덕적 규범을 **배울 수** 있다. 두 가지 모두의 경우에 어떤 사람은 잘 배우고 어떤 사람은 잘 배우지 못한다. 그러나 이런 일을 설명하기 위해 신의 도움과 같은 어떤 특별한 수단을 도입할 필요는 없다. 실제 일어나는 일은 단지 사회가 규범으로 정한 일군의 원칙들이 교육과 관습을 통해 사람들의 삶속에 내면화되는 것이다."

　1907년 뉴욕시에 살고 있었던 몇몇 저명한 사람들이 하나의 모임을 만들었다. 그들은 한 달에 한 번씩 모여 "종교의 근본적 원리들"에 대해 토론했고, 그들이 나눴던 얘기들은 나중에 『종교에 관한 대화』(*Talks on Religion*)라는 제목으로 출간되었다. 참여자들은 수학자, 기업가, 역사가, 철학자, 동물학자, 동양 문화 연구생, 신학자, "사회주의에 심취한 사회철학자" 및 은행가였다. 그들은 거의 모든 사안에서 서로 불일치했고, 자신들의 견해가 이렇게 근본적으로 서로 다르다는 사실에 놀랐다. 하지만 그들은 한 가지에 대해서는 의견이 일치했고, 그것을 의기양양하게 언급했다. 그들 모두는 과학과 보편적 교육을 통해 사회가 도덕적으로 더 나은 미래를 향해 진보한다는 점에 대해 동의했다. 이것은 그 시대의 전형적인 신념이었다.

영국에서는 1895년에 알버트 쇼(Albert Shaw)가 도시 계획에 대해 이렇게 썼다. "현대 도시에 거주하는 대중들의 삶을 둘러싼 조건과 상황들은 그들의 필요에 맞게 조정될 수 있고, 그때 그들의 몸, 마음, 도덕성 안에서 최고로 발전된 결과를 이끌어낼 수 있다. 이른 바 현대 도시의 문제들은 한 가지 중심 질문의 다양한 국면일 뿐이다. 그것은 환경을 어떻게 도시인들의 행복한 삶에 맞춰 가장 적합하고 완벽하게 조정할 수 있을까?라는 질문이다. 과학이 이 모든 문제 하나하나를 해결할 수 있고, 대답을 제공할 수 있다."

미국에서 이런 종류의 낙관주의는 철학자이자 교육 사상가인 존 듀이(John Dewey)에게서, 특히 그의 초기 저작에서 두드러지게 발견된다. 그는 다음과 같이 말했다. 자신이 추진하고 있는 새로운 교육은 "훌륭하고 사랑스럽고 조화로운 큰 사회를 보장한다. 나아가 (그것은) 그 자체 안에 자유로운 실험 정신을 창조할 능력을 갖고 있으며, 이 정신은 우리와 모든 현대인이 살아가는 터전인 이 복잡하고 혼란한 세상에서 꼭 필요한 일들을 행할 것이다."

불행하게도 그 시대는 기대했던 대로 흘러가지는 않았다. 오히려 그 시대는 인류 역사상 가장 많은 살육이 자행되고 가장 잔혹했던 한 세기가 되었다. 이것은 교육이 부족했기 때문이 아니었다. 대량 학살, 홀로코스트, 인종 청소를 명령하고 실행했던 사람들은 흔히 높은 수준의 교육을 받고 교양을 갖춘 사람들인 경우가 많았다. 포로수용소에 갇힌 유대인들은 가스실로 끌려가서 죽기 전에 자신들을 학대하는 자들을 위해 바흐의 음악을 연주해야만 했던 적도 있었다. 수용소를 운영했던 독일인들이 듀이식의 교육은 받지 않았을지 모르지만, 20세기에 벌어진 사건들은 인간을 도덕적으로 선하게 만든다는 교육의 힘에 대해 회의를 느끼게 하는 데 충분하다. 듀이는 1933에 발표된 인본주의 선언(Humanist Manifesto)에 최초로 서명한 사람 중 하나였는데(발표년도가 제2차 세계대전이 발발하기 조금 전이었음을 주목하라), 이 선언문은 다음과 같이 말한다. "인간은 자신이 꿈꾸는 세상의 실현이 오로지 그 자신만의 책임이라는 사실을 마침내 깨닫기 시작했다. 다시 말해 인간은 **자기 자신 안에** 그것을 성취할 힘을 **소유하고 있다**는 사실을 깨닫기 시작했다"(강조는 추가된 것임). 하지만 나는 묻고 싶다. 그것은 사실인가? 그렇게 믿는 사람들이 움직여가는 세상에 대한 우리의 경험이 그 사실을 지지해주는가? 우리는 21세기가 시작되는 시점에서 지난 20세기가 남겨준 교훈을 기억할 필요가 있다.

21세기의 시작이 여러 가지 측면에서 지난 20세기의 시작과 유사하다는 사실은 매우 놀랍다. 그때처럼 강대국들 사이의 평화가 한동안 지속되고 있고, 기술의 근본적인 혁신과 발전이 이루어지고 있다. 교육 사상가들은 교육 기술이 도덕적 시민들을 확실히 양성할 수 있다는 희망을 여전히 품고 있다. 1990년에 T. K. 스탠턴(T. K. Stanton)은 이렇게 말했다. "점점 더 진화하는 봉사-학습 교수법이 정확한 지식에 근거한 비판적 지성을 가지고 적극적·도덕적으로 사회에 참여할 졸업생들을 **확실히** 키워내는 해결책이다"(강조는 추가된 것임). 지난 10년 동안 『도덕교육 저널』(*Journal of Moral Education*)에는 교육 기술을 통해 학생들의 도덕적 습관을 교정하기 위한 제안들이—종종 듀이까지 언급하면서—넘쳐났다. 나는 여기서 봉사-학습 방법을 비난하려는 것이 아니다. 나 역시 그것의 가능성을 강하게 믿고 있고, 나 자신의 교수법에 적용한다. 학생들이 문제 자체를 직시할 때, 그들은 자신들이 품고 있었던 생각들을 변화시키고 그들의 도덕적 사고의 범위는 확장된다. 하지만 그렇게 말할 수 있다고 해도 나는 봉사-학습 방법이 학생들을 도덕적으로 더 나은 사람으로 만든다고 생각하지는 않는다. 그것은 학생들에게 더 나은 사람이 될 수 있는 기회를 제공할 뿐이다. 어떤 학생들은 그 기회를 제대로 활용하는 반면에, 다른 학생들은 그렇지 않다.

이와 비슷한 사례가 의과 대학에서 개설된 의료 윤리 수업이다. 나는 의대생들에게 의료 윤리를 가르친 경험이 있다. 의과 대학 학생들이 의사로서의 삶이 갖는 윤리적 차원의 문제들을 한 번쯤 미리 생각해보는 것에는 아무런 문제가 없다. 문제는 이런 교육을 장려하는 사람들이 교육을 통해 민감한 도덕성을 지닌 의사를 양성할 수 있다는 가능성을 지나치게 과장하는 것이다. 내가 가르쳤던 의과 대학 병원에서 일하는 다수의 의사들은 의료 윤리 교육에 대해 거부감을 느꼈다. 그들이 관찰한 바에 의하면 학생들은 윤리적으로 더 나은 의사가 되는 것이 아니라, 어차피 해야만 하는 의료 행위들을 정당화하는 데 사용할 수 있는 멋진 새 용어들만 배우는 중이었다.

교육이 덕목을 함양하는 사회적 기술로서 지나치게 낙관적으로 인식되는 유일한 것은 아니다. 이런 종류의 과대평가는 공공 생활의 많은 분야에서도 발견된다. 도시 외곽 지역의 무분별한 확장에 반대하는 사람들은 전통적인 도시-구조가 시민들의 덕행에 미치는 긍정적 영향과 더불어 무분별한 확장이 초래하는 부정적인 악영향을 홍보한다. 예를 들어 그들은 모든 새로운 개발 계획은 사람들이 차를 타고 멀리 가지 않고서도 생필품들을 구입할 수 있도록 동네 가게를 반드시 포함해야 한다고 제안한다. 여기서 물론 도시 외곽의 무분별한 확장을 제한하는 것은 훌륭한 생각이지만, 그것을 홍보하기 위해 사용되는 일부 열정적인 수사적 표현과 조화를 이루지 못하는 문제도 있다. 제임스 컨스틀러(James Kunstler)는 1999년에 발표한 "악이 거하는 곳"(Where Evil Dwells)에서 도시 교외의 생활 문화를 동경하는 아메리칸 드림이 우리의 영혼에 미치는 영향에 대해 논했다. 나아가 그는 콜로라도주 콜럼바인 고등학교에서 발생한 총기 난사 사건과 관련해 "청소년 폭력은 아메리칸 드림이 초래한 심각한 무의미함에 대한 필연적인 반응"이라고 표현했다.

교육과 도시-구조에 대한 이런 생각들은 좀 더 절제된 형태로 표현될 때 설득력이 훨씬 더 커진다. 다시 말해 현실과 동떨어진 추상적 교과 과정이나 자동차의 과잉 사용이 우리의 삶을 방해할 때, 우리가 이를 직접 비판하는 수사적 표현보다는 절제된 표현을 사용하는 것이 그런 방해물을 좀 더 없애는 데 도움을 줄 수 있다. 18세기에 독일 철학자 임마누엘 칸트가 이런 생각을 다음과 같이 한 마디로 잘 표현했다. 우리는 "자유를 방해하는 것을 방해하기"를 추구해야 한다. 이것은 매우 절제된 표현이다. 이것은 그들에게 덕을 행하라고 말하는 게 아니라, 단지 그것에 방해가 되는 것들을 제거함으로써 덕을 함양할 수 있는 기회를 그들에게 제공한다. 만일 그들이 그것을 원한다면 말이다. 공공 정책은 어떤 종류의 행동을 관행으로 만드는 영향력을 행사할 수 있다. 그러나 칸트가 주장하는 것처럼 도덕에 관계되는 것은 행동 그 이상이다. 도덕은 마음속 동기, 즉 우리가 행하는 그것을 왜 행하는지와 관련이 있고, 특히 우리가 최상의 우선순위를 우리 자신의 행복에 둘 것인지 아니면 옳은 일에 둘 것인지의 선택과도 관련이 있다. 봉사-학습 방법이나 동네 가게의 확보와 같은 방안이 실제로 사람들의 행동을 더 나은 방향으로 변화시킬 수도 있을 것이다. 그러나 도덕적으로 선한 마음을 배양하는 것은 공공 정책의 고유한 한계를 넘어서는 일이다. 우리는 몇 가지 장애물을 제거하는 법은 알고 있지만, 우리가 제공한 도덕성 함양의 기회들을 사람들이 실제로 활용하도록 만드는 방법은 알지 못한다. 잘 알려진 격언처럼 당신은 말을 물가로 데려갈 수는 있으나 말이 물을 마시게 하지는 못한다. 이러한 한계를 인정하지 않는 오만함이 지난 20세기에 벌어진 많은 참상들의 배후에 자리 잡고 있다.

능력을 부풀리기

1863년 존 스튜어트 밀은 자신의 『공리주의』(*Utilitarianism*)에서 "진보하는 인간 지성"의 상태에 대해 썼다. 진보의 최종 목적지는 다음과 같은 세상, 곧 "모든 인간이 인간의 성품에 지대한 영향력을 끼치는 교육과 신념을 자신들의 행복과 전체 선을 끊을 수 없는 관계로 확립하는 힘으로 사용하는 세상이었다." 여기서 밀은 우리가 교육과 신념의 형성을 통해 더 나은 사람을 만들어낼 수 있다고 가정한다. 종종 밀의 추종자들은 이렇게 주장했다. 만약 우리가 행하는 것이 다른 사람들에게 어떤 결과를 가져오는지를 생생하게 볼 수만 있다면, 우리는 전체 선을 증진하는 방식으로 행동한다. 『도덕의 한계』(*The Limits of Morality*)의 저자 셸리 케이건(Shelly Kagan)이 그런 철학자에 속한다. 그는 자기 이익을 추구하는 일반적인 경향에 관해 다음의 사례를 든다. 비록 사람들이 치과에 가는 걸 싫어해도 농양과 그것이 일으키는 통증에 대한 무시무시한 설명을 들으면, 그들은 순순히 치과를 찾는다. 이와 비슷하게 우리가 다른 사람의 고통을 생생하게 알게 될 때, 우리는 그 사람의 안녕을 증진하는 방향으로 행동하도록 설득될 수 있다. 그래서 가난한 아이들과 후원자들을 개인적으로 연결해주는 후원 프로그램을 운영하는 구호 단체들은 아이들의 사진을 후원자들에게 보낸다. 아이들의 고통스러운 처지에 대한 생생한 정보가 재정적인 후원을 이끌어내는 것을 수월하게 만든다.

하지만 일이 항상 이런 식으로 진행되는 것은 아니다. 우리가 가진 많은 정보는 우리가 우선 남을 돕고자 하는 마음을 먹고 있을 때만 우리가 다른 이들을 도울 수 있게 만든다. 내가 누군가를 싫어하거나 그 사람이 살든지 죽든지 아무 관심이 없다면, 그 사람의 곤경을 아무리 생생하게 알려준다 해도 그 사람을 돕고 싶은 마음이 내게는 생기지 않을 것이다. 다른 사람의 눈을 통해 세상을 볼 때 나는 더 큰 온정을 가지고 그 사람에게 행동할 수 있지만, 그것은 내가 그 사람이 처한 형편에 대해 관심을 가지고 있을 경우에만 그렇다. 나는 사람들이 이런 이유로 아프리카에서 기아로 죽어가는 아이들에 관한 통계에 대해 별다른 느낌을 받지 못한다고 생각한다. 우리는 아프리카의 빈곤 문제를 이미 너무도 잘 알고 있다. 우리는 그곳의 아이들에 대해 희미한 관심은 갖고 있지만, 보통 그 관심은 그들을 위해 적극적으로 뭔가를 하도록 만들지는 못한다. 우리는 우리 자신의 안락함과 편리함을 우선적으로 추구하다 보니, 우리 자신의 생활 방식을 변화시키기 위한 싸움에서는 이미 지고 있다.

로사는 오랫동안 결혼 생활을 해온 부부와 가깝게 지내고 있다. 그녀는 그 부부의 관계가 불신에서 증오로 점점 악화되는 것을 안타깝게 지켜보고 있다. 그 부부는 어떻게 하면 서로에게 상처를 줄 수 있을지 너무나 잘 알고 있다. 실제로 그들은 이것을 예술의 경지까지 승화시켰고 일상의 대부분의 관심은 어떻게 하면 상대방을 더 잘 괴롭힐까 하는 것이 되었다. 그들은 서로에게 주는 상처가 어떤 것인지를 알지 못해서 그렇게 행동하는 게 아니다. 사실 그들은 상대를 괴롭히는 것의 효과가 크다는 것을 더 잘 알수록 기분이 더욱 좋아진다. 어처구니없게도 그들을 서로 묶어주는 것은 서로에 대한 증오다.

능력 부풀리기는 사용 가능한 어떤 기술을 통해 우리 자신과 다른 사람들 안에 마치 도덕성을 함양할 수 있는 것처럼 주장하는 것이다. 듀이에게 이 기술은 3단계의 성찰적 탐구 과정이다. 그는 이것을 학교에서 가르칠 수 있다고 생각했다. 마지막 단계는 "우리 자신을 다른 사람의 입장에 놓고 그 사람의 의도와 가치의 관점에서 일의 결과를 생각해 보는 것이다." 이때 우리는 다른 사람의 관점에서 세상을 본다. 이것은 분명 권장할 만한 일이고, 제대로 된다면 도덕적 삶에 방해가 되는 일종의 맹목적 무지는 극복될 수 있을 것이다. 그러나 우리가 도덕적 관점에서 세상을 보기 위해서는 필요한 것이 있다. 단지 다른 사람의 눈을 통해 보는 것만으로는 충분하지 않다. 우리는 도덕법이 허용하는 한 그 사람을 위해 더 나은 세상을 만들고, 그가 바라는 목표와 필요를 우리 자신의 것으로 삼으려고 신경 써야 한다. 문제는 우리가 우리 자신과 다른 사람들 안에 **이런** 종류의 일체감, 곧 목표와 의지를 일치하는 일체감을 형성할 능력을 갖고 있는가다. 앞서 언급했던 역기능적 행동을 하는 부부는 상대방의 눈을 통해 보는 것에는 뛰어났지만, 그것을 통해 오히려 서로에게 최대한의 고통을 주고 싶어 했다. 하지만 더 일반적인 경우는 증오가 아니라 멀리 있는 사람들에 대한 무관심이나 관심 부족이며, 아울러 가까이 있는 사람들을 대할 때 나타나는 일종의 자기 집착이다.

능력 부풀리기의 또 다른 사례는 인간이 본성적으로 반성적이고, 성찰 그 자체가 우리에게 도덕적 사고의 틀을 제공한다는 주장이다. 일부 사상가들은 우리가 인간 이외의 동물들이 가진 자연적 능력에 인간의 이성적 능력과 언어 능력을 주입해본다면, 그들은 인간이 어떻게 도덕성을 갖게 되는지 충분히 설명할 수 있다고 주장한다. 하지만 여기서 관건은 "이성" 혹은 "성찰"의 의미가 무엇인가 하는 것이다. 이 용어들에 대한 설명은 그것들에 도덕성을 이미 부여하고 있다. 그 결과 사람이 자신의 의무를 저버리는 것은 정의상 "비이성적"인 일이다. 아니면 "이성"은 종종 모든 근본적 가치에 전념하는 사실성을 의미하는 것으로 사용된다. 이런 설명에 의하면 이성적인 것이 도덕적이라는 말은 그 자체로 옳다. 하지만 불행하게도 우리는 그런 의미의 이성적인 존재로 태어나지도 않았고, 통계적으로 보고된 일반적인 발달 과정을 통해 이성적 존재가 되는 것도 아니다. 우리가 이성과 성찰을 도덕에 대해 중립적인 것으로 이해한다고 해도, 어떤 사람이 이성적이고 성찰적이지만 그럼에도 그가 비도덕적인 것은 여전히 가능하다. 히틀러의 제3제국의 결함은 이렇게 중립적으로 이해되는 이성의 결함이 아니었다. 홀로코스트 희생자들의 이름을 완벽하게 기록한 명단을 살펴볼 때, 그 문제는 이성의 결함이라기보다는 이성의 비정상적인 발달 혹은 과대평가였다고 할 수 있다.

서양 철학에서 탁월함(덕)이 학습될 수 있는가의 문제를 제일 먼저 체계적으로 논의한 저작은 플라톤의 『메논』(*Meno*)이다. 이 책은 젊고 잘생긴 테살리아의 귀족인 메논과 노철학자인 소크라테스의 대화를 기록하고 있다. 플라톤에게 있어 탁월함이란 일종의 지식, 즉 좋음의 이데아에 대한 지식을 아는 것이다. 반대로 나쁨은 좋음의 이데아에 대한 일종의 무지다. 메논과의 대화에서 소크라테스는 탁월함을 함양하는 것이 선한 가족(family)인지 아니면 효과적인 교육 방법인지를 묻는다. 그는 선한 가족과 효과적인 교육이 때로는 탁월함을 갖춘 아이들을 양육하지만, 항상 그렇지는 않다는 사실을 지적하며, 탁월함은 신의 선물로 주어지는 것이라는 결론을 내린다. 내 판단에 플라톤은 나쁨을 주로 지적인 무지로 생각했다는 점에서는 틀렸지만, 우리는 어떻게 탁월함을 함양해야 할지 알지 못하고 그래서 신의 도움을 바라볼 수밖에 없다고 생각했다는 점에서는 옳았다. 밀과 그의 추종자들은 플라톤의 잘못된 부분을 수용했고, 그것에 근거해서 플라톤이 바르게 말한 것을 부정했다. 그들은 나쁨은 일종의 무지라는 생각에서 출발했고, 우리가 그것을 제거하는 방법을 알고 있다는 결론으로 나아갔다. 기독교의 원죄 교리는 인간의 독자적인 능력에 대한 듀이식(듀이-관점?)의 그 어떤 낙관주의도 허용하지 않는다. 하지만 낙관주의를 허용하지 않는 결론에 도달하기 위해 원죄 교리를 꼭 믿어야만 하는 것은 아니다. 현실에서 실패했던 경험들의 기록만으로도 충분할 것이다.

도덕적 요구를 우리에게 맞추기

하나님을 배제하고 도덕적 간극을 메우기 위한 두 번째 주요 전략은 도덕에 대한 우리의 자연적 능력이 제한적이라는 전통적인 입장을 받아들인 후에, 도덕적 요구를 우리의 능력에 맞게 하향 조정하는 것이다. 하지만 이 전략도 실패할 수밖에 없다. 도덕의 요구를 그렇게 줄이는 것이 용납되지 않기 때문이다. 물론 도덕적 요구를 줄이는 것이 적절한 경우도 있다. 우리는 다른 민족에게는 어느 정도 다른 도덕적 기준을 적용할 수 있고, 이것은 합리적인 일이다. 예수는 "무릇 많이 받은 자에게는 많이 요구할 것이요"(눅 12:48)라고 말씀하셨다. 어떤 사람은 뛰어난 재능을 가졌고, 많은 재산을 상속받았으며, 지원을 아끼지 않는 가정에서 태어났다. 우리는 그런 사람들에게 당연히 많은 것을 기대한다. 학부 3학년 학생이 저가의 케이(Kaye) 첼로를 가지고 연주할 때, 우리는 우수한 교육을 받은 노련한 전문 첼리스트가 스트라디바리우스를 가지고 연주할 때보다는 훨씬 낮은 수준을 기대한다. 전문 음악가가 연주했다면 혹평을 받았을 연주라도 학생이라면 아주 훌륭하다고 칭찬을 받을 것이다. 이것은 덕과 악덕의 경우에도 해당한다. 하지만 제1장에서 설명했던 구성적 지침이 가진 도덕적 요구는 모든 사람에게 똑같이 적용되어야 한다.

　　로사의 아버지는 1930년대의 대공황 시기에 성장했으며, 당시 그의 가족은 모든 재산을 잃고 빈곤 계층으로 전락했다. 로사의 아버지는 어린 시절에 조부모님의 손에서 자랐다. 그의 부모님이 재산을 상실한 것에 큰 충격을 받아 일찍 돌아가셨기 때문이다. 로사의 아버지는 이런 모든 경험으로 인해 돈을 충분히 갖지 못한 상황을 거의 병적으로 두려워 했다. 그래서 그는 사업에 어느 정도 성공해서 넉넉한 형편이 되었지만, 다른 사람에게 돈을 쓰는 것에는 굉장히 인색하다. 로사는 어린 시절의 외상 때문에 자신의 아버지에게는 조금 낮은 기준을 적용해야 한다고 판단했다. 여기서 조금 낮은 기준이란 아버지가 실제로 돈을 얼마나 쓰느냐, 예를 들어 크리스마스에 손주들에게 가격이 어느 정도 나가는 선물을 하느냐에 관한 것이다. 물론 그녀는 자신이 가진 생각과 노력에 대한 기준을 아버지에게 동일하게 적용해야 한다고 생각한다. 하지만 그녀와 아버지가 동일한 기준의 관심과 노력을 갖는다고 해도, 그녀는 가격이 조금 비싼 선물을 하겠지만 자신의 아버지는 손주들에게 가격이 저렴한 선물을 할 것이라는 사실을 잘 알고 있다. 그녀는 외적인 요구를 줄였지만 내적인 기준에 대해서는 동일한 기준을 기대한다.

한편 특유의 성격적 특징도 있을 수도 있다. 덕의 실천은 사람마다 서로 다르다. 로사의 남편인 톰은 주변이 시끌벅적해도 개의치 않고 연구 작업에 잘 집중한다. 하지만 그는 자신의 일을 하면서 동시에 아이들을 돌보는 일에는 아주 형편없다. 그는 자신이 연구하는 동안 아이들이 이층에서 소리를 지르고 쿵쾅거리며 뛰어노는 것에는 크게 신경 쓰지 않을 수 있다. 이것은 동전의 양면이다. 그는 일에 깊이 집중할 수 있는 능력 때문에 아이들에게 좋은 아빠가 되지 못하는 사실을 깨달을 때가 있다. 로사와 그녀의 남편은 육아의 부담을 공정하게 나눌 방법을 찾아야 하는데, 로사의 남편이 두 가지 일을 동시에 잘 할 수 있는 척하면

안 된다. 그는 자신이 잘하는 일과 그렇지 않은 일을 현실적으로 판단해서 자신에게 주어지는 요구를 줄일 수 있다. 그러나 이것은 제1장에서 설명했던 구성적 지침으로부터 그가 면제된다는 뜻은 아니다. 예를 들어 그는 자신이 공정성의 원칙이 허용하는 것 이상으로 자신의 관심사에 집중하는 성향을 갖고 있기 때문에 공정성의 원칙을 자신에게는 적용하지 말아야 한다고 주장할 수는 없다. 그는 계속 자신과 로사 그리고 아이들을 동일한 가치를 가진 존재로 대해야 한다. 우리가 알아야 할 사실은 서로 다른 종류의 덕목을 가진 사람에게 구성적 지침이 적용될 때, 서로 다른 결과를 산출한다는 점이다.

요구를 줄이기

그렇지만 다른 도덕 철학자들은 구성적 지침의 세 가지 요소가 각각 요구하는 도덕적 요구를 줄이려고 시도했다.

구성적 지침의 첫 번째 요소는 전체의 행복을 산정하고 그것을 깊이 고려할 수 있는 입장에서 주어진 상황을 판단하여 자신의 반응을 결정하는 것이다. 일부(일부에 지나지 않는) 분파의 페미니스트들과 공동체성을 강조하는 철학자들은 첫 번째 요소를 부인해왔다. 그 대신에 그들은 우리가 알고 있고 많은 시간을 함께 보내는 사람들만 돌볼 수 있다는 돌봄의 중심 역할을 역설했다. 그래서 넬 노딩스(Nel Noddings)는 자신의 『돌봄』(Caring)에서 이렇게 쓴다. "나는 아프리카에서 굶어 죽어가는 아이들을 돌봐야 할 책임이 없다. 왜냐하면 지금 내가 책임져야 하는 사람들에 대한 돌봄을 포기하지 않고서는 그곳에 있는 아이들을 돌볼 수 있는 방법이 전혀 없기 때문이다." 하지만 이런 입장을 따른다면 잠비아에서 에이즈로 죽어가는 고아들에게 이렇게 말해야 할 것이다. "우리는 너희를 돌볼 수 있는 시간이나 자원이 없단다. (심지어 우리는 너희들 이름도 모르지 않니?) 그래서 우리는 우리가 알고 있는 사람들(우리 가족, 우리 친구들, 우리 사회 안의 사람들) 곁에만 머물 거야."

이런 철학자들은 공동체가 우리의 존재를 형성하고 우리는 정체성을 잃지 않고서는 공동체를 벗어나는 입장을 취할 수 없다는 주장으로 자신들의 입장을 변호해왔다. 이것이 사실이라면, 사람들에게 자신의 공동체를 벗어나는 관점을 가져보도록 요구하는 것은 상식에 어긋난 일일 것이다. 그것은 그들에게 다른 사람이 되라고 주장하는 것이기 때문이다. 우리는 제9장에서 이 주장을 다시 논할 것이다. 이 주장은 성공할 수 없다. 왜냐하면 "우리"가 속한 공동체는 모든 사람을 위한 보편적인 관심과 아울러 그들 각각을 위한 아주 구체적인 관심도 가져야 한다는 이상적인 요구를 이미 포함하고 있기 때문이다. 비록 우리가, 공동체가 우리의 정체성 형성을 통제한다는 사실에 동의할 수 있지만(나는 이 주장에 동의하지 않지만), 그러한 이상은 이미 우리를 형성하는 정체성의 일부분이다.

나는 우리가 알고 지내는 사람들에 대한 의무와, 어려움에 처해 있는 낯선 사람들에 대한 의무를 조화시키는 것이 굉장히 어렵다는 것을 인정한다. 제1장에서 제시한 로사의 덕에 관한 목록이 그런 조화를 이루기 위한 그녀의 노력을 보여준다. 나는 이러한 노력을 돕기 위해 "섭리적 근접성의 원리"(the Principle of providential proximity)를 제안한다. 도덕적 요구가 감당할 수 없을 만큼 무겁게 느껴지는 이유 중 하나는 그것이 각 개인의 연약한 어깨 위에 이름도 모르는 전 세계 모든 사람의 끝이 없는 곤궁의 짐을 지우는 것처럼 보이기 때문이다. 하지만 우리가 하나님의 섭리를 믿을 수 있다면, 우리는 우리가 도와야 할 사람들 바로 곁에 있는 공동체에 속해 있다고 믿을 수 있다. 선한 사마리아인의 비유에 나오는 사마리아인은 강도의 공격을 받아 상처를 입은 채 길가에 버려진 사람 곁을 지나갔다. 그 본문에서 "이웃"으로 번역되는 그리스 단어는 문자적으로 "~곁에"(next to)라는 의미를 갖고 있다. 그 비유는 "율법이 '내 몸처럼 사랑하라'고 명하는 그 이웃은 누구입니까?"라는 부자 청년의 질문에 대한 예수의 대답이다. 만일 내가 속한 공동체가 다른 사람의 어려움을 돕기 위해 스스로를 외부로 확장하고 있다면, 예를 들어 내가 알고 있는 개발 전문가들을 잠비아의 어느 마을로 보낸다면, 그때 그 마을은 확장되면서 내 마을이 된다. 이웃한 두 마을이 똑같이 도움을 필요로 하고 있을지 모르는데, 지금은 그중의 한 마을은 "나의" 마을이고 옆 마을은 아니다. 하지만 나는 그 개발 전문가들을 알고 있거나 아니면 그들을 아는 사람을 알고 있고, 그래서 그들이 새롭게 만나는 친구들은 내 "친구들의 친구들"이 된다. 이런 식으로 도움을 필요로 하는 세계의 익명성은 줄어든다. 왜냐하면 지금 내가 책임을 느끼는 곳은 바로 그 특별한 잠비아 마을이고 그 옆의 다른 마을이 아니기 때문이다.

우리는 누가 우리 곁에 있는 사람인지를 어떻게 알 수 있을까? 신문에서나 텔레비전 저녁 뉴스에서 굶주리는 아이들의 사진을 보는 것으로 충분할까? 나는 이에 대해 완전한 대답을 할 수 없다. 선한 사마리아인의 경우에 그것은 신체적인 가까움이었다. 우리에게는 우리가 속한 공동체(우리가 그런 공동체에 속해 있다면)가 상당한 도움이 될 수 있다.

그 공동체는 어느 마을을 선택해서 도울 것인지를 정확한 정보에 근거해서 결정을 내릴 수 있다. 그러나 우리의 공동체가 이런 역할을 맡기위해서는 올바른 공동체여야 한다. 그것은 구성원들 사이에 처음부터친밀한 연대감을 형성할 수 있고 동시에 그들에게 보편적 의무를 확인해줄 수 있을 만큼 외부 지향적이어야 한다. 나는 이런 공동체가 더 이상 일반적이지 않으며, 많은 사람이 그것을 그저 유토피아처럼 여긴다는 사실을 알고 있다.

구성적 지침의 두 번째 요소는 세상의 다른 어떤 것보다도 사람들의 행복에 더 많은 관심을 기울이고, 모든 사람을 동등한 도덕적 관심의 대상으로 삼아야 한다는 요구다. 하지만 인간의 평등한 가치에 대한이와 같은 인식을 부정하는 여러 형태의 도덕 철학이 있다. 래리 안하트(Larry Arnhart)는 『다윈주의의 자연적 권리』(*Darwinian Natural Right*)에서자신의 진화론적 윤리가 생물학과 발달 심리학의 가장 최근의 성과들에근거한다고 주장한다. 그는 "인간의 본성을 전체적인 자연의 질서 안에서 이해"하려고 한다. 그는 우리가 다음 두 가지를 인정해야 한다고 제안한다. 곧 선은 바람직한 것이고, 바람직한 것은 사람들이 일반적으로욕구하는 것이다. 래리 안하트는 "일반적으로 욕구한다"는 말에 대해 사람들이 진화의 역사를 통해 욕구해왔던 것들을 의미한다고 말한다. 이것은 진화가 가장 활발하게 일어나 인류에게 큰 영향을 주었다고 추정되는 약 258만 년 전부터 1만 년 전까지의 지질 시대인 플라이스토세의오랜 시기에 특별히 중요성을 부여한다. 진화 과정에서 인간이 갖게 된욕구는 인간의 생존과 종족 번식을 위한 것이다. 이런 식으로 인류의 역사를 살펴볼 때, 우리는—안하트에 의하면—"대부분의 인간 역사에 걸쳐 어떤 한 종족 안의 사회적 본능은 자기 종족의 한계를 벗어나 본 적이 없다"는 사실을 발견한다. 그래서 그는 "네 이웃을 네 몸같이 사랑하라"는 계명의 적절한 범위를 동족이나 자기가 속한 집단의 사람들로 제한하고, 황금률이나 선한 사마리아인의 비유에서 발견되는 "보편적 박애주의"를 거부한다. 그는 우리가 돌봐야 할 대상을 우리와 특별히 관계된 사람들로 제한하는 것이 진화 생물학에 근거한 과학적 논증이라고 생각한다. 여기서 나는 진화론을 반대하지 않고, 다만 윤리학에서 진화론을 이런 식으로 사용하는 것을 반대한다.

안하트는 우리가 상호 관계에 대한 "인간의 일반적인 욕구"를 발견할 수 있다는 것은 인정한다. 하지만 이것은 단지 우리를 돕는 사람은 돕고 우리에게 해를 입히는 사람은 해치는 앙갚음에 불과한 것이다. 만일 우리가 가까운 미래에 어떤 집단을 확실히 억압해도 된다고 결정한다면, 진화 과정에서 주어진 "인간의 일반적인 욕구"는 우리를 제지할 수 없다. 이러한 관점에 따르면 우리가 갖고 있거나 도덕적으로 가져야 하는 유일한 동기는 자기 이익과 자기 집단의 이익이다. 억압을 겪는 이들은 억압을 **비극**이라고 생각하겠지만, 안하트의 이론은 그런 억압이 **잘못된** 것이라고 말해주는 그 어떤 규범적 기준도 옹호하지 못한다.

하지만 이런 견해는 윤리적 요구를 사실상 감소시킨다. 그런데 이런 감소는 정당한가? 나는 그것이 정당하다고 생각하지 않지만, 선결문제 요구의 오류가 없는 논증을 찾기란 쉽지 않다. 윤리적 요구를 감소시키는 것은 잘못되었다. (사람들의) 윤리적 요구는 사실 더 높고, 모든 사람의 행복에 대해 똑같은 관심을 요구하기 때문이다. 이런 주장은 순환 논리다. 나는 우리 모두가 그런 높은 요구의 영향력을 느낀다고 생각하지만, 우리가 그 요구를 수용해야만 하는지는 여전히 결정되어야 할 문제로 남아 있다. 나아가 우리가 그 요구를 수용한다면, 우리는 그 요구가 어떤 권위에 근거하는지 어느 정도 설명해야 한다. 왜 우리는 윤리적 요구가 우리에게 구속력을 갖는다고 느껴야 할까? 이것은 이 책의 후반부(제5-10장)에서 다룰 주제다.

진화론을 윤리 이론에 적용해서 안하트의 경우와 동일한 효과를 내는 또 다른 예가 있다. 이것은 우리가 더 높은 윤리적 요구에 속박된다는 사실을 부인하지는 않지만, 그 요구의 위상을 변경한다. 예를 들어 『다윈주의자가 기독교인이 될 수 있을까?』(*Can a Darwinian Be a Christian?*)를 쓴 마이클 루스(Michael Ruse)와 같은 어떤 사상가들은 인간은 자연 선택의 과정을 통해 분개나 죄책감과 같은 "도덕적 감정"의 유전자를 갖게 되었다고 생각한다. 우리는 이 유전자에 의해 서로 협력하고, 오직 협동을 통해서만 가능한 선한 일들을 이룰 수 있다. 루스는 이렇게 말한다. 자연 선택은 치타에게 빠른 스피드를 선사한 것처럼 인간에게는 생존과 종족 번식에 유리하도록 도덕적 유전자를 주었다. 이것은 우리가 도덕에서 보는 객관적 요구들은 실제로는 유전자가 만들어낸 환상이라는 것을 의미한다. 우리가 도덕의 권위 아래 있다고 생각하는 것은 유용한 일이다. 그것은 우리가 성공적인 생존과 번식을 위한 행동을 하도록 만들기 때문이다. 유전자가 만들어내는 이러한 환상은 신기루와 같다. 나는 사막에서 오아시스를 보고 있다고 생각하지만, 현실에서는 오아시스가 없다. 루스가 윤리적 요구의 위상을 변경시킨다고 말한 게 바로 이런 이유다. 그의 주장은 도덕의 실제적 근거(즉 자신의 이해 관계)와 우리가 마음속으로 느끼는 것(다른 사람도 나와 동일한 가치를 지니고 있음을 인정하라는 객관적 요구)을 불일치하게 만든다. 그러나 규범 이론은 도덕적 요구를 약화시키지 않으면서 자신이 주장하는 그 요구의 근거와 기원도 공개할 수 있어야 한다.

예를 들어 이것의 의미를 설명해보자. 신들(일부 고대 철학자들이 생각했던 신들)이 마치 우리가 TV 드라마를 보는 것처럼 천상의 세계에서 우리를 내려다보며 우리의 불행을 보면서 재미있어 한다고 생각해보자. 나아가 그들이 바로 그렇게 즐기기 위해 우리를 이 세상에 배치했다고 생각해보자. 그렇다면 우리가 도덕 자체와 관련해 생각하는 도덕적 삶의 의미와 신들이 우리에게 설정한 실제 의미는 불일치할 것이다. 우리의 상황이 이렇다는 것을 알게 된다면, 우리는 셰익스피어의 비극 작품의 주인공 맥베스처럼 말할 것이다. 우리의 삶이란 "지나가는 그림자일 뿐이다. 제 차례가 되면 무대 위에서 뽐내고 초조해하지만 차례가 지나면 더는 들을 수 없는 가련한 배우에 불과할 뿐이거나 바보가 말해주는 이야기 같은 것, 소리와 분노로 가득 차 있지만 아무것도 의미하지 않는 것"과 같다. 이것은 우리 삶에 어떤 영향을 미칠까? 우리는 그리스 신화에 나오는 시시포스와 같을 것이다. 시시포스는 신들이 내린 형벌로 바위를 산꼭대기까지 굴려 올리고, 바위가 아래로 굴러 떨어지면 다시 바위를 산꼭대기까지 굴려 올리는 일을 무한히 반복해야 했다. 그렇다면 우리는 신들을 향해 주먹을 치켜들 수 있고, 도덕을 팽개칠 수만 있다면 기꺼이 그렇게 할 것이다.

아니면 우리가 (고대의 다른 철학자들이 생각했던 것처럼) 지배적 정치 권력이 우리를 계속 통치하기 위해 우리에게 주입한 것이 도덕이라는 사실을 알게 되었다고 가정해보자. 루스의 진화론적 설명은 우리를 그런 상황에 처하게 한다. 우리의 도덕적 삶은 이런 설명에서는 의미가 있지만, 우리가 도덕적 삶 자체와 관련해 생각하는 도덕적 의미는 아니다. 선한 사마리아인은 상처를 입은 채 거의 죽게 되어 길가에 버려진 사람을 도와줘야 한다고 생각한다. 그는 길에 쓰러진 사람이 혈연도 동족도 아닌 타인이고 심지어 자기 민족의 원수이지만, 그래도 그 사람이 지닌 객관적 가치가 자신의 마음을 움직인다고 생각한다. 하지만 진화론적 윤리 이론에 의하면 생화학적 메커니즘을 통해 인간의 마음을 실제로 움직이는 것은 그의 생존과 번식 유전자다. 우리가 이런 믿음에 도달한다면, 우리는 도덕적으로 선한 사람이 되기 위해 열심히 노력하는 것을 그만두기 위해 최선을 다할 것이다.

심리학 저서들을 살펴보면 이 사실을 입증하는 몇 가지 증거가 있다. 사람들이 이기주의가 옳다고 믿는다면, 그들은 다른 사람에게 도움을 덜 주는 경향을 보인다. 경제학 개론과 천문학 개론을 수강하는 양쪽 학생들을 대상으로 수강 전후를 비교하는 실험을 진행했다. 학생들은 학기 초와 학기 말에 각각 동일한 질문을 받았는데, 그것은 소유자의 주소가 적혀 있는 100달러가 들어 있는 봉투를 발견했을 때 어떻게 할 것인가라는 질문이었다. 학기 초에는 경제학을 수강하는 학생들과 천문학을 수강하는 학생들의 응답에 큰 차이가 없었다. 그러나 학기 말의 응답에서는 봉투에 든 돈을 그냥 갖겠다고 응답한 비율이 경제학을 수강하는 학생들에게서 훨씬 높게 나왔다. 이 차이는 아마 경제학을 수강한 학생들이 경제학에서 널리 퍼져 있는 이론, 곧 인간 행동의 동기는 근본적으로 이기주의적이라는 이론을 배웠기 때문일 것이다. 내 예상으로는 루스 교수의 철학 수업을 한 학기 수강한 학생들에게서도 동일한 응답

결과가 나왔을 것이다.

구성적 지침의 세 번째 요소는 각 사람의 고유한 특성을 깊이 고려하는 것이다. 이것은 우리가 다른 이들에 대해 아는 것만큼 모르는 것들에 대해서도 존중하는 것이다. 하지만 많은 상황에서 이런 존중은 거의 가능하지 않다. 나는 워싱턴의 하원에서 의회 직원으로 2년 정도 일했다. 정치인들이 정책을 심의하고 법안을 발의할 때, 그들이 자신들이 통과시킬 법에 영향을 받게 될 사람들의 고유한 특성을 깊이 고려한다는 것은 일반적으로는 가능하지 않다. 병원에서 일할 때, 나는 외과 의사와 종양 학자가 그들이 돌보는 환자들의 생명(단지 뱃속의 소화 기관이 아닌 생명 자체)을 대하는 태도의 차이를 관찰했다. 종양 학자들은 환자를 위한 적절한 치료 방법을 알아내기 위해 개별적으로 환자들을 잘 알아야 했다. 하지만 이런 일에는 한계가 명확하게 정해져 있지 않다. 외과 의사는 수술을 앞둔 환자와 상담할 때 감정이입적 공감을 통해 한 걸음 더 나아가야 한다. 물론 우리가 실제로 잘 알고 있는 사람을 대할 때 그 사람의 독특한 개성을 존중해주는 것은 훨씬 쉽다. 구성적 지침의 이와 같은 세 번째 요소는 우리가 다른 사람을 대할 때 항상 그 사람의 고유한 특성을 최대한 존중할 것을 요구한다.

어떤 윤리 이론들은 우리와 다른 사람들의 차이점보다는 공통점을 지나치게 강조한다. 그것들은 한 인간과 다른 인간 사이에 존재한다고 알려진 어떤 공통적인 것으로 도덕의 요구를 축소한다. 그 이론들의 착안점은 우리는 인간이 일반적으로 추구하는 좋은 것들의 목록을 작성할 수 있다는 것이다. 안하트는 자손, 명성, 부를 포함한 20개 항목의 목록을 제시한다. 그런 이론의 또 다른 사례는 제임스 그리핀(James Griffin)

이 자신의 저서 『행복』(*Well-Being*)에서 제시한 "객관적 목록" 이론이다. 그가 만든 가치-목록은 모든 인간에게 적합한 "공통된 가치의 개요"를 우리에게 제공하고, 우리는 인간 존재는 무엇을 행해야 하고 어떻게 살아야 할지에 대한 우리의 제안과 다른 이들의 제안을 그리핀이 제시한 목록과 일치하는지를 검토하면서 그것들을 선별해야 한다. 물론 이 목록은 모든 항목을 포함하는 것으로 간주된다. 평범한 사람이 선한(또는 좋은) 삶을 살기 위해 일반적으로 필요하다고 여기는 모든 중요한 가치들이 빠짐없이 포함된다는 의미에서 말이다. 이에 대한 한 가지 반론은 그런 목록을 실제로 제시할 때 철학자들은 꼭 있어야 할 무언가를 항상 빠뜨리는 것처럼 보인다는 사실이다. 예를 들어 그리핀의 목록에는 (하나님과의 관계와 같은) 종교적 가치나 (시민적 삶과 같은) 공동체적 가치가 빠져 있다.

하지만 가장 중요한 반론은 따로 있다. 비록 그리핀과 같은 사상가들이 모든 사람에게 해당하는 공통 가치의 목록을 바르게 제시한다고 할지라도, 그들은 개별 인간들의 고유한 특성을 충분하게 존중하지 못한다. 나는 우리 각자는 개별적 본질과 같은 것을 소유하고 있고, 이것은 인간의 공통적인 본질과 동일하거나 혹은 더 큰 가치를 갖는다고 주장했다. 이러한 개별적 본질은 우리에게 고유한 가치들과 우선순위를 제시한다. 우리의 목표는, 우리가 더 완전하게 각 개인이 가진 본질을 실현하는 것이다. 비록 지금은 우리가 그 본질에 대해 매우 불완전하게 알고 있지만 말이다. 여전히 우리는 모든 인간이 갖고 있는 동일한 목표를 갖고 있고, 그것은 우리가 서로를 대하는 방식에 도덕적 제약을 가한다. 그렇지만 우리는 그런 목표가 우리 자신과 모든 평범한 사람을 위한 **중심적인** 가치 순위를 제공해준다고 생각해서는 안 된다. 모든 인간이 공유하는 것에 도덕의 요구를 한정하는 것은 결국 각각의 개인이 가장 중요하게 생각하는 것으로 도덕적 요구를 받아들이는 게 아니라 공통 기준에 대한 존중으로 축소하는 것으로 끝난다.

우리의 통제력을 넘어서서

앞서 언급했듯이 하나님 없이 도덕적 간극을 메우려는 세 번째 전략은 도덕의 요구와 인간의 자연적 능력 사이에 도덕적 간극이 있다고 말하는 전통적인 견해를 그대로 수용하고, 이런 도덕의 간극을 하나님이 아닌 다른 새로운 대체물로 메우려는 전략이다. 여기서도 마찬가지로 오늘날에는 그런 대체물로 평가되는 후보들이 많다. 다음 단락에서 몇 가지 사례를 간략하게 살펴볼 것이다. 그 후보들은 모두 구원의 소망을 이 세계 **내부에서** 찾고 있고, 첫 번째 전략처럼 우리의 능력을 어느 정도 과대평가한다. 다만 첫 번째 전략과 세 번째 전략의 차이점은, 세 번째 전략에 의하면 도덕적 진보를 이루는 힘은 개인의 이성적 지배력을 넘어선 곳에서 작용한다고 보는 데 있다.

이 관점에 의하면 우리에게 작용하는 힘은 우리가 개인으로 갖고 있는 힘보다 더 강하며, 우리가 예측하거나 통제할 수 없는 방식으로 우리를 변화시킬 수도 있다. 그러나 그것이 우주와 구별되거나 그것을 초월하는 힘은 아니다. 그것이 우주와 구별되거나 우주를 초월한 것이라면 그것은 사실상 신일 수 있기 때문이다. 그렇게 되면 우리는 하나님 없이 도덕의 간극을 메울 수 있는 전략을 더 이상 세울 수 없을 것이다.

대체물 찾기

우리는 하나님의 도우심에 대한 대체물을 찾으려는 몇 가지 전략의 사례를 사회학 이론에서 발견할 수 있다. 한 가지 사례가 마르크스 이론이다. 이 이론은 노동자 계급이 생산 수단의 소유권을 차지하면 경제적인 힘은 국가가 더 이상 필요 없어져서 소멸할 정도로 인간들의 상호 관계를 급진적으로 개선시킬 것이라고 말한다. 마르크스주의자들의 정치적 스펙트럼의 반대편에는 다음과 같은 생각이 있다. 그것은 자본주의의 "보이지 않는 손"이 각 개인의 사적 이익의 추구를 모든 사람의 행복으로 변화시켜줄 것이라는 사상이다. 다만 이 사상에 의하면 자유 시장이라는 마법의 원리가 외부 규제의 방해를 받지 말아야 한다. 이 두 가지 사상을 반대하는 이들은 그 원리들의 역사적 실현인 공산주의와 자유방임적 자본주의가 실패했다는 것과 그 체제 아래서 사람들이 겪었던 온갖 악한 일들을 지적한다. 하지만 이런 지적이 매우 공정한 것은 아니다. 왜냐하면 그 원리들이 실제로 충실히 이행되었다는 전제 아래서만 그런 비판이 가능하기 때문이다. 그 두 가지 원리들을 옹호하는 이들은 그 원리들이 제대로 실행되지도 않았고 처음부터 절충이 이루어졌다는 사실을 지적할 텐데, 이것은 올바른 지적이다. 하지만 역사적 기록은 그 시도들이 실제로 비인격적인 힘을 통해 더 나은 세상을 구현할 수 있었는지에 대해 의심스럽게 만든다. 현명한 정치는 실현 가능성을 전망할 때는 매우 조심스럽다.

다시 살펴보자면 진화론적 윤리학에는 대체물 역할을 하는 제안이 있다. 몇몇 사상가들은 진화 그 자체를 하나님의 대체물로 삼으려 한다.

여기서 내가 염두에 두고 있는 사상가들은 신학자들이기 때문에, 아마도 그런 주장은 그들이 원하는 것에 대한 표현일 수 있다. 그들은 자신들이 하나님의 사역에 대한 대체물을 제안하는 것이 아니라 하나님의 사역 자체를 설명한다고 생각한다. 필립 헤프너(Philip Hefner)는 자신의 저서 『인간적 요인: 진화, 문화 그리고 종교』(*The Human Factor: Evolution, Culture, and Religion*)에서 사물들이 실제로 존재하는 방식으로 하나님을 규정하고, 사물들은 실제로 존재하는 방식으로 진화하기 때문에 하나님 안에서 진화가 일어난다고 결론짓는다. 이 견해에 따르면 하나님의 초월성은 편재성으로 이해된다. 다시 말해 하나님은 우주의 어느 특정한 부분이나 특정한 시대를 초월하시지만, 공간과 시간 전체로서의 우주 자체를 초월하지는 않으신다. 이러한 우주에는 창발성이 출현한다. 19세기 낭만주의자들은 이것을 생명력이라고 불렀다. 이것은 먼저 생명 자체가 출현하게 하고, 그다음에는 하등 생물에서 고등 생물로 진화하고, 마지막으로는 문화와 자유를 출현시킨다. 이에 따라 헤프너는 도덕의 요구와 인간의 자연적 능력에 대한 전통적인 견해를 수용한다. 그는 이렇게 말한다. 도덕적 요구는 자기 자신을 비우는 사랑이지만, 우리의 타고난 생물학적 성향은 자기 자신을 우선시한다(이것이 우리의 원죄다). 하지만 그는 이러한 간극이 의식의 자발적 출현으로 메워진다고 생각한다.

이런 견해에 포함된 신학적 문제는 그것이 창조주와 창조물의 구분을 충분히 진지하게 고려하지 않는다는 것이다. 헤프너는 이 점에 대해 동의하지 않을지도 모른다. 그러나 그는 전통 신학의 혁신적 수정을 제안한다는 사실 만큼은 인정한다. 양자의 차이를 보여주는 한 가지 사실은, 전통 신학이 의존적 존재와 독립적 존재를 명확하게 구분한다는 것이다. 우주는 의존적이고 하나님은 독립적이다. 하나님은 우주 없이 존재할 수 있지만, 우주는 하나님 없이 존재할 수 없다. 전통 신학에서 우리의 구원의 원천은 인간의 자유와 문화에 있지 않다. 진화의 어떤 내부적인 힘—그것을 "하나님의 진화"라고 부른다 해도—이 구원의 원천이 될 수는 없다. 그 원천은 오로지 초월적 위치에서 우주를 창조하고 유지하시는 하나님의 선하심 안에 있다. 전통 신학은 하나님이 세계 안에 내주하신다는 사실을 부인하지 않지만 그 내주가 하나님의 존재에 대한 모든 이야기를 말해주지는 않는다고 분명히 주장한다.

우리는 제2장에서 하나님의 도우심에 호소하지 않고 도덕적 간극의 문제를 해결하려는 세 가지 전략의 다양한 현대적 사례들을 살펴보았다. 나는 그중 어떤 전략도 만족스럽지 않다고 논증했다. 하지만 이것이 하나님의 도우심이 필요하다는 사실을 입증하는 것은 아니다. 이 문제를 해결할 또 다른 방법은 어쩌면 여기서 언급되지 않은 방법 가운데 있을지 모른다. 하지만 우리가 여기서 설명한 시도들이 모두 실패했고 다른 대안을 찾을 수 없다면, 우리는 하나님의 도우심에 호소하는 전통적인 설명으로 되돌아가서 그것이 더 나은 해법이 아닌지 살펴봐야한다. 우리는 다음 장에서 기독교가 전통적으로 제시해왔던 설명을 검토할 것이다.

제3장

하나님의 도우심

우리는 앞 장에서 하나님의 도우심에 호소하지 않고 도덕적 간극의 문제를 해결하려는 세 가지 전략을 살펴보았다. 나는 그 세 가지 전략이 모두 실패할 수밖에 없다고 주장했다. 이제 우리는 기독교가 더 나은 해결책을 제시할 수 있을지를 살펴볼 것이다. 우리는 하나님이 부르신 그대로의 삶을 살지 못하는 우리의 실패와 그 실패를 극복하기 위한 하나님의 도우심에 관한 세 가지 교리를 검토할 것이다. 이 부르심의 중요한 한 가지는—전체는 아니라고 해도—도덕적으로 선한 삶을 살라는 것이다. 하나님은 심미적 기쁨과 좋은 유머 감각을 지닌 삶으로 우리를 부르신다. 우리를 하나님께 더 가까이 나아가게 만드는 모든 가치는 그 부르심의 일부분이다. 그러나 우리의 실제 삶은 우리가 하나님과 관련이 없는 것처럼 보이게 한다. 마치 어떤 두 사람 사이에 벌어진 잘못된 행위가 두 사람의 관계를 깨트리듯 말이다. 이 문제는 세 부분으로 나뉜다. 그것이 우리의 인생 여정에서 서로 다른 세 시기와 관련이 있기 때문이다. 다시 말해 그 문제는 우리의 과거, 현재, 미래에 영향을 미친다. 우리가 정직하다면 우리는 과거에 하나님의 부르심과 어긋나는 삶을 살아왔다는 것을 인정하지 않을 수 없다. 우리가 말할 수 있는 건, 계속해서 그런 어긋난 삶을 산다는 것이다. 그리고 이런 삶은 미래에도 그럴 것 같아 보인다. 우리가 그와 관련해서라면 무엇이든 할 수 있을 정도까지 말이다.

기독교는 속죄, 칭의, 성화라는 교리를 갖고 있다. 이 교리들에 의하면, 하나님은 우리가 그분의 부르심에 따라 살 수 있도록 돕기 위해 우리 인생의 세 시기에 개입하신다. 과거와 관련해서, 우리는 과거에 행한 일에 대해 용서받지 못했다는 죄책감의 짐을 더 이상 느낄 필요가 없다. 현재와 관련해서, 우리는 이미 "그리스도 안에서" 새롭게 되었다. 비록 우리가 우리 자신의 내면을 성찰할 때 아직 뚜렷한 차이를 발견할 수 없다고 해도 말이다. 미래와 관련해서, 우리는 우리가 스스로 경험할 수 있는 방식으로 변화할 것이다. 따라서 우리는 하나님이 원하시는 사람으로 점차 성숙해지는 모습을 느낄 수 있을 것이다. 기독교 신학의 역사는 이 교리들을 설명하기 위한 다양한 시도들로 가득 차 있다. 나는 신학자가 아니라 철학자이므로 그런 신학의 역사를 서술하지는 않겠다. 이번 장에서는 두 단락에 걸쳐 그 세 가지 교리를 하나씩 살펴볼 것이다. 첫 번째 단락에서는 각 교리를 이해하는 데 유용한 일반적 개념들을 사용해서 그것들을 검토하고, 이어서 그 교리를 반대하는 한 가지 철학적 반론을 제기할 것이다. 두 번째 단락에서는 내가 제기한 철학적 반론에 맞서 각 교리의 해석을 변호할 것이다. 하지만 나는 각 교리에 대한 그런 해석이 기독교인이 할 수 있는 혹은 해야만 하는 유일한 해석이라고 주장하는 것은 아니다. 나는 그 교리들을 그저 부분적으로 이해했을 뿐이지, 완전히 이해했다고 감히 주장하지는 않는다. 그 교리들과 관련된 많은 부분은 여전히 신비로 남아 있다.

속죄

속죄는 우리가 하나님과 관계 없이 행했던 일과 우리의 과거를 다룬다. 그리스도는 십자가에서 죽으심으로써 우리가 저지른 죄를 속하셨다. 이 교리의 핵심에는 용서에 관한 개념이 있다. 속죄(atonement)라는 영어 단어는 (『옥스포드 영어사전』에 의하면) "at-one-ment"(하나된 상태)에서 유래한 것이다. 이것은 우리가 하나님과 하나가 됨으로써 화해[화목]된 것 혹은 하나님과 하나 됨이 회복된 것을 뜻한다. 자비로우신 하나님은 우리가 행한 일을 용서하시지만, 그럼에도 그분은 여전히 의로우시다. 나는 그리스도의 죽음이 그리스도께서 우리를 대신해서 감당하신 형벌이고, 그 결과 우리는 형벌을 받을 필요가 없다고 해석하는 속죄의 의미를 옹호한다. 그렇지만 먼저 용서가 무엇이고 또한 형벌의 목적은 무엇인지에 대해 살펴볼 필요가 있다.

용서는 보통 두 사람의 관계와 관련이 있다. 잘못을 저지른 가해자가 있고, 그 잘못의 피해자 혹은 대상이 있다. 우리가 누군가에게 해를 끼치거나 상처를 줬다면 그 잘못이 크든 작든 우리는 그에게 용서를 받아야 한다. 용서의 과정은 잘못된 행위를 관계의 차원에서 볼 때 가장 명확해진다. 물론 모든 용서가 다 이렇지는 않다. 과실은 대부분의 경우 쌍방 과실로 일어난다. 따라서 용서도 쌍방에서 일어나야 한다. 용서는 제대로 이루어질 경우에 두 당사자를 잘못이 일어나기 이전의 관계로 회복시킨다. 용서는 어떤 의미에서 과거의 상태로 되돌아가는 것이다. 이것은 이미 일어난 일을 마치 일어나지 않은 것처럼 만들 수 있다는 말처럼 신기하게 들린다. 하지만 그것은 불가능하다. 어떤 사람이 자신이 저질렀던 어리석고 해로운 일을 행하지 않았더라면 하고 바랄 수 있고 또한 그 일의 희생자도 그런 일이 일어나지 않았더라면 하고 바랄 수는 있지만, 그 누구도 과거로 돌아가 잘못된 행동을 자신의 삶에서 제거할 수는 없다. 피해자가 가해자를 용서할 때 할 수 있는 일은 그 잘못에 대해 계속해서 가해자를 탓하는 것을 멈추는 것이며, 그렇게 해서 두 사람 모두는 그 잘못의 짐으로부터 벗어난다.

로사가 출근 시간에 늦어 서두르는데, 딸 루시는 신발을 어디 두었는지 찾지 못하고 있다. 그녀는 아이가 조심성이 없고 부주의하다고 야단을 치고, 아이는 울음을 터뜨린다. 그녀는 시간에 쫓겨 자신이 지나치게 화를 냈다는 사실을 깨닫는다. 그녀는 "미안해. 함께 찾아보자"라고 딸에게 말하고, 두 사람은 함께 신발이 어디 있는지 찾기 시작한다. 루시는 엄마를 용서한다. 여기서 용서는 "엄마를 용서할게요!"라는 말이나 어떤 다른 말을 필요로 하지 않는다. 둘은 가까운 사이고, 두 사람 모두 용서가 발생했다는 것을 안다. 그래도 로사는 신발을 찾은 후 두 사람이 완전히 회복되었는지를 알기 위해 딸에게 확인을 한다. 그녀가 "괜찮아?"라고 묻자 루시는 고개를 끄덕거리고, 둘은 함께 차에 올라 학교로 간다.

용서가 이루어지는 이런 과정을 보여주는 표준적인 패턴이 있다. 가해자가 뉘우치고 사과하며 피해를 보상하자, 피해자는 가해자를 마음에서 놓아준다. 용서는 잘못을 못 본 체한다거가 봐주는 것이 아니라는 사실이 중요하다. 뭔가 잘못된 일이 저질러졌을 때, 용서가 이루어지려면 그것이 잘못된 일이라는 사실을 인정해야만 한다. 바로 여기서 하나님의 정의가 등장한다. 속죄가 어떤 효력을 가지고 있든지 관계없이, 그것은 하나님이 인간의 잘못된 행위에 대해 신경 쓰지 않으신다는 것을 의미하지 않는다. 하나님이 잘못된 행위에 신경쓰지 않으신다면, 이것은 하나님의 공의 및 의와 일치하지 않을 것이다. 하나님의 의와 공의는 변함없이 죄를 반대하기 때문이다. 또한 용서란 마치 하나님이 범죄자가 했던 일에 대해 그분의 지식을 지워버리는 것처럼 죄를 잊어버리는 것도 아니다. 오히려 하나님은 그 범죄자를 **적대하여** 그를 공격하는 기억을 멈추신다. 범죄자 역시 자신이 저질렀던 일을 기억할 것이다. 그것이 자신의 삶을 형성하고 있기 때문이다. 하지만 하나님이 그를 용서하신 이후에는 자신의 죄가 하나님과의 관계에 장애가 된다고 더 이상 생각할 필요가 없다. 이 사실에 대한 한 가지 그림은 우리의 잘못을 기록한 하늘의 책을 생각해보는 것이다. 그 책의 한쪽에는 우리의 모든 잘못된 행위들이 기록되어 있고, 옆쪽에는 우리가 받아야 할 형벌이 적혀 있다. 하나님이 우리를 용서하실 때, 잘못된 행위를 기록한 부분은 그대로 있지만, 형벌을 기록한 부분은 지워진다.

속죄는 잘못된 행위에 대한 보상을 요구한다. 보상은 때로는 형벌을 통해 이루어진다. 우리는 여러 가지 이유에서 범죄자를 처벌한다. 범죄를 억제하려는 것도 한 가지 이유일 것이다. 범죄를 저지르다 잡히면 처벌을 받는다는 사실을 아는 사람은 아마도 범죄 행위를 1순위에 놓지 않을 것이다. 우리는 범죄자를 사회로부터 격리시키기 위해 옥에 가

두기도 한다. 혹은 우리는 범죄자들을 건전한 환경에서 교육해 더 나은 사람을 만들 수 있고, 그들이 사회로 복귀했을 때 다시 범죄를 저지르지 않게 할 수 있다고 생각할 수도 있다. 이 모든 것은 처벌의 효과에 대해 앞을 내다보며 그것을 정당화한다.

지나간 일을 뒤돌아보는 관점에서 처벌을 정당화하는 방식도 있다. 범죄자를 처벌하는 것은 그가 잘못을 저지른 후에 마땅히 처벌받아야 하기 때문이고, 처벌의 정도는 저지른 범죄의 정도에 적절해야 한다고 보는 것이다. 처벌을 통해 죄를 저지른 사람은 자신이 할 수 있는 최선의 범위 안에서 피해를 보상하며, "사회에 진 빚을 갚는다." 나는 이런 응용된 접근 방식이 옳다고 본다(물론 다른 접근 방식들도 다소간의 장점을 갖고 있다). 눈에는 눈으로 갚는 것이 그 자체로 좋은 것은 아니다. 이런 의미에서 우리는 잘못에 대한 잘못(혹은 악에 대한 악)이 옳은 것(혹은 선한 일)이 될 수 없다는 말에 동의할 수 있다. 하지만 처벌은 피해자의 가치를 표현하기 때문에 중요하다. 학교 놀이터에서 약한 아이들을 괴롭히는 아이는 피해 어린이의 인격적 가치를 비하하는 것이다. 그는 놀리고 때리면서 피해 어린이가 아무런 가치도 갖고 있지 않다고 표현한다. 가해 어린이에 대한 처벌은 이런 관계를 바꿔놓는다. 다시 말해 두 아이 모두 동일한 가치를 가진 인간이라는 도덕적 사실을 표현해준다. 그것은 가해자의 지위를 낮추면서 피해자의 지위를 높인다. 나는 이것을 "처벌의 표현 이론"이라고 부른다.

처벌은 가해자가 그럴 마음이나 의도가 없다고 해도 그 잘못에 대해 보상할 수 있는 한 가지 방법이다. 가해자가 보상을 하지 않고서도 용서가 가능할까? 나는 그렇다고 생각하지만, 그것은 논쟁이 될 수 있다. 때로는 범죄가 저질러졌을 때, 그 어떤 처벌도 그 잘못에 대해 적절히 보상할 수 없는 경우가 있다. 예를 들어 한 여성을 강간했을 경우에, 가해자는 뉘우치고 잘못을 고백할 수 있지만 그 어떤 방법으로도 (사회가 가해자를 사형시킨다고 해도) 피해 여성에게 보상할 길은 없다. 내 생각으로는 가해자가 자신의 잘못을 제거하기 위해 아무런 노력도 하지 않았을 경우에도 우리는 여전히 용서할 수 있다. 이것은 우리가 가진 원한이라는 짐을 내려놓게 하면서 최종적으로는 우리에게 유익한 일이다. 비록 용서는 개인의 문제이고 사람들은 보통 용서해야 하는 적절한 시기를 모르지만 말이다. 이 모든 것 이상으로 기독교는 우리가 **반드시** 용서하고 적어도 하나님이 용서해주시기를 간구해야 한다고 가르친다. 예를 들어 십자가에 달린 그리스도는 자신을 못 박은 자들이 회개하지 않았음에도 불구하고 그들을 용서해달라고 아버지께 간구했다. 때로는 우리 자신이 아직 용서를 할 수 없는 경우가 있다. 이때 우리는 용서를 하나님의 손에 맡길 수 있다. 그러나 희생자가 그 어떤 "보상"이나 배상, 심지어 뉘우침도 없는 곳에서 범죄자를 용서한다면, 그는 다른 짐을 추가로 져야만 한다. 때때로 희생자가 범죄자의 몫까지 부담하면서 이중으로 값을 치르는 경우가 실제로 있다. 희생자가 범죄자에 의해 잘못된 행위를 당했을 때, 그는 일차로 값을 지불한다. 그리고 희생자는 자신이 그런 잘못된 행위와 관련해서 보상을 받지 못한다는 사실을 알았지만 그럼에도 범죄자를 용서하기로 결정했을 때, 그는 이차로 값을 지불한다. 그리스도의 대속의 경우에 그분은 우리를 대신해서 우리 죄에 대한 형벌을 당하신다.

그리스도의 속죄는 인간적인 용서 및 처벌과 어느 정도로 유사할까? 속죄에 대한 한 가지 철학적 반론은 죄책을 마치 금전 채무처럼 한 사람에게서 다른 사람에게 옮기는 것은 불가능하다는 것이다. 돈 문제라면 한 사람이 다른 사람의 빚을 떠안는 것이 가능하다. 그렇지만 한 사람이 다른 사람의 죄책을 떠맡는다는 것이 말이 되는 것인가? 우리가 대리하는 교환의 개념으로 대속을 이해한다면, 그리스도가 우리의 죄로 인해 죄인이 되었다는 것인가? 그렇지 않다면 어떻게 하나님이 죄가 없는 그리스도에게 형벌을 주시는 것이 정당할 수 있을까? 여기서 우리에게 도움이 되는 개념은 두 사람 사이에서 일어나는 정체성의 부분적 융합이라는 개념이다.

정체성의 부분적 융합

두 사람 사이에서 정체성이 부분적으로 융합되는 일은 우리에게 친숙한 경험이다. 인간의 삶에서 한 사람의 과실이 다른 사람과 공유되는 여러 가지 맥락이 존재한다. 다음의 사례는 이미 제1장에서 언급되었다.

네드가 아기였을 때 로사는 네드를 데리고 담임목사를 방문했고, 목사는 아기를 안아보고 싶어 했다. 그는 익숙한 듯이 아기를 어깨 쪽으로 안고 한 손으로는 아기를 받치며 다른 한 손으로는 아기의 등을 토닥거렸다. 그 순간 네드는 목사의 와이셔츠에 토했다. 로사는 어떻게 행동했을까? 그녀는 마치 자신이 토하기라도 한 것처럼 행동했다. 그녀는 매우 미안해 사과를 했고 아기를 즉시 돌려받았다. 그리고 세탁비를 드리겠다고 제안했다. 왜 그렇게 했을까? 그것은 그녀와 아기가 하나로 결합되어 있기 때문이다. 얼마 전까지 아기는 그녀의 뱃속에 있었고, 아직도 여전히 그녀는 자신의 몸을 통해 아기를 먹이고 있다. 그녀는 어디를 가든지 아기와 함께 가고, 아기는 마치 그녀 자신의 연장인 듯했다. 사람들이 아기를 보며 예쁘다고 할 때, 그녀는 아기가 자랑스러울뿐 아니라 자신도 자랑스러웠다. (더 정확하게 말하자면) 두 사람이 하나의 단일체로서 "함께 결합된 게" 자랑스러웠다.

이것은 두 사람 간의 정체성의 동일시가 최고 형태로 이루어진 것이다. 17세기 시인인 존 돈(John Donne)은 이런 상황을 자신이 고안한 *interinanimate*라는 단어로 표현했다. 이 단어는 새로운 영혼(anima)을 두 사람 사이(inter)의 공간으로(in) 불어넣는다는 뜻이다.

서로에 대한 사랑이
두 사람의 영혼들 사이로 새로운 영혼을 불어넣을 때
거기서 자라는 더 강한 영혼은
고독의 결핍을 무력케 한다네.

이와 같은 부분적 동일시는 부부 사이에서 일어날 수 있고, 그래서 남편이나 아내는 상대방이 행한 일에 대해 부끄러움이나 자부심을 느낄 수 있다. 로사의 남편인 톰은 현재의 직장에서 이전 직장에 대해 거짓말을 했다가 들통이 나서 웃음거리가 된 적이 있다. 그와 아내 로사는 몇 주 정도 다른 곳에 숨어 있어야겠다고 느꼈다. 부끄러움은 함께 결합되어 있는 두 사람에게 공유되었고, 이것은 다른 잘못들도 마찬가지로 공유되었다는 표시였다. 이와 같은 부분적 융합은 서로에게 충실한 친구들과 자신들이 속한 기관의 충실한 동료 사이에서도 일어날 수 있다. 실제로 종교적인 설립 이념을 가진 교육 기관에 새로 부임한 교수들은 수백 년 동안 투쟁을 거쳐 형성된 교리적·실천적 배경을 가진 교리문답서나 신앙고백서를 지지할 것을 요구받는다. 그 결과 그들은 이 특별한 역사를 가진 공동체의 일원이 된다. 그들은 기존의 구성원들이 그 공동체에 대해 자부심과 부끄러움을 가지고 있는 것처럼 자신들도 이제 그 공동체의 역사와 관련해 어떤 점에서는 자부심을 느끼고, 다른 어떤 점에서는 부끄러움을 느낄 수 있다.

한 사람이 다른 사람이 행한 일에 대해 부끄러움이나 자부심을 느낀다고 말하는 것이 이상하게 들릴 수도 있다. 그렇지만 이것은 사실상 내가 말하고 있는 부분적 동일시에 대한 익숙한 경험 중 일부다. 이런 식으로 잘못을 공유하고 그에 따른 감정을 공유하는 것은 각 개인의 정체성의 부분적 융합이 적절한 만큼 적절하다. 물론 두 사람이 서로 의존적인 관계가 되었다가 막상 자신의 고유한 정체성의 적합한 의미를 잃어버렸을 때, 그 두 가지는 모두 부적절해질 수 있다. 하지만 부분적 융합은 우리에게 유익할 때가 많고, 실제로 그것은 인간의 행복한 삶에서 매우 중요한 부분을 차지한다.

나는 이와 같이 정체성이 부분적으로 융합되는 한 가지 사례로 그리스도를 믿는 자와 그리스도 간의 연합을 생각해보기를 제안한다. 장 칼뱅은 "신비적 연합"에 대해 말한다. 여기서 우리가 양방향의 이동을 생각해볼 수 있다. 믿는 자로부터 그리스도께로 양도되는 것이 있고, 그리스도로로부터 믿는 자에게로 양도되는 것이 있다. 이 이해를 위한 유용한 그림은 어떤 가정에 입양되는 아이를 상상해보는 것이다. 여기서도 양방향으로 이동되는 것이 있다. 새로운 식구가 된 아이에게서 그의 새

가정으로 모종의 양도가 이루어지고, 그리고 그 가정에서 그 아이에게 로도 모종의 양도가 이루어진다. 신약성서는 우리가 그리스도의 가정에 형제자매로 편입되는 방식을 보여주기 위해 입양을 비유로 사용한다. 따라서 우리는 그리스도와의 연합에서 일어나는 양방향의 양도를 입양과 비슷하게 생각해야 한다. 그리스도는 우리의 실패를 공유하고, 우리는 그분의 고유한 생명을 공유한다. 대속은 이러한 사건의 첫 번째 부분이다. 그리스도는 우리의 죄를 대신 취하셨기에, 그분은 그 죄에 대한 형벌도 대신 떠맡을 수 있다. 우리는 그리스도와 결합되었기에, 그리스도의 고유한 생명이 우리에게 양도되고 다른 사람들은 그 생명을 우리를 통해 공유한다.

로사의 오빠 부부는 8살 남자아이 채드를 입양했다. 채드는 이전에 문제를 많이 일으켰는데, 이제 새로운 학교에서도 비슷한 문제를 일으키기 시작했다. 그는 다른 학생의 사물함에서 물건을 훔쳤다. 입양을 통해, 즉 정체성의 부분적 융합을 통해 이런 문제들은 온 가족의 문제가 되었고, 모든 가족 구성원, 특히 채드와 같은 학교에 다니는 그의 새로운 형은 그 문제를 무척이나 수치스러워했다. 그런데 바로 그 부분적 융합으로 인해 채드의 새 가족이 항상 함께 살아왔던 삶의 유형이 채드에게로 양도되기 시작했다. 그들은 서로를 존중하고 각자의 소유물을 존중했으며, 채드는 자신의 새로운 정체성에 대해 자부심을 느끼기 시작했다. 그는 그가 받은 존중과 사랑을 통해 어떻게 다른 사람을 존중하고 사랑해야 하는지를 배웠다. 그는 새로운 가정으로의 입양을 통해 이미 자신의 것이 된 새로운 삶을 어떻게 충실히 살아낼 수 있을지 배우고 있다.

내 의도는 시사하는 바가 많은 비유를 제시하는 것이다. 물론 이러한 사례들이 속죄에 관련된 모든 어려운 문제를 해결해주지는 않는다. 하지만 부분적 융합과 양방향으로의 양도 개념은 이 복잡한 교리를 이해하는 데 도움을 줄 수 있다.

칭의

우리가 그리스도 안에서 의롭게 되었다는 교리는 현재 우리가 하나님 앞에서 어떤 신분인가 하는 문제를 다룬다. 이 교리는 때로는 이렇게 표현된다. 하나님은 "그리스도 안에서" 우리를 바라보시기에, 우리의 불완전함을 우리 자신의 새로운 신분의 일부로 여기지 않으신다. 그분은 우리를 의롭다고 여기신다. **의롭게 여긴다**는 말은 문자적으로는 "의롭게 만든다"는 뜻이고, 여기서 "의롭다"는 것은 의의 모든 요소나 하나님을 기쁘시게 하는 삶을 포함하는 굉장히 폭넓은 의미로 사용된다.

지금 우리는 하나님의 도우심을 어떻게 이해해야 할까? 주어진 교리의 해석에 따르면 우리가 내적으로 고결한 사람이 되었기 때문에 하나님은 우리를 의롭다고 여기시는 것이 아니다. 나아가 그분은 우리의 겉모습에 변화가 있어서 우리를 의롭게 여기시는 것도 아니다. 우리가 흰 옷을 걸치고 있을 때 우리의 잘못이 보이지 않는 것처럼 말이다(계 6:11을 이렇게 해석해서는 안 된다). 이렇게 생각하는 것은 분명 이상하다. 도대체 어떤 것이 하나님의 눈앞에서 자기를 숨길 수 있을까? 하나님은 모든 것을 알고 계시지 않는가? 우리는 이 시점에서 당황하게 되고, 어떤 교리도 도덕적 간극을 해결하는 데 도움을 주지 않을 것 같다는 생각이 드는 것은 당연하다. 그리스도인들도 계속해서 죄를 짓는다. 칭의 교리는 도덕의 요구와 우리의 자연적 능력 사이의 간극을 해결하는 데 도움을 줄 것으로 예상되었다. 하지만 우리의 내면이나 겉모습에 변화가 없다면, 우리는 어디서 도움을 기대할 수 있을까?

방금 약술한 칭의 교리의 설명은 하나님은 우리가 그와 같은 존재가 아직 되지는 않았지만 그럼에도 이미 그와 같은 존재가 된 것으로 우리를 보신다고 대답한다. 여기서 신비로운 사실 중 하나는 하나님과 시간의 관계다. 나는 이 주제에 대해 잘 모르기에 굳이 설명하려고 시도하지 않을 것이다. 나는 인간의 경험에서 나오는 세 가지 비유를 선택할 것인데, 이것은 "이미"와 "아직"의 결합을 이해할 수 있는 상황들을 보여준다.

이미와 아직

우리는 우리가 어떤 것을 향해 나아가는 과정 가운데 있으면서도 어떤 의미에서는 이미 우리가 그곳에 도달해 있다는 것이 기묘하게 결합되는 경험을 할 수 있는 몇 가지 상황을 삶 속에서 찾아볼 수 있다.

첫 번째 사례는 미국 시민이 되는 과정에서 겪을 수 있는 경험으로, 나는 이것을 직접 경험했다. 시민권 신청자는 시험을 치른 뒤 판사 앞에서 선서를 하고, 판사는 그가 미국 시민이 되었음을 선언한다. 비록 어떤 내적인 변화가 그에게 아직 일어나지 않았지만, 판사의 선포는 그의 신분과 관련해 즉각적으로 효력을 발휘한다. 새로운 시민권자는 아직 직감적으로 야구가 좋다거나 미국의 컨트리 음악을 마음속으로 즐기지 못한다. 외적인 변화도 거의 없다(아마도 몇몇 문서에 서명하는 일이나 시민권 선서 같은 예외도 있겠지만, 이것들도 새로운 현실 그 자체가 아니라 단지 그것의 조짐일 뿐이다). 신청자가 시민권자가 되었다고 해서 그 순간부터 몸에 성조기를 두르고 다니는 것은 아니다. 그럼에도 신분의 변화는 현실적으로 발생했다.

어떤 사람들은 유일한 현실은 시민권 신청자가 판사 앞에서 오른손을 들고 충성 서약을 한 바로 그 순간과 그 장소에서 경험할 수 있는 것뿐이라고 주장하면서 내 이야기를 부정할지도 모른다. 그런 사람은 시민권 선서를 하며 말했던 내용을 귀로 들을 수 있기 때문에 실재이지만, 그 사람의 내면에 변화가 있기 전까지는 신청자에게 현실적인 변화가 일어난 것은 아니라고 말할 것이다. 그때까지는 미국인으로서의 전형적인 삶이 아직 나타나지 않았기에, 미국인이라는 것은 단지 법적인 허구에 불과하다고 주장할 것이다. 그러나 나는 그가 문제를 잘못 보고 있다고 생각한다. 그의 신분 변화는 사실이다. 비록 아직 체험될 수는 없다고 해도 말이다. 이런 경우에 우리는 "이미"와 "아직"을 함께 갖고 있다. 새로운 시민권자로서 몇 년을 살고 난 후에는 아마도 내적·외적 변화들이 생길 것이다. 새로운 시민은 국가적인 재난이 발생했을 때 같은 시민으로서 느끼는 연대감 때문에 크게 슬퍼하며 자신에게 그런 내적 연대감이 생긴 것에 대해 스스로 놀랄 것이다. 그러나 이런 변화들은 신분의 변화에 필수적인 것은 아니다. 그는 시민권자로서 선서를 한 후 실제로 신분이 바뀌었고, 이미 미국 시민이다.

다른 한 가지 사례는 음악에 관한 것이다. 이 글을 쓰며 내가 생각하는 것은 베토벤의 "교향곡 5번 운명"의 시작 부분(빰빰빰빠)인데, 주요 주제를 가진 대부분의 작품에도 비슷하게 적용될 수 있다. 작품의 주제인 짧은 악절이 단번에 들려진 다음, 그 주제는 다른 맥락에서 반복되고 변형되면서 점점 더 중요해지며, 높고 낮은 소리의 다른 악기들과 함께 혹은 따로 연주되면서 더욱 긴 테마로 발전해간다. 만일 우리가 이 모티프의 의미가 무엇인지를 묻는다면, 대답은 작품 전체의 관점에서 주어질 수 있을 것이다. 만일 같은 주제 음악이 상업 광고에서 사용되었다면, 그것은 뭔가 다른 것을 의미할 것이다. 작품의 연주에서 처음으로 들려질 때 주제 부분은 단순하고 소박하게 느껴질 수 있지만, 그 짧은 주제 멜로디 안에는 앞으로 전개될 복잡한 음악이 "이미" 함축되어 있다. 작품의 주제가 처음 소개될 때, 그것은 내가 논증하려는 "이미와 아직"의 성격을 갖고 있다.

이미 알고 좋아하는 곡을 감상할 때 겪게 되는 경험을 생각해보자. 우리가 시작 부분에서 등장하는 주제 멜로디를 들을 때 곡의 이후 부분에서 그 악절이 어떻게 발전될 것을 이미 알고 있기에, 우리의 기대감과 흥분은 처음부터 고조된다. 그렇지만 우리는 악절이 발전해가는 것을 실제로 들을 때도 다양한 변주들을 통해 마음속에 희열을 계속 느낀다. 우리가 이런 기쁨을 경험할 때 우리는 우리 자신을 속이는 것일까? 우리는 그 곡이 어떻게 전개될지 아직 모르는 것처럼 가장하는 것일까? 이런 식으로 말하는 것은 실제로 일어나는 일에 대한 바른 묘사가 아닌 것 같다. 오히려 우리는 시작 부분에서 들은 악절을 새롭게 그리고 동시에 친숙한 것으로 경험한다. 그 짧은 악절은 곡 전체의 전개가 부여하는 특별한 중요성을 이미 갖고 있지만, 그것은 물리적으로는 (우리 귀에 들리는 대로는) 그저 "빰빰빰빠"일 뿐이며 그 이상도 그 이하도 아니다. 나는 앞서 하나님과 시간의 관계를 알지 못한다고 인정했다. 그런데 어쩌면 음악의 예는 같은 종류의 이중적 진리 혹은 그것의 비유를 허용해줄지도 모른다. 하나님은 우리가 궁극적으로 도달하게 될 미래의 모습으로서 우리를 알고 계실 뿐만 아니라, 현재 우리가 순차적으로 겪어가는 각각의 삶의 단계들의 모습으로도 알고 계신다. 하지만 우리는 우리 삶의 의미를 하나님이 이미 보고 계시는 것처럼 그렇게 볼 수 없다.

내 생각에 세 번째 사례가 가장 도움이 될 것 같다. 그것은 생물학에 관한 것이다. 도토리는 아직 상수리나무처럼 생기지 않았지만, 그래도 그것은 이미 완전한 상수리나무다. (제7장에서 이 예를 다시 언급하며 몇 가지 연관된 문제를 더 깊이 다룰 것이다.) 최근에 생물학자들은 생물의 성장 과정과 관계된 유전학적 메커니즘을 발견했다. 성장 과정의 변화를 관통하는 어떤 통일성이 존재하는데, 그것은 오직 실체만이 가질 수 있는 것이다. 우리는 근본적으로 개별적 실체들과 그것들에게 일어나는 일들에 기초해서 세상을 이해한다. 이것은 우리가 세상으로부터 오는 감각적 인상들을 비교적 질서정연한 패턴으로 분류하는 방법이다. 모래 더미는 개별적 실체가 아니다. 왜냐하면 "내가 그 모래 더미에서 모래 한 알, 두 알 혹은 세 알을 빼내도 그것은 여전히 동일한 모래 더미인가요?"라는 질문에 대답할 수 없기 때문이다. 그런 대답을 줄 수 있는 "더미"의 원리나 본질은 존재하지 않는다. 물웅덩이와 거기서 서서히 증발하는 물도 마찬가지다. 모래 더미나 물웅덩이는 그것이 개별적 실체가 되기 위해 필요한 어떤 종류의 통일성 혹은 내적인 구성 원리를 갖고 있지 않다.

하지만 도토리는 그런 통일성을 갖고 있다. 그것은 상수리나무와 동일한 종류의 개체다. 그 통일성을 구성하는 것은 도토리가 갖고 있는 일종의 생명이며, 생명을 이해하기 위해서는 도토리가 마침내 상수리나무로 실현되는 것을 지켜봐야 한다. 우리가 그런 나무를 볼 때 우리는 거기에 개별적 실체가 있다는 것과, 그것이 생명이라는 특성을 갖고 있으며, 그 생명의 실현으로 이끌어주는 어떤 정상적인 발달 과정이 있다는 것을 알게 된다. 우리는 세상을 이루는 기본적 구성 요소 중 하나로 나무를 생각하는데, 그런 요소를 중심으로 초기의 뒤섞인 감각적 지식들을 체계화할 수 있다. 그 지식은 우리로 하여금 도토리도, 비록 아직은 나무가 아니지만, 이미 하나의 실체라고 생각할 수 있게 한다. 여기서도 우리는 "이미"와 "아직"을 갖고 있다. 신학적으로 생각한다면 핵심은 하나님이 최종적으로 실현된 우리의 모습을 보신다는 것과, 바로 그것이 개별적 실체로서 우리를 규정한다는 사실이다. 우리는 제1장에서 하나님이 우리를 위해 갖고 계신 이름, 곧 흰 돌 위에 쓰인 이름이라는 의미로 이것을 설명했다. 그 이름은 우리 각자가 어떤 존재인지를 드러내준다. 그러나 하나님은 그 이름을 우리에게 주기 위해 우리가 천국에 도착할 때까지 기다리실 필요가 없다. 우리가 아직은 그 이름에 합당하게 살지 못하고 있지만, 그럼에도 그것은 이미 천국에 있다.

　이상의 세 가지 비유는 칭의 교리의 이해를 돕기 위한 것이다. 칭의 교리가 도덕적 간극의 문제에 해답을 주지 못한다는 반론이 있었다. 곧 의롭게 된 그리스도인들이 죄를 여전히 짓는다는 것이다. 그래서 칭의는 그 간극을 메우지 못하는 것처럼 보인다. 그러나 우리가, 하나님은 우리를 보실 때 우리가 그와 같은 존재가 아직 되지는 않았지만 그럼에도 이미 그와 같은 존재가 된 것으로 우리를 보실 수 있다는 것을 이해하기 시작했다면, 우리는 도덕적 간극이 어떻게 이미 메워질 수 있었는지도 이해하기 시작했다. 비록 우리 자신이 아직 우리에게 요구되는 만큼 선하지 않다는 것을 경험하지만 말이다. 도덕적 간극이 메워지는 것이 우리의 궁극적 목표이고, 하나님은 인간이 본래 존재해야 하는 모습으로 각각의 개인들을 만드는 것으로 이 목표를 보신다.

이것은 그리스도와 어떻게 연관되는가? 한편으로 그리스도는 우리 죄를 위해 십자가에서 죽으실 때까지 오로지 순종하셨다. 하지만 그는 율법을 지키는 일에도 순종하셨고, 이것은 우리가 어떻게 살아야 하는지를 보여준다. 그는 아버지에 대한 사랑과 이웃을 향한 사랑을 보이셨는데, 이것은 율법의 모든 계명을 요약한 것이다. 그분의 삶은 이런 의미에서 우리를 위한 모범이다. 하지만 단지 모범에 그치는 것이 아니다. 그것은 앞서 논의했던 정체성의 부분적 융합에 의해 우리가 편입되어 들어가는 삶이다. 우리는 입양을 통해 이제 그러한 사랑의 특성을 가진 가정에 형제와 자매로서 속하게 된다. 그 사랑은 우리를 통해 다른 사람들에게 확장될 수 있다.

성화

칭의가 우리의 현재에 관한 것이라면, 나의 해석(다른 기독교적 해석도 있다는 것을 인정하면서)에 따른 성화의 교리는 본질적으로 우리의 미래와 연관된다. 성화라는 단어는 문자적으로 "거룩하게 하다"를 의미한다. 내가 설명하려는 성화의 의미에서 "거룩하게 하다"는 것은 우리가 오랜 시간에 걸쳐 경험하는 어떤 것이다. 그것은 과정이다. 미국 시민이 되는 것에 비유한다면, 그것은 미국에 살기 위해 온 사람들이 점진적으로 겪는 미국화 과정이라고 할 수 있다. 우리는 제3장의 첫 번째 단락에서 입양된 아이와 그를 입양한 가정에서 일어나는 양방향의 양도에 대해 말했다. 성화는 두 번째의 양도일 것이다. 즉 우리의 삶이 점차 그리스도의 삶을 닮아가면서 그의 삶이 우리에게 양도되는 것이다.

이것은 성화되어가는 모든 사람의 삶이 점점 더 똑같아진다는 뜻인가? 꼭 그렇지는 않다. 제라드 맨리 홉킨스(Gerard Manley Hopkins)의 시가 이 점을 잘 표현해준다. 좀 난해한 구절에 대해서는 잠시 후에 설명하겠다.

물총새들에게 불이 붙고, 잠자리들이 하늘에 불꽃을 수놓듯,

둥근 우물에 굴러든 돌멩이가 울림소리를 내고,

퉁겨진 현들이 저마다 다른 소리를 내며,

매달린 종이

제 이름을 사방에 울리려고 소리치는 것처럼,

사멸하는 모든 것은 저마다 내면에 거주하는 존재를 표출한다.

자기 자신을 발현한다. 그것이 **나**라고 표현하고 명시한다.

내가 하는 것이 나이며, 그 때문에 내가 왔다고 외치면서.

나는 또 부연한다. 의로운 사람은 의를 행하고,

은총을 간직한다. 그는 그의 모든 행함을 은총이게 한다.

하나님이 보시는 자신의 모습 그대로 하나님 앞에서 행하는 그가,

그리스도다. 그리스도는 모든 장소에서 활동하며,

손발이 사랑스럽게 노니시기 때문이다. 자기 눈이 아닌

사람들의 얼굴을 통해 아버지에게 아름답게.

홉킨스는 14세기의 둔스 스코투스에게서 많은 영향을 받았다. 스코투스는 프란체스코 수도회 철학자였고 홉킨스처럼 옥스퍼드 대학에서 배우고 가르쳤다. 그는 개인들은 개별 본질을 갖고 있고, 그것은 모든 인간이 공유하는 인간이라는 본성보다 더 완전한 것이라고 가르쳤다. 이것은 제1장에서 논의했던 구성적 지침의 세 번째 요소, 즉 각자의 고유성을 적어도 우리 모두가 가진 공통점과 마찬가지로 사랑하라는 지침이었다.

홉킨스는 자신의 시의 첫 번째 연을 두 개의 시각 이미지와 세 개의 청각 이미지로 시작한다. 영국에 서식하는 물총새는 미국의 물총새와 생김새가 다르다. 그것은 작고 청록색이며, 잠자리처럼 햇빛에 반짝인다. 이 둘은 햇빛을 받았을 때 선명한 깃털이나 껍질 광택에 의해 변화된 색채를 반사한다. 우물 속으로 돌멩이를 떨어뜨렸을 때, 혹은 현악기의 줄을 손으로 뜯어 연주할 때, 혹은 종에 매달린 줄을 당겨 종을 흔들 때, 그 소리들은 퍼져나가며 본래 그 자신의 소리보다 훨씬 더 큰 효과를 낸다. 그렇지만 그 소리들은 물을 때리는 돌멩이나, 떨리는 현이나, 추에 부딪힌 청동 종의 고유한 특성도 동시에 드러낸다. 각각은 자기의 이름을 멀리 발하고, 그렇게 해서 그 안에 있는 개별 존재 혹은 개별 본질을 발현한다. 그것은 "본연의 자신이 된다." 이렇게 "본연의 자신이 됨"으로써 자신의 목적 곧 존재의 의미를 성취한다.

홉킨스는 두 번째 연에서 그 이상을 말한다. 정의로운 사람은 하나님으로부터 오는 은총을 입고, 그래서 그는 하나님이 보실 때 그가 이미 도달한 존재, 즉 그리스도를 드러내는 방식으로 행동한다. 이것은 칭의 교리에 대한 언급이다. 우리 모두가 그리스도라는 것은 우리가 전부 똑

같다는 것을 의미하는가? 시의 대답은 "예"이기도 하고 "아니요"이기도 하다. "그리스도 안에" 있는 모든 삶은 그리스도의 삶의 특성을 갖고 있고, 아버지 하나님의 눈에 그리스도가 사랑스러운 것처럼 그 삶들도 사랑스럽다. 그렇지만 얼굴 모양은 우리 자신의 것이고 각자에게 고유한 것이다. 이것은 "그리스도 안에" 있는 다양성이고, 하나님은 이런 다양성도 사랑하신다.

신약성서(눅 8:40-56)의 이야기는 이런 사실이 도덕적인 삶 안에서 어떤 의미를 갖는지에 대해 한 가지 사례가 된다. 야이로는 공적 삶에서 사람들에게 주목받는 지도적 역할에 익숙한 회당장이었다. 그러나 그는 12살 된 자신의 딸이 죽어가고 있었을 때, 그가 딸을 살리기 위해 할 수 있는 일은 아무것도 없었다. 그는 최후의 수단, 곧 다른 사람의 권위를 인정하면서 예수께 나아와 도움을 청했고, 예수는 그를 돕고자 하셨다.

그런데 그들이 사람들에게 둘러싸여 집으로 가고 있었을 때, 방해 거리가 생겼다. 12년 동안이나 혈루증을 앓았고, 그래서 유대인들의 율법에 의해 부정하다고 판결을 받은 여인이 예수의 옷에 달린 옷술 하나를 몰래 만졌으며, 그녀는 그 즉시 치유를 받았다. 유대교 율법은 계명들을 기억하라는 의미에서 그런 옷술을 달도록 규정했다. 그 계명 중 하나는 예수가 그 부정한 여인을 만지는 행위를 금하지만, 모든 계명은 서로 사랑하라는 계명으로 요약된다. 그녀는 다른 환자처럼 예수께 나아가 치유되고 싶었지만 그것을 공개적으로 예수에게 요청할 수는 없었다. 예수가 그녀를 만지면, 예수 자신도 부정해지기 때문이다. 그래서 그녀는 예수가 입으신 옷의 옷술을 만져서 은밀하게 치유되기 원했다. 하지만 예수는 그냥 지나치지 않으셨다. 그는 누가 자신을 만졌는지 물으셨고, 처음엔 그녀도 다른 모든 사람처럼 그의 옷술을 만지지 않았다고 부인했다. 그러나 그녀는 더 이상 숨길 수 없다는 걸 깨닫게 되자, 12년 동안 숨겨왔던 부끄러움을 무릅쓰고 무리 앞에서 자신이 방금 무슨 일을 했는지, 왜 그랬는지, 그리고 어떻게 치유를 받았는지를 말했다.

혈루증을 앓았던 여인이 자신의 삶을 이야기하는 동안 야이로는 그 이야기가 끝나길 기다리고 있었으며, 죽기 직전의 상태에 처한 딸이 즉시 치료받길 원하는 아버지에게 세상에서 가장 힘든 일은 아마도 그 순간이었을 것이다. 예수가 무리 사이에서 그 여인을 드러내기 위해 시간을 보내고 계실 때, 하인이 와서 야이로에게 그의 딸이 죽었다는 소식을 전했다. 야이로는 절망과 분노로 예수에게 등을 돌릴 수도 있었다. 하지만 예수는 그에게 자신을 믿으라고, 그의 딸이 살 것이라고 말씀하셨다. 야이로는 예수께 모든 상황을 맡겼고, 예수는 집에서 곡하고 있는 자들을 꾸짖으셨다. 그리고 죽은 소녀의 손을 잡고(여기서도 마찬가지로 자신이 부정하게 되는 것을 개의치 않으시면서) 그녀를 불러 다시 살아나게 하셨다.

예수는 이 이야기에서 두 사람이 정반대되는 유혹 혹은 인간 특유의 연약함을 직면하게 하셨다. 야이로는 강자가 가진 자만심의 유혹을 극복해야 했다. 그는 기다려야 했고, 예수의 주도권 아래 자신을 굴복시켜야 했다. 혈루증을 앓던 여인은 약자가 지키고 싶은 최소한의 존엄을 지키려는 유혹과 맞서야 했으며, 그녀 자신과 부끄러움을 공개하기 위해 사람들 앞에 나서야만 했다. 여기서 우리는 두 사람이 각각 자신의 신분에 대한 자부심을 지나치게 많게 혹은 적게 갖고 있음을 본다. 이 상태에서 예수는 그들이 어떤 일반적인 최고 상태의 덕으로 나아가기를 원하셨고 그래서 그들이 서로 같아지기를 원하셨을까? 우리는 전혀 그렇지 않다고 말해야 한다. 오히려 두 사람은 "각자가 생각하는" 평판이나 본성으로부터 성장해야 한다. 이것으로 나아가는 길은 각 개인이 가장 어렵다고 느끼는 것을 정면으로 돌파하는 것이다. 두 사람은 말하자면 깨고 나와야 한다. 홉킨스는 이런 이미지를 다른 시, 곧 아마도 그의 최고 작품인 "황조롱이"(the Windhover)에서도 사용한다. 우리는 장작이 오랫동안 타다 숯이 되고 마침내 그 숯도 그 자신의 중심에서 주홍의 빛을 발하는 방식으로 곧 홉킨스의 시에 나오는 다음의 시구처럼 고난을 견뎌야 한다. "(그리고) 푸르고 서늘한 등걸불은/ 아 나의 임이시여/ 떨어지고 쏠리고/ 그리하여 황금 주홍빛을 발하나니."

성화는 어떻게 작용하는가? 성화의 메커니즘은 무엇인가? 이것들은 어떤 면에서는 어리석은 질문이다. 우리는 하나님이 하시는 일에 대해 말하고 있다. 지금 우리는 하나님이 어떻게 일하시는지를 알 수 있다고 기대해서는 안 된다. 그러나 신학은 성령, 곧 우리의 죄를 깨닫게 하시고 권고하시며 위로해주시는 성령을 언급한다. 성령은 우리의 결점을 생각나게 하시고, 따라야 할 길로 우리를 인도하시며, 이에 더하여 그 길을 따를 수 있는 힘을 주신다(**위로**는 원래 "강하게 하는 것"을 의미한다). 그래서 우리 자신은 점점 나아지고 있는가? 여기서 이야기는 서로 엇갈린다. 종종 다른 사람들이 보기에 아주 거룩해보이는 사람조차도 막상 자신은 죄로 가득 차 있다고 느낀다. 이것은 무척 설명하기 어렵다. 우리가 예전에는 물리치기 힘들었던 유혹을 이제는 쉽게 이길 수 있게 되었다. 하지만 이것은 또 다른 어려운 유혹이 예전에 이겼던 유혹 밑에 있음을 보여준다(예를 들어 처음 유혹을 이긴 후에 찾아오는 자만심). 그 결과 직면해야 하는 죄는 항상 존재하고, 죄는 항상 역겨운 것이다. 몇몇 신학자는 모든 죄가 똑같이 역겨운 것이라고 말하지만 그것은 내가 보기에 과장된 주장이다. 어떻든 거룩함이나 정결에 가까워졌다고는 전혀 느끼지 못하지만, 그럼에도 실제로는 더 나은 모습으로 변화되는 일은 가능하다. 진보와 자책이 결합된 이런 상태는 위대한 성인들의 전형적인 모습으로 보인다. 성화는 하나님이 우리 안에서 보고 계신—비록 우리는 아직 보지 못하지만—특별하고 영광스런 존재에 점점 더 가까워지는 것이다.

성화의 교리에 대한 자연스러운 반론이 있다. 도덕적 성숙은 분명 우리 자신이 행해야 어떤 것이지, 외부의 힘이 우리 안에서 야기할 수 있는 것이 아니라는 반론이다. 앞서 나는 성화가 죄를 깨닫게 하시고 권고하시며 위로하시는 성령의 사역이라고 말했다. 이에 대한 반론은 이렇다. 만일 그것이 정말로 우리 안에서 일어나는 하나님의 사역이라면, 우리는 단지 그 과정을 발생시키기 위한 재료에 불과하다는 것이다. 하지만 이런 생각은 우리의 자유와 책임을 제거하는 것이고, 우리가 인식할 수 있는 도덕적인 것이 우리에게는 전혀 남아 있지 않는다. 정체성의 부분적 융합이라는 개념이 그런 반론에 대답해준다.

다시 생각해보는 부분적 융합

이번 장의 대부분의 내용에서 그런 것처럼, 여기서도 나는 내가 완전히 이해했다고 주장할 수 없는 신비들을 다루고 있다. 지금 다루려는 신비는 우리의 성장 과정에서 일어나는 신적 작인과 인간적 작인의 협력이다. 내 생각에는 이번 장의 첫 번째 단락에서 언급했던 정체성의 부분적 융합의 개념으로 돌아가서, 거기서 제시되었던 다양한 비유들을 한 번 더 검토하는 것이 도움이 될 것 같다(물론 이것이 모든 어려운 문제를 제거할 수는 없을 것이다). 순전히 인간적인 맥락에서 생각할 때도 도덕적 성장은 공동 작업이며, 우리는 누가 무슨 일을 하는지를 구분하려고 할 때도 같은 어려움을 겪는다. 그렇지만 우리는 이런 인간적 맥락에서 오는 어려움 때문에 우리의 자유와 책임을 부인하려는 유혹을 받아서는 안 될 것이다. 하나님과 우리의 관계라는 상황도 마찬가지다. 비록 (뒤에서 다루겠지만) 하나님께서 이 관계에서 주도권을 갖고 계신다는 사실이 서로가 주도권을 갖는 인간들의 관계와 차이를 만들기는 해도 말이다.

루시는 신발을 못 찾았던 일을 통해 도덕적으로 성장한다. 아이는 전날 밤에 신발을 벗으면서 어디에 둘지 주의하지 않았기 때문에 엄마에게 스트레스를 주었다는 것을 알 수 있게 되었다. 루시가 엄마를 사랑한다면 이 스트레스는 또한 루시 자신의 것이기도 하다. 그것이 루시가 울음을 터뜨렸던 이유이기도 하다. 루시는 이런 식으로 설명할 수는 없겠지만, 그럼에도 스트레스가 엄마로부터 그녀에게 전달된 것은 사실이다. 로사 편에서 생각한다면, 신발을 찾지 못했을 때 그녀는 딸에게만이 아니라 자신에게도 짜증이 났다. 부분적으로 이것은 그녀의 어린 시절을 떠올리게 만들었는데, 그녀는 이와 똑같은 일이 과거의 자신에게 일어났던 때를 생생하게 기억한다. 실로 그녀가 아이들에게 가장 짜증나는 때는 아이들이 그녀 자신의 결점을 똑같이 보여주는 순간이며, 이때 그녀는 아이들에게 화를 내는 만큼 또한 자신에게도 화내고 있다는 사실을 깨닫는다. 그녀는 루시가 울음을 터뜨리는 것을 봤을 때 마음이 아팠고, 여기서 일종의 반대 방향의 전이가 일어난다. 그녀가 사과했을 때,

사실 그녀는 이 모든 혼란한 상황에 대해 미안하다고 말하는 것이고, 이 상황은 완전히 구분될 수 없는 다양한 방식으로 두 사람이 함께 만든 것이다. 루시가 엄마를 용서하는 것도 이 모든 상황에 대해 용서하는 것이며, 여기서도 두 사람은 이 상황의 모든 단계에 서로 함께 관련이 있다.

우리는 이 에피소드를 두 개의 잘못과 두 개의 용서 행위로 체계화해볼 수 있다. 잘못은 루시의 잘못(신발을 아무 데나 벗어 놓은 것)과 로사의 잘못(딸을 지나치게 꾸짖은 것)이다. 하지만 이 체계화는 지나치게 단순하다. 두 개의 잘못과 두 개의 용서 행위는 서로 관련이 있기 때문이다. 루시는 이 모든 일을 통해 성장했다. 그녀는 하나님이 그녀 자신 안에서 이미 보고 계신 그 모습에 더 가까워졌다. 그런데 이 성장에서 얼마만큼이 루시가 행한 것이고 얼마만큼이 로사가 행한 것인가? 나는 로사와 딸 루시가 한 사람이 되었다고 말하려는 것이 아니다. 의심할 바 없이 어떤 경우에는 부분적 융합이 너무 지나쳐서 위험하고 심지어 병적이라 할 수 있는 자아 상실이 일어날 수도 있다. 그러나 내가 여기서 생각하는 것은 그런 경우가 아니다. 두 사람은 서로 다른 사람이다. 그렇지만 한 사람의 성장은 합일체로 여겨지는 두 사람 모두의 성장과 다를 바 없다. 그것은 (존 돈의 말을 다시 인용하자면) 두 사람 사이에서 자라는 "더 강한 영혼"의 발전이다. 그들은 다시 함께하는 존재가 되고, 합일체는 이전보다 더 강해진다.

우리가 도덕적으로 실패할 때, 우리는 성령을 근심하게 한다(엡 4:30). 우리가 고통 가운데서 기도할 때, 우리는 흔히 어떻게 기도해야 할지 알지 못한다. 그러나 성령이 "말할 수 없는 탄식으로 우리를 위하여 친히 간구"하신다(롬 8:26). 우리가 고난 받을 때, 우리는 "그리스도의 고난에 참여"하고(벧전 4:13), 그래서 그리스도가 부분적 융합을 통해 우리와 함께 고난당하신다. 물론 성령이 우리와 함께 성화의 과정에서 성장하신다는 말은 아니다. 성령은 이미 거룩하시기에 성장하실 필요가 없다. 그럼에도 성장과 발달은 우리 안에 형성된 합일체에서 일어나며, 여기서 로사와 딸 루시의 경우처럼 어느 부분이 누구에 의한 것인지를 명확히 구분할 수 있을 것으로 기대해서는 안 된다. 성장은 두 사람 모두가 이룬 것이고, 형성된 합일체의 성격은 양자 모두에게 특별한 것이라고 말할 수 있다. 성령과 우리 사이에 형성된 합일체는 흔히 우리가 성령을 근심케 한 후 회개했을 때 성령의 능력으로 인해 더 강해진다. 이때 우리는 부르심을 받은 자신의 사역을 그리스도의 몸 전체 안에서 잘 감당할 수 있게 된다.

칼뱅주의자들은 로사와 루시의 비유가 가진 한 가지 결함에 주목할 것이다. 우리가 그 비유를 하나님과 우리의 관계에 적용한다면, 그것은 올바른 종류의 주도권을 하나님께 드리지 못하기 때문이다. 나는 이번 장에서 세 가지 교리를 논했다. 아버지 하나님은 우리를 양자로 삼기를 결정하시고, 그리스도는 우리를 위해 목숨을 내어주기로 결정하시며, 성령은 우리 안에 들어오기로 결정하신다. 물론 내가 이러한 신적 선택들에 대해 어떤 순서를 제시하는 것은 아니다. 내 생각에 주도권에 관한 질문은 우리가 도덕적 성장을 이루는 것인지, 아니면 우리는 이런 과정이 일어나기 위한 재료에 불과한 것인지의 질문과는 다르다. 나는 하나님이 우리 몸이 성장하는 과정을 시작하게 하시며, 우리가 이 성장 과정에서 내리는 선택은 바로 그 성장 과정의 한 부분이라고 생각한다. 하나님은 우리 안에 불안정한 요동을 일으키시는데, 이것은 우리가 결국 하나님께로 돌아가도록 만든다. 하지만 나는 이 모든 것이 어떻게 서로 조화를 이루는지 아는 체하지 않으려 한다. 우리가 인간사에서 누가 무엇을 행했는지를 가려내기가 어려운 것처럼, 하나님과의 관계에도 동일한 어려움이 있다는 점을 조심스럽게 지적했을 뿐이다. 우리는 제10장에서 인간의 자율성과 불안에 대해 다시 살펴볼 것이다.

우리는 이번 장에서 하나님의 부르심에 따라 살지 못한 실패에도 불구하고 어떻게 우리가 하나님과 화해(화목)할 수 있는지를 이해하고자 기독교 교리에 따른 몇 가지 방책을 살펴보았다. 우리는 어떻게 도덕의 간극이 메워질 수 있는지를 이해하는 것에 대해 몇 가지 도움을 발견할 수 있다. 우리는 속죄를 믿을 수 있다. 비록 우리는 자격을 갖추지 못했지만 우리가 저지른 잘못에 대해 용서를 받았다. 우리는 칭의를 믿을 수 있다. 우리가 부르심을 받은 그 모습에 합당하게 아직은 살고 있지 못하지만, 하나님은 우리를 이미 의롭게 보신다. 우리는 성화를 믿을 수 있다. 비록 우리는 점점 더 많이 우리의 불완전함을 깨닫지만, 그럼에도 우리는 거룩함에 더 가까워지는 점진적 과정 안에 있다. 세 가지 교리는 각기 서로 다른 방식으로 우리가 완전히 알 수 없는 신비한 영역에 머물러 있다. 이것은 우리가 좌절해서 더 이상 그것들을 이해하려고 노력할 이유가 없다는 것을 말하는 게 아니다. 오히려 우리는 가능한 한 최선을 다해 그것들을 이해하기 위해 노력해야 한다. 세 가지 교리는 모두 우리 내면의 삶, 즉 우리의 마음을 다룬다. 하지만 우리는 도덕적인 삶을 영위하기 위해서 우리 삶의 외부 세계에 관한 것도 믿어야 한다. 이것이 제4장의 주제이며 섭리에 관한 교리다.

제4장

하나님의 섭리

우리가 도덕적 행위의 주체로서 우리 삶의 세계에 대해 믿어야 할 것은 무엇인가? 여기서 초점은 섭리 교리 및 도덕과 섭리 교리의 연관성에 맞추어진다. 기본 개념은—우리가 도덕적 삶을 지속하려면—우리 자신과 다른 모든 사람이 경험하는 악과 비극의 현실을 인정해야 함에도 불구하고 세상은 우리에게 도덕적 의미를 부여한다는 사실을 믿어야 한다는 것이다. 우리는 셰익스피어의 맥베스처럼 인생은 바보가 말해주는 이야기 같은 것, 그저 소란과 분노만 가득 차 있지만 아무것도 의미하지 않는 것이라고 쉽게 얘기할 수 없다. 그러나 우리는 볼테르의 『캉디드 혹은 낙관주의』에 나오는 팡글로스 박사처럼 단순히 최대한 완벽하게 만들어진 세상에서 모든 것이 최선을 향해 나아간다고도 말할 수 없다.

논의를 시작하기 좋은 장소는 도덕적 믿음이라는 개념이다. 나는 이 개념을 임마누엘 칸트에게서 처음으로 접했다. 이 개념은 두 가지 요소의 믿음, 곧 우리의 내면은 도덕적으로 선하게 되는 것이 가능하다는 믿음과, 우리의 외부 세계는 도덕적인 의미를 갖고 있다는 믿음으로 구성된다. 첫 번째 요소는 우리가 제3장에서 다뤘던 주제다. 우리는 기독교가 하나님의 도우심에 대해 어떻게 생각하는지를 설명하기 위해 속죄, 칭의, 성화의 교리를 검토했다. 도덕적인 사람들은 자신의 **내면에서** 능력 있는 변화가 일어났다는 사실을 믿어야 한다. 도덕적 믿음의 두 번째 요소는 우리의 **외부** 세계가 도덕적으로 선한 삶과 행복이 분명하게 연결된 곳이라는 믿음이다. 달리 말하자면 도덕적인 사람은 인간이 행복하기 위해서는 도덕적으로 악한 일을 해서는 안 된다는 사실을 믿을 필요가 있다. 내가 "그들은 ~할 필요가 있다"고 말하는 것은 그들이 일관된 관점을 유지하려면 그렇게 해야 한다는 뜻이다. 아마도 많은 사람이 스스로에게 그렇게 묻지도 않을 것이다. 그럼에도 이 두 가지 믿음은 사람들이 삶을 영위하는 태도 속에 이미 암묵적으로 자리를 잡고 있다.

우리는 도덕적으로 선한 사람들이 자신의 행복에 대해 관심을 갖는 방법을 살펴보면서 논의를 시작할 것이다. 그다음에 나는 덕과 행복이 장기적으로는 서로 일치한다는 사실을 믿을 필요가 있다고 논증할 것이다. 나는 이어지는 단락에서 앞서 주장했던 것처럼 여전히 믿을 필요가 있다는 주장을 덧붙일 것이다. 비록 우리가 다른 대부분의 사람들이 다 선하다고 믿지는 않더라도 말이다. 이것은 그다음 단락에서 섭리에 대한 도덕적 믿음이 필요하다는 것을 논하게 한다. 그것을 일종의 **믿음**이라고 말하는 것은 그것이 경험에 의해 증명되지 않기 때문이다. 이번 장은 어떻게 섭리가 단지 현재 우리 삶의 상황에서만이 아니라 우리의 역사를 통해서도 이루어질 수 있는지에 대한 논의로 마칠 것이다.

행복과 도덕

내가 이번 장에서 사용하려는 용어인 섭리는 우주의 배후 혹은 내부에 존재하는 질서다. 이것은 다음과 같은 방식으로 우주에 도덕적 의미를 부여한다. 섭리를 믿는 사람은 행복이 도덕적으로 선하게 살려는 자신의 노력과 확실히 연결되어 있다고 믿으며, 바로 이와 같은 연관성이 모든 사람에게 적용된다는 사실을 알고 있다. 그들은 그 어떤 사람의 행복도 도덕적으로 잘못된 것—도덕의 구성적 지침을 위반하는 것—혹은 도덕적으로 옳은 일을 거부하는 것에 의해 결정되지 않는다고 생각한다.

로사의 오빠 부부는 채드가 8살이었을 때 그를 입양하기로 결정했다. 그것은 어려운 결정이었다. 왜냐하면 이 아이는 이미 문제를 일으킨 적이 있었고, 위탁 가정을 벌써 여러 번 거쳤기 때문이다. 하지만 그들 부부는 가족 안의 다른 구성원들의 필요에 대해서도 고려했고, 이 결정에 대해 자주 조심스럽게 대화를 나눴다. 그들은 비록 힘들기는 했어도 옳다고 생각하는 것을 따랐던 지난날들을 떠올렸고, 그 결과 얼마나 복 받은 가정이 되었는지를 기억했다. 그들은 위험을 감수해야 한다는 것을 알면서도, 마침내 채드를 입양하는 것이 옳은 일이라고 결정했다. 그들은 이 결정이 채드를 위해서도 좋은 일이고, 가족 전체의 행복과도 일치한다는 믿음을 가졌다.

섭리에 대한 이런 생각은 하나님을 언급하지 않는다. 그것은 하나님이 세상을 감독하시며 선과 행복 간의 조화를 가져다주신다고 말하지 않는다. 나는 다음과 같은 질문, 곧 우리가 잘 알고 있는 것처럼 도덕은 도덕 질서의 배후에서 어떤 **인격적 존재**가 그 질서를 부여하고 있다는 사실을 우리에게 믿을 것을 요구하는가의 질문은 중요하지만 별개의 문제라고 생각한다. 어떤 도덕적 질서가 존재한다는 생각은 더욱 막연하다. 이런 생각은 믿음의 일반적인 성향의 한 부분으로 보인다. 하나님을 믿든지 그렇지 않든지 간에 말이다. 하지만 나는 이런 생각이 세계 역사에 등장한 모든 문화권에서 발견된다고 주장하는 것은 아니다. 호메로스 시대의 영웅들은 자신들의 삶의 방식이 모든 사람의 선 및 행복과 일치해야 한다고 생각하지 않았다.

섭리를 믿는 것은 우리가 도덕적 선을 행복을 얻는 수단으로 간주한다는 사실을 의미하지 않는다. 그렇게 여기는 것은 도덕에 대한 올바른 존중과 모순된다. 도덕을 존중하는 것은 우리 자신의 행복에 도덕을 종속시키지 않는다는 것을 의미하기 때문이다. 이 점에 대한 부연 설명이 필요하다. 큰 영향력을 지닌 한 가지 전통적인 입장이 이것을 부정하기 때문이다. 이 전통은 플라톤과 아리스토텔레스의 관점을 따른다. 그들은 우리가 바라는 모든 것은 우리 자신의 행복이라는 일반적 목표에서 유래한다는 이론을 제시한다. 이 이론에 따르면 행복은 각 개인을 위한 최고의 선이고, 이 최고의 선은 우리의 목적과 최종 목표 및 의도들을 통합시키며 이것이 우리의 행복의 구성 요소 혹은 그것을 위한 수단이다. 덕도 여기에 포함된다. 따라서 우리가 덕을 향하도록 동기를 부여하는 것은 우리 자신의 행복이다. 이러한 동기 이론의 관점은 우리가 언제나 이기적이라고 말하는 것은 아니다. 예를 들어 아리스토텔레스는 우리 자신의 행복에 다른 사람의 행복을 포함할 수 있다고 말한다. 그래서 부모의 행복은 자녀들의 행복을 포함하고, 친구의 행복은 다른 친구들의 행복을 포함한다. 아리스토텔레스에 의하면 자녀는 부모의 "또 다른 자신"이 되고 친구는 그 친구의 "또 다른 자신"이 되기 때문이다. "나 자신"이 "우리 자신"이 되는 것이다. 말하자면 우리의 피부가 고무줄처럼 늘어나 유연해지는 것이다. 그 결과 우리가 점점 더 많은 사람을 수용하고, 그들의 행복을 우리 자신의 행복의 한 부분으로 여기는 것이다. 이 이론에 따르면 우리는 "그들 자신을 위해" 그들을 도우려고 한다. 이것은 그들이 우리와 동일시되기 때문이다. 만일 우리가 그들과 더 이상 동일시되지 않는다면, 그들을 돕고자 하는 우리의 동기도 함께 사라진다.

둔스 스코투스는 인간이 윤리적으로 행동하는 동기에 대해 플라톤과 아리스토텔레스가 제시한 것과는 다른 관점을 제시하고, 하나님과 이웃을 위해 자신을 비우는 기독교적 사랑의 성격을 강조한다. 그는 우리 인간이 근본적으로 서로 다른 두 가지 종류의 동기를 갖고 있다고 말한다. 하나는 우리 자신의 행복을 위한 것이고, 다른 하나는 우리 자신의 행복과 상관없는 선 그 자체(예를 들면 하나님)를 위한 것이다. 그는 우리가 오로지 두 번째 종류의 동기를 가질 때 자유로울 수 있다고 생각한다. 여기서 그는 자유와 본성을 구분한다. 우리 자신의 행복 혹은 완전함을 향한 욕구는 본성으로부터 주어지는 것이고, 우리가 선택할 수 있는 것이 아니다. 인간이 아닌 동물들은 자신(과 무리 그리고 동족 집단)을 우선시하는 것을 선택하지 않는다. 그것들은 자동적으로 그렇게 한다. 그러나 인간은 자신의 고유한 행복과 상관없이 그 자체로 선한 것을 우선적으로 선택할 수 있는 자유를 갖고 있다. 선한 사마리아인은 상처를 입고 길가에 쓰러져 있는 사람을 발견했을 때, 그가 자기 동족의 원수임에도 그를 도와주었다. 여러 세대에 걸쳐 장로교 목사들은 안수 예식의 마지막 순서에서 하나님의 영광을 위해서라면 자신이 기꺼이 저주도 받을 수 있다고 선서했는데, 이것은 모세와 바울의 말을 그대로 반복한 것이다(참조. 출 32:32; 롬 9:3). 이렇게 본다면 인간이 두 가지 종류의 동기를 갖고 있다는 것은 맞는 것 같다. 타락 교리는 우리가 이 두 가지 동기의 순서를 잘못 알고 태어난다고 가르친다. 즉 우리는 우리 자신의 행복에 대한 욕망을 첫 번째로 여기고, 그 자체로 선한 것에 대한 사랑을 두 번째로 여기고 태어난다.

나는 스코투스처럼, 인간은 자기 자신의 행복을 위한 일부분으로 선을 사랑하는 것이 아니라 선 그 자체를 사랑할 수 있다고 생각한다. 하지만 선 그 자체에 헌신하는 것이 우리 자신의 행복으로 이어지는지에 대해 신경을 쓰는 것은 선 그 자체를 사랑할 수 있다는 이해와 조화된다. 우리는 사실 선 그 자체에 헌신하는 것이 우리 자신의 행복으로 이어지는지에 대해 관심을 가질 수밖에 없는 존재이고, 여기에는 잘못된 어떤 것도 없다. 기독교 교리의 바탕에는 우리가 그렇게 창조되었고 하나님은 우리 자신이 원하는 것 이상으로 우리의 행복을 원하신다는 사실이 놓여 있다. 스코투스는 우리가 천국에서조차도 우리 자신의 행복에 관심을 가질 것이라고 말한다. 하지만 핵심 질문은 서로 다른 두 가지 동기 사이의 순서에 관한 것이다. 우리는 우리 자신의 행복과 선 그 자체 중 어느 것을 첫 번째로 여기는가? 나는 올바른 마음의 자세는 선 그 자체를 첫 번째로 여기지만, 그 선을 추구하는 것이 내게 행복을 주는지에 대해서도 여전히 관심을 갖는 것이라고 주장한다. 물론 이런 자세에도 위험은 있다. 우리가 실제로 가진 동기는 언제나 우리 자신의 행복인데도, 우리는 스스로를 속이면서 마치 선 그 자체를 추구하고 있다고 착각하기 쉽기 때문이다.

일전에 나는 어떤 기독교 초등학교를 방문한 적이 있었는데, 한 학생이 그린 그림이 벽에 전시되어 있었던 게 기억난다. 그 그림은 둘로 나뉘어 있었고, 윗부분과 아랫부분이 선으로 구분되었다. 아랫부분에는 설거지를 도와주는 것과 같은 선행의 그림들이 있었다. 윗부분에는 천국이 그려져 있었고, 예수가 팔을 벌려 환영하는 모습이 있었다. 이 그림의 메시지는 당신이 아랫부분의 그림이 보여주는 것과 같은 선행을 행했다면, 당신은 윗부분이 보여주는 것과 같은 상을 받게 된다는 것이다. 내 생각으로는 하나님을 기쁘시게 하는 삶을 살려고 했던 사람이 비록 자신들의 행위로 구원받는 것은 아니지만 결국 천국에 가게 될 것이라는 생각에는 잘못된 것이 없어 보인다. 다만 다루기 어려운 문제는 행동의 동기에 관한 문제다. 어쩌면 하나님은 자비로우셔서 우리가 단지 천국에 가기 위한 목적으로 선하게 살려고 하더라도 개의치 않으실 수 있다. 하지만 이것이 우리 행동의 동기의 근본 구조라면, 내 생각으로는 거기에는 뭔가 문제가 있다.

도덕적 믿음은 선하게 사는 것이 우리 자신의 행복과 조화된다는 믿음이다. 하지만 이 믿음은 선 그 자체를 향한 사랑과 우리의 행복을 함께 결합하는 무언가(혹은 누군가)가 존재한다는 믿음을 요구한다. 우리의 행복은 단순히 덕을 갖추어 사는 것만이 아니라 우리의 삶을 훌륭한 것으로 만들 수 있는 다른 선한 것들을 필요로 한다. 도덕적 믿음에 대한 기독교적 배경은 다음과 같은 것이다. 곧 그것은 우리가 먼저 하나님 나라와 그의 의를 구하면 다른 모든 것을 함께 받을 것이라는 믿음이다(참조. 마 6:33과 시 37:4). 하지만 여기서 나는 섭리에 대한 믿음은 우리가 하나님을 믿든지 안 믿든지에 관계없이 "우리"의 도덕 이해의 한 부분이라는 사실을 주장한다. 이번 장에서 제기하는 질문은 왜 도덕적 행위자는 섭리에 대한 이런 종류의 도덕적 믿음을 필요로 하는가이다.

자기-보상의 도덕

이 단락은 내가 "자기-보상의 도덕"(self-rewarding morality)이라고 부르는 것을 우리가 믿어야 할 필요성에 대해 논한다. 다음 단락은 이 믿음만으로는 충분하지 않다는 것, 다시 말해 우리는 섭리도 함께 믿어야 한다는 사실을 보여줄 것이다. 자기-보상의 도덕이란 모든 사람의 덕이 모든 사람을 행복하게 만드는 시스템을 의미한다. 나는 먼저 "우리"가 다음과 같이 생각하고 있다는 사실을 제시하면서 시작하고자 한다. 그것은 우리 모두가 도덕적으로 선하다면, 대부분의 사람들은 행복할 것이라는 생각이다. 이런 믿음은 현재 우리가 익숙하게 알고 있는 도덕의 구조 안에 내재된 것이며, 이것을 제거하면 도덕의 구조 자체에 심각한 손상이 발생할 것이다. 이런 도덕적 삶의 구조 안에서 살고 있는 사람들이 자신의 삶을 위해 가져야 할 두 가지 믿음을 생각해보자. 먼저 그들은 도덕적으로 선한 사람이 될 수 있다고 믿어야 한다. 앞선 제1장-제3장은 이것을 믿는 것이 얼마나 어려운 일인지를 강조했다. 두 번째로 사람들은 자신들이 행하고자 하는 선한 일들을 대체로 행할 수 있다고 믿어야 한다. 나는 이것을 그들의 "실효성 믿음"(effectiveness belief)이라고 부르려 한다. 그들은 자신들이 선한 사람이 되고 선한 일들을 행할 수 있다고 믿어야 한다. 그들이 그것들을 믿지 못한다면, 선한 일들을 행하려는 그들의 노력은 소용이 없을 것이기 때문이다.

거대한 힘을 가지고 우리의 삶을 조작하려는 악한 천재가 있고, 그는 우리가 선한 일을 하려고 할 때마다 결국 그것이 남을 해치는 일이 되도록 상황을 설정해놓았다고 생각해보자. 그렇다면 우리는 선한 일을 하려는 시도 자체를 그만둬야 할 것이다. 해봐야 아무 소용이 없기 때문이다. 따라서 우리는 그런 악한 천재는 존재하지 않고 세상은 그런 식으로 작동되지 않으며, 나아가 우리가 행하려고 시도하는 선한 일을 실제로 행할 수 있다고 믿어야 한다. 하지만 우리가 선을 하려고 할 때, 대체로 선이 발생한다는 것만으로는 충분하지 않다. 그것은 단지 우연의 일치일 수도 있다. 우리는 우리가 성취한 선한 결과가 우리 자신의 계획에 따른 것이고, 그것은 그것을 이루려는 우리의 계획을 통해 일어난 것이라고 믿어야 한다.

로사는 일에 필요한 책을 대출하려고 도서관에 갔다. 그녀는 엉뚱한 책을 서가에서 꺼냈는데, 도로 집어넣으려는 순간에 그 책에 끼워 있는 봉투를 발견했다. 호기심이 생겨 그 봉투를 열었더니, 바로 그날 저녁에 출발하는 비행기 티켓이 들어 있었고 봉투에는 구입자의 주소가 적혀 있었다. 그녀는 전화번호부를 서둘러 찾아 비행기 티켓을 구입한 남자가 집을 나서기 전에 통화할 수 있었다. 그 남자는 비행기 표가 자신의 여행 가방 안에 없다는 것도 모르고 있었다. 그녀는 선한 일을 하려고 시도했고(주소로 전화번호를 찾는 것), 선한 일을 이루었다(비행기 표를 돌려줬다). 그녀는 이에 더하여 이런 일화에 뭔가 섭리적인 것이 있을지도 모른다고 생각했다. 하지만 이것이 그녀의 행동이 선한 일로 이어지는 일반적 방식이라면, 그녀는 더 이상 계획을 세우거나 미리 신중하게 검토하는 일을 하지 않을 것이다. 그녀는 어떤 보이지 않는 손이 그녀 자신을 이런 경로로 인도한다고 추정할 것이고, 그 경로가 어떤 것인지 미리 생각하는 것은 아무런 의미가 없을 것이다. 그러나 그녀가 도덕적인 삶을 계속해서 살아가기 위해 자신이 이루어내는 선한 일은 그녀 자신이 **노력해서** 이루는 것이라고 믿어야 한다.

도덕적인 삶을 살아가는 사람들은 그들 자신의 삶뿐만 아니라 다른 사람들의 삶에 대한 믿음도 가져야 한다. 그들은 다른 사람들도 선한 사람이 될 수 있다고 믿어야 하며, 다른 사람들 역시도 그들 자신이 행하려는 선한 일을 대체로 행할 수 있다고 믿는 믿음, 즉 다른 사람들에게 적용되는 "실효성 있는 믿음"을 가져야 한다. 왜 우리는 다른 사람들도 도덕적으로 선할 수 있다고 믿어야 할까? 이 질문에 대한 한 가지 대답은 도덕이 우리가 서로를 그렇게 생각하도록 요구한다는 것이다. 도덕적인 사람은 다른 사람을 존중해야 한다. 이 생각은 제1장에서 설명한 구성적 지침에 함축되어 있다. 이것은 도덕적인 사람은 다른 사람들이 실제로 선하다고 여겨야 한다는 의미는 아니다. 그러나 그가 다른 사람들도 선을 행할 능력을 갖고 있다는 사실을 인정하지 않는다면, 그는 다른 사람을 존중할 수 없다.

기독교 교리는 여기서 추가적인 특징을 갖는다. 그것은 우리를 기독교인과 비기독교인이 공유하는 것을 넘어서는 곳으로 인도한다. 선을 행할 수 있는 가능성은 어떻게 실제로 선으로 바뀔까? 아우구스티누스는 이렇게 말한다. "하나님은 우리가 할 수 없는 것을 하라고 우리에게 명령하시는데, 이것은 우리가 그분에게서 추구해야 할 것이 무엇인지를 안다는 것이다." 이 말은 처음에는 이상해 보인다. 아우구스티누스는 하나님이 우리가 도저히 도달할 수 없는 기준에 대해 우리에게 책임을 물으신다고 말하는 것처럼 보인다. 그러나 요점은 우리가 하나님의 도움 없이 우리 자신만의 힘으로는 그 기준에 도달할 수 없다는 것이다. "당위"(ought)가 "가능성"(can)을 함축한다고 생각할 때, 이것은 "당위"를 "전적으로 우리 스스로의 힘으로 할 수 있는 가능성"이거나 "우리 자신의 의지에 의해 할 수 있는 가능성"의 의미로 이해할 것을 요구하는 것이 아니다. 전통적인 설명에 따르면 하나님은 우리가 도달할 수 있지만 오로지 그분의 도움에 의지해서만 도달할 수 있는 기준에 대해서만 책임을 물으신다.

루터는 비유를 통해 이것을 설명한다. 하나님은 아기더러 자기를 향해 걸어오라고 부르는 아빠와 같다. 아이는 아직 아빠가 있는 곳까지 걸어갈 수는 없고, 일어나 한 두 걸음을 옮기다가 뒤뚱거리기 시작한다. 그러면 아빠는 손을 내밀어 아이가 그 손을 붙잡게 해준다. 이제 아이는 아빠의 도움으로 남은 몇 걸음을 걸을 수 있다. 다른 사람을 존중한다는 것은 다음과 같이 믿는 것을 요구한다. 인간은 충분한 선을 갖고 있고, 그래서 그가 실제로 (하나님의 도우심을 포함해서) 유용한 도움을 받는다면, 그는 선한 사람이 될 수 있다. 나는 "실제로 유용한 도움"이라고 말했다. 이것은 "어쩌면 유용할 수도 있는 도움"을 의미하지 않는다. 어떤 사람이 무엇을 해낼 수 있는가 하는 것은 어떤 종류의 유용한 도움이 그에게 실제로 주어지는가에 달려 있다. 기독교인은 우리가 도덕적으로 선한 삶을 살 수 있도록 하나님이 우리에게 실제적인 도움을 주신다고 믿는다.

이제 기독교인과 비기독교인이 공유하는 것으로 돌아가 보자. 도덕적으로 선한 삶을 사는 사람은 다른 사람들도 그들이 행하고자 하는 선한 일들을 대체로 행할 수 있다고 믿는 믿음, 곧 그들에 대한 실효성 있는 믿음을 가져야 한다. 그런데 왜 도덕적인 사람은 그것을 믿어야 하는가? 우리가 가진 의도들은 다른 사람들의 의도들과 광범위하게 서로 얽혀 있다. 우리는 다른 사람들도 그들이 행하려고 선택한 선한 일들을 대체로 실행할 수 있는 능력이 있다는 사실을 신뢰하지 않고서 그들이 어떤 선한 일을 행할 수 있다고 생각하기란 어렵다. 예를 들어 내가 이 책을 쓰려고 했을 때 가졌던 의도를 생각해보자. 우리는 수백 명의 사람들의 의도와 행동들이 내가 이 책을 쓰려고 하는 계획과 관련이 있다는 사실을 생각할 수 있다. 내가 고속도로에서 운전하고 있을 때 길을 양보해준 사람도 있고, 내가 사용하는 컴퓨터를 만들어 판매한 사람도 있으며, 도서관 서가에 책들을 정리해준 사람들도 있고, 출판사에서 내 원고를 편집해준 사람도 있으며, 그 외에도 많은 사람이 있다. 이에 더하여 **그 사람들**의 의도들이 실행되는 것과 관련된 수십만 명의 사람들도 생각할 수 있다. 우리가 연못에 작은 돌을 던지면, 잔물결이 마침내 연못의 모든 가장자리에 다다른다. 우리의 작은 행동은 결국 인류 전체에 영향을 미친다. 이것은 내가 다른 사람들도 선한 일을 할 수 있다고 믿기 전에는 내가 시도하려는 선한 일을 나 자신이 해낼 수 있다는 사실을 믿을 수 없다는 것을 의미한다.

우리가 다른 사람에 관한 이와 같은 두 가지 믿음을 결합한다면, 우리는 우리가 믿음 단락을 시작하면서 언급했던 "자기-보상의 도덕"에 대한 믿음을 얻게 된다. 자기-보상의 도덕은 우리 자신과 다른 사람들의 덕이 우리 자신과 다른 사람들의 행복을 가져오는 시스템이다. 모든 사람이 단지 덕을 행할 가능성만 가지고 있는 것이 아니라 실제로 덕스럽다고 가정해보자. 그리고 우리 모두가 목표로 하는 대부분의 선한 일을 성취할 가능성만 가진 것이 아니라 그 모두를 성취했다고 가정해보자. 그렇다면 거의 모든 사람이 행복할 것이다. 우리는 모두 그런 세상에서 다른 사람들의 행복을 추구할 것이다. 우리 모두는 덕스럽기 때문이다. 그리고 이때 우리가 우리 자신이 추구하는 것을 성취한다면, 다른 사람들의 행복이 성취될 것이다. 우리가 모두 이런 도덕적 이상 속에서 빠짐없이 선하다면, 우리는 전체적으로 다른 사람의 행복을 지켜줄 것이다. 물론 모든 사람이 선하다고 해도, 인생의 거친 파도와 관절염과 심한 우울증은 여전히 존재할 것이다. 그러나 그런 자연적 악에 의해 고통당하는 사람들은 다른 사람들과 맺는 사랑의 관계 안에 포함되고, 자상하고 책임 있는 이웃들의 보살핌을 받을 것이다. 도덕적으로 선한 삶을 사는 사람은 그와 같이 모든 사람이 선하게 살 때 대부분의 사람이 행복해질 것이라는 믿음, 곧 "자기-보상의 도덕"에 대한 믿음을 가져야 한다. 우리는 이 믿음이 다른 두 가지 믿음, 곧 도덕적으로 선한 삶을 사는 사람들이 자신과 다른 사람들에 대해 갖는 두 가지 믿음과 어떻게 결합되는지를 살펴보았다.

섭리에 대한 도덕적 믿음

하지만 "자기-보상의 도덕"을 믿는 것만으로는 충분하지 않다. 이것이 이번 장에서 논의된 논의의 전환점이다. 우리는 다른 사람들이 대부분

도덕적으로 선할 것이라고 믿지 않는 경우에도 도덕적인 삶을 지속할 수 있어야 한다. 우리에게는 섭리에 대한 믿음이 필요하다. 이것은 세상이 너무나 질서정연해서 한 사람이 갖고 있는 덕은 그 사람의 행복과 분명히 연결된다는 믿음이다. 다른 사람이 도덕적인 행동을 하든지 말든지 관계없이 말이다.

나는 이 책을 읽는 독자들이 다른 사람들의 도덕성을 어느 정도로 높게 평가하는지 알지 못한다. 나 자신의 평가도 고정적이지 않고, 그때그때의 기분이나 최근의 경험에 따라 달라진다. 나는 보통 때처럼 아침에 일어나 평소에 만나던 사람들을 만난다. 내가 보기에 그들은 기본적으로 친절한 사람들이다. 다른 날에는 똑같은 사람들을 만났는데도, 그들은 나의 행복이나 다른 사람들의 행복에 대해 무관심한 것 같다. 나는 사람들의 도덕성이 쇠퇴하고 사람들은 평범한 상황에서 타인에게 보편적인 선의를 보여주지 않을 것이라는 불신이 증가한다는 우울감이 사회 곳곳(적어도 내가 잘 알고 있는 나라들에)에 팽배해 있다는 사실을 알고 있다. 하지만 지금 나의 논의에서 중요한 것은 다른 사람들이 실제로 얼마나 선한가 하는 것이 아니며, 대다수 사람의 선의가 일반적으로 어떻게 여겨지고 있는가 하는 문제도 아니다. 오히려 중요한 것은 도덕에 대한 우리의 헌신이 다른 사람들의 선함에 대한 우리의 믿음에 달려 있지 않다는 사실이다.

우리가 자녀들에게 도덕적인 사람이 되도록 가르치려고 노력하고 있다고 생각해보자. 우리는 자녀들이 행복하기를 바란다. 만일 우리가 우리 자녀들이 덕을 갖춘 사람들로 성장하도록 가르치는 게 그들을 불행한 사람들로 만들 것이라고 생각한다면, 우리는 그들에게 도덕을 가르칠 때 실제로 가진 태도보다 훨씬 이중적인 태도를 보일 것이다. 하지만 많은 사람이 도덕적으로 선한 사람들과 삶을 나누는 사회에서 살 것이라고 생각하지 않지만, 그들은 자신의 자녀들을 도덕적인 사람으로 키우기 위해 노력한다. 만일 **자기**-보상의 도덕이라는 개념이 우리가 믿을 수 있는 유일한 도덕적 질서라면, 자기 자녀들에게 도덕을 가르치려는 인내심은 분명치 않은 것이다. 그런 인내심의 배후에 놓여 있는 것은 틀림없이 다음과 같은 믿음이다. 곧 세상은 너무나 질서정연해서 그들의 자녀들이 성장했을 때, 그들은 도덕적으로 선하고 행복할 것이라는 믿음, 그리고 이것은 일반적인 인간의 덕에 의해 보장되는 게 아니라 다른 어떤 것에 의해 보장된다는 믿음이다.

나는 이 다른 어떤 것의 본성이 대개 확정되지 않은 채 남아 있다고 생각한다. 지금 나의 목적도 "다른 어떤 것"에 대해 단지 가볍게 언급하는 것에 그친다. 우리는 최종적으로는 어떻게 그런 도덕적 질서가 성취될 수 있는지에 대한 좀 더 야심 찬 설명이 필요하다. 나는 앞서 섭리에 대한 도덕적 믿음이란 이 세계가 도덕적 질서를 갖추고 있다는 믿음이라고 말했다. 그렇다면 우리가 마지막으로 대답해야 할 질문은 현존하는 질서는 질서를 부여하는 존재를 필요로 하는가이다. 우리는 이 문제를 제8장에서 더 깊이 다룰 것이다. 지금 나는 우리가 자녀들을 도덕적인 사람으로 키우려고 할 때 우리는 그들이 행복하기 위해서는 도덕적으로 나쁜 일을 하지 않아야 한다는 믿음을 전적으로 받아들여야 한다는 사실을 단순히 주장하고 있다. 하지만 이 믿음은 대부분의 사람이 도덕적으로 선하다는 사실을 믿는 것에 의존하지 않는다.

세상은 질서정연해서 모든 사람이 도덕적으로 선하고 행복할 가능성이 있다는 믿음의 중요성은 무엇인가? 이러한 가능한 상태의 세계는 우리에게 이상으로 작용하고, 따라서 우리가 세상을 실제로 그와 같이 되게끔 하도록 우리를 고무시킨다. 그러나 그것이 이런 식의 이상으로 작용하기 위해서는 우리가 그런 세계는 실제로 가능하다고 믿어야 한다. 내가 그것을 이상으로 묘사한 것처럼, 그 가능성은 굉장히 막연하다. 기독교는 더 명확한 개념, 곧 "하나님 나라"의 개념을 갖고 있다. 하나님 나라는 앞서 제3장에서 논의했던 우리의 의로움(하나님과의 바른 관계)과 마찬가지로 "이미와 아직"의 특성을 갖고 있다. 우리는 이미 그 나라의 시민이고, 그 나라의 일을 하고 있지만, 우리는 완전하게 실현된 하나님 나라를 아직 못 봤다. 구약성서 역시 의와 화평(히브리어로 **샬롬**)이 서로 입 맞출 때가 오리라고 하신 하나님의 약속(시 85:10)의 개념을 갖고 있다. 그 나라는 우리 모두가 행복한 세상이지만 그것을 단지 우리가 원하는 것을 다 가질 수 있다는 의미로 이해한다면, 그것은 너무 뻔한 주장이다. 우리는 그러한 세상에서 단지 우리가 원하는 것을 가지는 것만이 아니라, 오히려 우리는 도덕적으로 선한 것을 원한다. 이것이 **의와 화평**이 서로 입 맞추는 이유다. 심지어 내가 생각하기에 우리가 가진 더 막연한 이상은 다음과 같은 비전, 곧 우리가 현실 세계를 지금보다 이상에 더 가깝게 만들려고 노력할 때 우리를 북돋우는 힘을 가진 비전이다. 우리가 이상을 부분적으로 힐끗 바라볼 때, 비전은 우리가 그 이상과 비전을 전체 그림으로 형성하고 그것들을 중요한 것으로 인식하도록 해준다. 세상이 이렇게 될 가능성은 우리의 도덕적인 삶에 직접적인 영향을 미친다.

도덕적 믿음과 경험

나는 우리가 인내심을 갖고 도덕적인 삶을 지속하려면 이런 종류의 도덕적 믿음이 우리에게 필요하다고 말했다. 하지만 섭리에 대한 믿음은 우리의 경험과 분명히 일치하지 않는다는 것도 사실이다. 이것은 여기서 왜 도덕적 **믿음**이라는 용어로 표현하는 것이 적절한지를 설명해 준다. 경험은 온갖 종류의 사례를 제시하는데, 그 가운데는 도덕적으로 악한 사람이 어느 모로 보나 행복하고(참조. 시 73편), 도덕적으로 선한 사람이 모든 점에서 불행해 보이는 경우가 즐비하다. 예를 들어 우리는 도덕적으로 선하게 살려고 최선을 다해 노력하지만 오랫동안 심각한 우울증으로 고통당하는 사람을 만날 수 있다. 이럴 때 우리의 경험은 세상을 훨씬 더 암울하게 묘사하는 그림과 일치한다. 버나드 윌리엄스(Bernard Williams)는 고대 그리스의 비극 작가 소포클레스가 인간과 세상을 묘사한 것을 언급한다. 소포클레스는 세상, 곧 운명의 장난에 취약하고 "도덕적 열망에 꼭 적합한 상태에 있다고 말할 수 없는" 세상을 상대하는 존재로 인간을 묘사했다. 여기에는 도덕적 믿음에 맞서는 경쟁자와 우리의 운명을 훨씬 더 암담하게 묘사하는 모습이 있다. 하지만 나는 윌리엄스가 소포클레스에 대해 말한 것이 실제로는 틀렸다고 생각한다. 윌리엄스는 니체의 사상에 마음이 끌렸기 때문에, 고대 세계를 니체의 눈으로 읽고 있다. 그렇지만 이 문제를 여기서 더 다루지는 않겠다. 그는 실질적으로 도덕적 믿음에 대한 대안을 제시하고 있고, 이것이 지금 우리에게 그의 역사적인 판단보다 더 중요하다.

이와 동일한 관점이 토마스 하디(Thomas Hardy)의 소설 중 한 작품을 제외한 모든 소설과 A. E. 하우스만(A. E. Housman)의 대부분의 시에서 발견된다. 예를 들어 하우만의 "테렌스, 이건 어리석은 짓이야" (Terence, This Is Stupid Stuff)라는 시를 살펴보자.

> 그러므로 세상엔 아직
> 좋은 것이 많지만, 좋은 것이 나쁜 것보다 훨씬 적어,
> 그러니 해와 달이 지속하는 한
> 행운은 우연이고, 고통은 확실해.
> 나는 그것에 맞설 거야, 현자가 하듯이,
> 그리고 좋은 것이 아니라 나쁜 것을 위해 단련할 거야.

세계를 비극으로 느끼는 것은 호소력을 갖는다. 프랑스의 실존주의 철학자 까뮈는 그리스 신화에 나오는 영웅 시시포스에 관해 얘기한다. 시시포스는 신들에게 형벌을 받아 바위를 산꼭대기까지 굴려서 올려놓아야 했는데, 그 바위는 계속해서 다시 밑으로 굴러 떨어져 그는 끝없이 그것을 다시 산꼭대기로 밀어 올려야만 했다. 까뮈는 시시포스가 아무 의미 없는 노역을 견뎌내면서 그렇게 하도록 만든 신들을 향해 주먹을 흔드는 모습을 상상한다. 이런 묘사는 어떤 숭고함을 느끼게 한다. 시시포스는 자신의 삶에 뭔가 의미가 담긴 척하지 않고, 오히려 삶의 부조리에 반항하며 그것을 견뎌낸다. 이와 대조적으로 섭리에 대한 도덕적 믿음은 약간 나약하고 소심해 보일 수 있다. 우주가 우리의 도덕적 열망에 적합하게 상응한다는 믿음은 일종의 자기만족적 공상인 것 같고, 가혹한 현실을 온전히 직시하지 못한 것으로 보일 수 있다. 현실에서 도덕적

으로 선한 삶과 행복 간의 부조화를 제시하는 증거가 압도적으로 많아 보일 수 있다. 달리 말해 그 증거는 바보나 편협한 사람이나 허약자만이, 우리가 사는 세상은 질서정연해서 우리가 도덕적 요구에 따라 산다면, 우리는 행복해질 것이라는 사실을 믿을 정도로 아주 강력하다. 이런 관점에 따르면 섭리에 대한 도덕적 믿음은 진심으로 존중할 만한 삶의 일부분이 아니다.

거대한 악을 경험했음에도 불구하고 하나님을 여전히 믿는 믿음을 지켰던 사람들의 삶을 지금 살펴보는 것이 적합할 것 같다. 그런 삶은 우리에게 무엇을 보여줄까? 심각한 악을 제대로 경험했던 사람들은 그 경험이 항상 하나님에 대한 믿음을 부인하게 하는 것은 아니라고 느꼈다. 나는 『도덕의 간극』을 집필할 때 에바(Eva)라는 여성과 얘기를 나눈 적이 있었다. 제2차 세계대전 당시에 나치 독일이 운영하던 강제수용소에서 살아남은 생존자였던 그녀는 이렇게 증언했다. 그녀 자신이 겪은 경험에 의하면 하나님을 믿는 강한 믿음을 가지고 수용소에 들어갔던 사람들은 거기서 나올 때 더 강한 믿음을 가지고 나왔다. 그들은 하나님이 왜 그런 고통을 허용하셨는지는 이해할 수 없었지만, 하나님에 대한 그들의 믿음은 그 고난을 통과할 수 있도록 그들을 붙들어 주었고 지켜주었다. 에바는 유대인이었고, 나는 그녀가 죽음 이후의 세계를 믿는지는 알지 못한다. 내 느낌으론 그녀는 죽음 이후의 세계를 믿지 않는 것 같았다. 그러나 그녀는 하나님을 근본적으로 신뢰하면서, 하나님이 모든 것을 궁극적으로 주관하신다고 믿었다. 그것은 세상에서 악보다는 선이 더 근본적인 것이며 마지막에는 선이 승리할 것이라고 믿는 믿음이었다.

많은 전기적 혹은 자서전적 작품이 이 주제를 다룬다. 가령 소년 시절에 강제수용소로 보내졌다가 살아남은 엘리 위젤(Elie Wiesel)을 예로 들 수 있다. 그는 하나님에게 화가 난다고 말하지만, 왜 하나님이 홀로코스트를 허용하셨는지에 대해서는 어떤 대답도 제시하지 않는다. 하지만 그는 특별히 자신의 후기 작품에서 자신이 이 문제로 씨름하며 하나님께 항의하는 과정을 통해 그분께 더 가까이 나아가게 되었다고 주장한다. 나치 수용소의 또 다른 생존자인 코리 텐 붐(Corrie Ten Boom)은 사랑하는 언니가 죽는 것을 지켜봐야 했으며 자신도 거의 죽음의 문턱까지 갔었다. 니콜라스 월터스토프(Nicholas Wolterstorff)는 『나는 사랑하는 사람을 잃었습니다』(*Lament for a Son*)에서 자신의 아들의 죽음을 다룬다. C. S. 루이스(C. S. Lewis)는 『헤아려 본 슬픔』(*A Grief Observed*)에서 그의 아내가 끔찍한 병으로 죽어가는 과정을 기록하고 있다. 사지 마비 장애인인 조니 에릭슨(Joni Eareckson)은 『한 걸음 더』(*A Step Further*)에서 심각한 부상을 당한 한 운동선수에게 조언한다. 이 모든 사람은 각각 자신들이 겪은 일로 인해 오히려 하나님께 정직하게 나아갔지, 하나님을 거부하지 않았다. 여기서 나는 악이라는 존재가 선하신 하나님의 존재와 양립할 수 있는지에 관한 일반적인 이론적 논증을 논하려는 것이 아니다. 나는 지독한 고통의 현실 속에서도 확실한 도덕적 믿음을 소유했던 사람들의 삶에 담긴 특성을 살펴보려고 한다. 에바와 같은 사람의 삶이 존경스런 것이라는 사실이 중요하다. 그들의 삶은 확신을 동반한다. 그들은 자신들이 겪었던 거대한 악에 대한 견해를 갖고 있다. 그들은 악이라는 존재가 단지 자신들의 믿음과 논리적으로 모순되지 않는다는 것만 발견한 것이 아니다(물론 이것은 중요한 논증의 주제다). 오히려 내가 말하려는 핵심은 그들의 삶이 분명히 칭송받아 마땅하며, 그들의 선함을 부인하는 것은 사악한 일이라는 것이다. 명확하게 선한(좋은) 삶이라는 것이 존재할까? 어떤 사람은 그것을 부인할 것이다. 예를 들어 크리스토퍼 히친스(Christopher Hitchens)는 테레사 수녀의 신화를 폭로하려는 책을 썼다. 그는 모든 새싹에서 벌레를 찾아내려는 일에 생애를 바쳤다. 그러나 나는 명확하게 선한 삶이 존재한다는 주장을 기꺼이 신뢰하고자 한다. 비록 모든 사람이 모든 사례에 동의하지는 않겠지만 말이다. 나는 그런 선한 삶에서 고난은 흔한 일이고, 나아가 그런 삶은 내가 도덕적 믿음이라고 부른 것을 잘 보여준다고 주장하고 싶다.

표도르 도스토예프스키의 소설 『카라마조프의 형제들』에 나오는 이반과 알료샤도 교훈적인 사례가 된다. 이반은 대심문관에 관하여 이야기하는데, 이것은 종종 철학 교과서에서 섭리에 대한 믿음을 반박하는 모범적인 논증 사례로서 사용된다. 이반은 끔찍한 악이 저질러진 많은 사례를 나열한 후에 마지막으로 하나님을 향해 자신은 공손히 (전체 쇼를 위한) 티켓을 돌려드리겠다고 말한다. 이것은 자신이 살고 있는 세계가 하나님이 경영하시는 세계라면, 자신은 그런 세계에 속하고 싶지 않다는 것을 의미한다. 그러나 우리는 알료샤에게 들려주는 이반의 강렬한 이야기를 통해 도스토예프스키가 말하고자 하는 것이 무엇인지 질문해야 한다. 철학 교과서들은 이 단락을 전체 맥락에서 분리해 사용하기 때문에 흔히 그 의미를 놓친다. 그 두 형제에게 각각 어떤 일이 일어나는가? 도덕의 요구나 자신의 철저한 무능력에 대해 변명하지 않는 이반은 책의 결말에 이르러서는 결국 미쳐버리고 악마와 대화하는 것으로 이야기가 끝난다. 하지만 알료샤는 책의 결말에서 자기가 사랑하고 또 자기를 사랑하는 아이들 앞에 자신의 흔들리지 않는 믿음을 분명히 밝히는 것으로 책 전체가 마무리된다. 도스토예프스키는 우리에게 뭔가를 보여주려 하고 있다. 대심문관의 이야기는 강렬하지만 그것이 결정적인 것은 아니다. 이반, 곧 도덕의 간극 사이에 끼어 있지만 도덕적 믿음은 갖지 않았던 그의 삶은 저주로 끝났다. 하지만 악의 존재를 부정하지 않으면서도 믿음을 지켰던 알료샤의 삶은 영광을 향해 나아갔다. 우리는 알료샤의 삶에서 그가 나아가는 목표인 온전한 하나님 나라의 특성을 보게 된다.

따라서 도덕은 섭리에 대한 도덕적 믿음을 요구한다. 이 믿음은 다른 사람들이 일반적으로 선하든지 그렇지 않든지 상관없이 선은 행복과 일치한다는 믿음의 형태로 나타난다. 이제 다음 단계는 섭리의 메커니즘이 무엇인가 하는 질문이다. 그것은 어떻게 작용하는가? 지금까지 내가 논증한 모든 것은 다른 사람들의 덕 이상의 어떤 것에 대한 믿음이 필요하다는 사실이다. "그 이상의 어떤 것"은 무엇일까? 기독교는 단지 우리 내면에서만이 아니라 삶의 외적인 현장에서 우리를 위해 일하시는 하나님의 사역에 관한 교리들을 상정한다. 나는 이 교리들이 참되다는 것을 입증하려고 하지 않았다. 그렇지만 나는 말하자면 그 교리들을 위한 자리, 곧 도덕적인 삶에 대한 만족스러운 분석을 위해 그것들이 필요한 자리를 보여주려고 했다.

섭리와 역사

이번 장에서 대답되어야 할 한 가지 질문이 더 있다. 내가 설명했던 섭리 개념은 역사와 어떤 관계가 있을까? 우리는 제1장에서 우리가 친숙하게 알고 있는 도덕은 두 가지 구성 요소를 갖는다고 말했다. 그 두 가지 구성 요소는 일군의 규범들(그리고 그것들이 지지하거나 표현하는 가치들)과 구성적 지침이다. 이 구성 요소들은 기독교적인 배경을 갖고 있다. 특히 구성적 지침의 배경은 이웃을 자기 자신처럼 사랑하라는 계명이다. 하지만 이 배경이 구성적 지침과 동일하지는 않다. 그것은 역사를 통해 구성적 지침과 관련을 맺었다. 우리는 지난 수백 년에 걸쳐 구성적 지침에 비추어서 그 배경을 해석해왔다.

우리가 이 관련성을 생각할 때 범하기 쉬운 두 가지 상반되는 오류가 있다. 첫 번째 오류는 우리에게 익숙한 도덕의 핵심을 도덕적 중심으로 항상 생각하고, 역사는 도덕과 관련해서 지엽적인 차이점만을 만든다고 가정한 것이다. 두 번째 오류는 우리에게 익숙한 도덕은 전적으로 역사적 우연에 의해 주어졌고 그 결과 현재 우리의 것이 되었다고 생각하는 것이다. 두 번째 오류는 현재 우리가 알고 있는 도덕에는 특별한 정당성이 없음을 의미한다. 비록 우리가 주어진 역사적 맥락에서 지금 우리의 행동 방식을 불가피하게 도덕적인 것으로 생각할 수밖에 없다고 해도 말이다. 나는 섭리 개념이 모든 문제를 해결하지는 못하지만, 두 가지 오류를 극복할 수 있는 중도 노선을 제시해줄 수 있다고 생각한다.

첫 번째 오류는 도덕의 역사 전체를 우리 자신의 관점에 동화시키는 것인데, 이것은 오만한 일이다. 우리는 현대 세계로 건너오면서 이전에 갖고 있었던 도덕적으로 귀중한 많은 가치를 잃어버렸다는 사실을 모르고 있다. 또한 우리는 우리의 전통에 속하지 않는 다른 많은 가치가 세상에 존재한다는 사실도 모른다. 비록 나의 인식도 나 자신의 문화적 성장 배경이 갖는 편견으로부터 자유로울 수는 없겠지만, 나는 이 두 가지 무지에 대한 사례를 제시해보려고 한다. 첫 번째 사례는 이렇다. 현대 세계의 거주자들인 우리는 여성과 아이들의 독립적인 가치에 대해 많은 것을 배워왔지만 가족 사이의 연대감은 상실해왔다. 똑같은 과정이 우리에게 새로운 것을 보여주고 오래된 것을 은폐했다. 사람들이 가정 폭력이 없는 건강한 가족을 이루는 게 좋은 일이지만, 가정을 해체하는 일이 너무 쉬워지면 좋은 가족 관계조차 유지하기가 어려워진다. 내가 두 번째 종류의 무지에 대해 알게 된 것은 인도에 살면서 명상을 시도했던 때였다. 다소 제한적인 성공이기는 했지만, 그럼에도 나는 서구 문화에서 배웠던 그 어떤 것보다도 더욱 근본적인 자기 비움의 가능성과 가치를 어렴풋이 감지할 수 있었다. 비록 위험한 요소가 없지는 않지만, 나는 여기에 서구 사람은 파악해내기 힘든 중요한 진리가 있다고 생각한다.

현재 우리에게 익숙한 도덕이 **단지** 우리 시대, 우리만의 것이라고 말하는 것은 반대 방향의 오류, 즉 확신이 지나치게 결여된 오류다. 우리가 도덕을 미리 전제하지 않고서 그것을 정당화할 수 없다는 것은 사실이다. 과학의 기본 원리들에 대해서도 같은 방법으로 말할 수 있다. 정당화 과정에서 그 원리들을 미리 전제하지 않고서는 그것들을 정당화할 수 없다. 하지만 이 사실이 과학이나 도덕의 원리들이 단지 문화적 산물이라는 말은 아니다. 우리는 그것들 안에서 사실을 볼 수 있다. 비록 우리가 독립적으로 그것들을 정당화할 수는 없다고 해도 말이다. 일단 우리가 확인할 수 있는 몇 가지가 그 안에 있다. 먼저 우리는 어떤 규범이 모든 문화 안에 공통적으로 존재하는 규범의 한 부분인지를 질문할 수 있다. 혹은 그 규범은 공통 규범 중 하나가 우리의 특수한 상황에 적용된 형태일 수 있다. 예를 들어 사형 판결을 내리는 소송에서 만장일치의 평결이 요구된다는 규범은 무죄한 자를 죽여서는 안 된다는 공통 규범을 적용한 것과 같다. 그렇다면 우리는 공통 규범이 지역의 선호에 의해 적어도 왜곡되지 않는다고 확신할 수 있을 것이다.

그러나 어떤 규범이 단지 공통 규범을 특수하게 적용한 것이 아니라 공통 규범의 범주를 넘어서는 것이라고 생각해보자. 인간의 평등이 바로 그런 규범일 수 있다. 이때 우리는 인간이 평등하다는 확신을 어떻게 정당화할 수 있을까? 우리가 정당화할 수 있는 한 가지는 그 안에 자기모순이 있는지, 혹은 우리가 승인하는 다른 규범들에 근거해서 그것을 반박할 수 있는 설득력을 지닌 주장이 있는지를 살펴보는 것이다. 때때로 우리가 따르는 전통적인 삶의 방식과 우리가 고려하는 어떤 새로운 규범 사이에 충돌이 있을 것이다. 예를 들어 호메로스의 작품에는 특정한 귀족 가문에 태어난 사람들에게만 한정된 덕, 곧 귀족적 탁월함이라는 규범들이 있다. 이것은 호메로스의 서사 작품들이 처음 저술된 이후 1세기가 지났을 때 이미 그리스에 도입되었던 훨씬 더 민주적인 이상들과는 맞지 않았다. 이런 이상들은 탁월함의 가능성을 귀족 계급 이외의 사람들에게 확대하기 시작했다. 그러한 과도기에 살았던 사람은 두 개의 서로 경쟁하는 이상들에 대해 이렇게 물었을 것이다. "둘 중 하나는 다른 하나를 설명할 수 있는 더 많은 혹은 더 나은 문제 해결 능력을 갖고 있는가?" 나는 평범한 사람들이 느끼는 새로운 가치가 기존의 이상들이 설명할 수 없는 타당성을 가질 수 있으며(그리고 실제로 가지고 있었으며) 이것을 부정하려는 시도는 사실 억압이라고 생각한다.

하지만 그런 주장은 언제나 잠정적일 것이다. 우리는 결국 이렇게 믿어야 할 것이다. 우리가 지금 가진 규범들이 내가 앞서 언급했던 성찰적 시험을 통과한다면, 우리는 그 규범들을 따라 살아도 된다. 나는 이것이 일종의 섭리에 대한 믿음이라고 생각한다. 이것은 우리가 성찰해서 승인하는 방식으로 사는 것—우리가 최선을 다해 성찰했다면—이 사실 우리가 살아야 하는 방식에 부합한다는 믿음이다. 이 믿음은 내가 구성적 지침이라고 부른 것을 우리에게 주어진 선물 혹은 부르심으로 본다. 이것은 부르심이란 우리의 특정한 역사를 통해 우리에게 주어진다는 사실을 부인하지 않는다. 그것은 모든 시대의 모든 사람에게 똑같이 주어지는 것이 아니기 때문이다. 하지만 그 믿음은 구성적 지침의 권위를 역사를 넘어선 곳에 둔다. 이러한 주장을 믿지 않는 사람들에게는 이것이 거만한 태도로 보일 것이다. 이것은 마치 우리가 중요하다고 생각하는 것들을 가져다가 하나님의 이름으로 그것들에 세례를 주는 것처럼 보인다. 사실 이것은 열광주의자들이 늘 해왔던 방식이고 우리는 그들에게 쏟아졌던 비난에 약간의 반응을 보일 필요가 있다. 이어서 전개될 제5-제9장은, 우리는 지금까지 제안된 대안들에서 도덕의 권위에 대한 타당한 근거를 발견하지 못했다고 주장한다. 만일 이 주장이 성공해서 더 이상 다른 대안을 제시할 필요가 없다면, 우리에게는 두 가지 가능성이 남는다. 곧 우리는 하나님에게서 권위를 찾든지, 아니면 도덕이 조금이라도 권위를 갖는다는 사실을 완전히 부인해야 한다.

우리가 도덕은 권위를 갖지 못한다는 두 번째 입장을 취한다면, 어떻게 될까? 그때 사람들은 이렇게 말할 것이다. "우리가 왜 도덕적이어야 하는지에 대한 특별한 이유는 없다. 그것은 단지 취향의 문제다. 어떤 사람은 도덕적 진지함에 이끌리고, 다른 사람은 심미적 즐거움에 이

끌리며, 또 다른 사람은 돈을 많이 버는 것에 이끌린다. 그 이상 말할 것은 없다. 물론 당신이 도덕적 진지함에 이끌린다면, 당신은 도덕적으로 선하게 사는 것이 세상에서 가장 중요한 일이라고 생각할 것이다. 그러나 이것은 당신의 개인적 선호가 어떤 특별한 권위를 가졌다는 사실을 의미하지 않는다." 하지만 이것은 "우리가 도덕적이어야 한다는 것은 자명하다"라고 말하는 것과 같지 않다는 사실에 주의해야 한다. 후자는 "왜 우리가 도덕적이어야 하는가"라는 질문에 대답하는 것이다(제6장에서 살펴보겠지만 이 대답은 불충분하다). 하지만 도덕의 권위를 거부하는 것은 "왜 우리는 도덕적이어야 하는가?"라는 질문에 대해 **답이 없다**고 말하는 것이다. 이것은 대답이 너무 분명해서가 아니라 도덕은 순수하게 사람들의 선택 사항이기 때문이다. 하지만 나는 도덕적 삶의 헌신이 개인적 선호나 취향 이상의 것에 근거하지 않는다면, 어떻게 우리가 그런 헌신을 계속 유지할 수 있을지 모르겠다. 어쩌면 내가 다른 사람들보다 도덕적 의지가 약하기 때문에 그렇게 생각할 수도 있다. 하지만 내가 다른 사람들의 경험에 나를 비춰볼 때도 내가 이 점에서 예외적인 것 같지는 않다. 도덕적 삶을 경험한다는 것은 자신보다 "더 큰 어떤 것"에게 자신을 위임하는 경험이다. 만일 우리가 이 요소를 제거하면, 도덕적 삶의 본질이 근본적으로 변경된다. 여기서 질문은 "더 큰 어떤 것"이 무엇인가 하는 것이다. 이에 대해 "인간 본성", "이성", "공동체"라는 대답은 우리가 제7장, 제8장, 제9장에서 각각 다룰 주제들이다.

그렇다면 우리는 제3장에서 칭의 교리를 설명할 때와 이번 장에서 하나님 나라에 대해 논의할 때 "이미"와 "아직"의 용어들로 서술했던 것과 비슷한 상황에 놓여 있다. 우리는 도덕적으로 선해야 한다는 부르심을 받아들여 우리의 역사 과정을 통해 그것을 다양한 방식으로 해석했다. 우리의 해석 방식은 틀릴 수 있고, 우리는 역사 속에서 저질러진 온갖 종류의 남용과 무지를 엿볼 수 있다. 비록 우리가 그 부르심을 "아직" 완전히 이해하지는 못하지만 그럼에도 우리는 그 부르심을 이해해 온 방식이 "이미" 권위를 가지고 있다는 사실을 믿어야 한다. 이번 장의 중심 주제는 도덕적 믿음이었다. 이 마지막 단락은 우리가 "도덕적 희망"이라고 말하는 것, 곧 우리가 준수할 의무가 있는 것으로 이 부르심을 해석하는 것이 우리가 살아가는 방식과 실제로 일치한다는 것을 알게 해준다는 확신을 나타낸다.

이 책을 구성하는 처음 네 장은 이 책을 크게 두 부분으로 나누는 것 중 전반부에 해당한다. "어떻게 우리가 도덕적으로 선할 수 있는가?"라는 질문은 도덕적 간극의 문제를 제기했다. 제2장은 하나님 없이 우리가 그 문제를 어떻게 다룰 수 있을지에 대한 세 가지 제안을 검토했다. 제3장은 도덕적 간극이 하나님의 도우심을 통해 어떻게 메워질 수 있는지에 관한 세 가지 기독교 교리를 설명했다. 이번 장에서는 도덕적 삶을 사는 사람은 섭리를 믿어야 한다는 것, 단지 자신의 내면적 변화에 대해서만이 아니라 인간적 삶의 외부 상황에서도 작용하는 섭리를 믿어야 한다는 것을 제안했다. 이 책의 두 번째 주요 부분은 "왜 우리는 도덕적으로 선해야 하는가?"라는 다른 질문을 다룰 것이다. 두 가지 질문은 서로 관련이 있다. 우리가 도덕적으로 선한 삶을 사는 것이 불가능하다면, 왜 그렇게 살아야 하는지에 대한 질문은 제기될 수 없을 것이다. 지금까지 첫 번째 질문은 논했고, 이제 우리는 두 번째 질문으로 나아간다.

도덕의 권위

이번 장부터 이 책의 후반부(제5장–제10장)가 시작된다. 이 책의 전반부 (제1장–제4장)는 우리가 하나님의 도우심 없이 도덕적으로 선할 수 있는가?라고 질문했다. 이 책의 후반부는 도덕의 권위에 관한 것이고, 하나님 없이 그 권위를 설명할 수 있을지를 다룬다. 내가 "왜 나는 도덕적이어야 하는가?"라고 질문했다고 가정해보자. 아마도 나는 여러 가지 다른 것을 질문하고 있을지도 모른다. 예를 들어 나는 왜 나의 관심사가 도덕적인 사람이 되는 것인지, 혹은 왜 도덕적으로 사는 것이 내가 행복해질 수 있는 좋은 기회가 되는 것인지를 알고 싶어 할 수도 있다. 이것들 역시 중요한 질문이고, 우리는 제4장에서 도덕과 우리의 행복이 일치한다는 것을 믿어야 한다고 주장했다. 하지만 제4장 첫 번째 단락의 논의가 옳다면, 나 자신의 이익이나 행복이 아닌 다른 것이 내가 도덕적인 사람이 되고자 하는 동기의 원천이 될 수 있다. 나는 나 자신의 행복과 상관없이 좋음 자체에 대한 사랑을 동기로 가질 수 있다. 제1장은 도덕이란 모든 인간을 동등하고 각각 고유한 가치를 지닌 존재로 보고, 그들 모두의 행복에 관심을 갖는 것이라고 주장했다. 나는 그들의 행복이 나의 행복에 실질적으로 도움이 되는지와 상관없이, 단지 내가 다른 모든 사람 중 하나라는 사실만으로 그들의 행복에 관심을 가질 수 있다. 이에 따라 내가 도덕과 나의 행복의 순위를 어떻게 정해야 할지의 질문이 제기된다. "왜 나는 왜 도덕적이어야 하는가?"라는 질문은 "왜 나는 도덕을 우선순위로 선택해야 하는가?"라고 묻는 것일 수 있다. 아마도 나는 도덕이 어려운 것을 내게 요구하는 상황에 처했고, 그래서 도덕이 없는 휴일을 원한다. 달리 말해 나는 나의 행복을 우선적으로 선택하고 싶다.

로사는 학교에서 피곤한 하루를 보낸 후 집에 돌아와 잠깐 눈을 붙이고 있다. 그녀는 일어나 내일 수업을 준비해야 한다는 것을 알고 있다. 그리고 지금 바로 일어나 수업 준비를 해야 제대로 준비할 수 있다. 그러나 그건 너무 어렵고, 조금만 더 잤으면 하는 마음이 간절했다. 그녀는 수업 자료를 준비하는 것이 의무적 요구라는 사실을 부인하지는 않았지만, 그녀는 스스로에게 이렇게 자문했다. "왜 나는 나의 의무를 항상 이행해야만 할까?"

어떤 철학자들은 이 질문에 의미가 있다는 사실을 부정했다. 그녀가 자신의 행위를 일으키는 유일한 동기의 원천이 행복이라고 말한다면, 그녀가 의무를 이행해야 한다는 말에는 의미가 있을 수 없을 것이다. "왜 나는 나의 의무를 항상 이행해야만 할까?"라는 질문이 함축하는 도덕과, 그녀가 추구하는 행복 사이에는 순위가 없기 때문이다. 비록 우리가 그녀가 자신의 행복과 상관없이 도덕에 이끌릴 수 있다고 생각할 수 있지만, 우리는 그 질문에 대해 여전히 의심할 수 있다. 그녀가 "왜 나는 나의 의무를 항상 이행해야만 하지?"라고 자문할 때, "해야만 하는 것"은 무엇을 의미할까? 그 말은 "나는 행복해지기 원하는데, 왜 이 것을 해야만 하지?"를 뜻할 수도 있고, 혹은 "나는 선하기를 원하는데, 왜 이것을 해야만 하지?"를 뜻할 수도 있다. 그러나 첫 번째 질문은 다른 질문인 것 같다. 그녀는 의무가 자신을 행복하게 만드는 것 같지 않은데 도 왜 굳이 의무를 우선적으로 선택해야 하는지 묻고 있다. 두 번째 질 문은 더 당혹스럽다. "나는 선하기를 원하는데, 왜 나의 의무를 다해야 하지?"라는 질문은 이상하다. 왜냐하면 의무를 다하는 것은 그녀가 선 하다고 여기는 것의 일부이기 때문이다. 이것은 "왜 도덕은 그녀에게 도 덕적이기를 요청하는가?"라고 묻는 것과 같다.

이제 우리는 "왜 나는 도덕적이어야 하는가?"라는 질문에 주어지는 다섯 가지 서로 다른 대답을 검토할 것이다. 물론 이것이 가능한 대답들 전부의 목록은 아니다. 하지만 사람들이 다양한 방식으로 반복해서 이 질문에 대답해왔다는 사실은 적어도 그것이 의미 있는 질문임을 암시 한다. 그 대답들은 모두 "무엇이 도덕에 권위를 부여하는가?"에 대한 제 안들이다. 첫 번째 대답은 그 권위가 명백하다는 것이다. 우리가 감각을 통해 주어지는 증거를 직관적으로 신뢰하는 것처럼 도덕적 규정을 지켜 야 한다는 것도 단순히 직관적으로 알 수 있다. 두 번째 대답은 도덕의 권위를 인간 본성에서 추론해낼 수 있다고 말한다. 도덕적이어야 하는 당위성은 우리가 인간이라는 사실에서 추론해서 알 수 있다는 것이다. 세 번째 대답은 도덕의 권위를 이성에 둔다. 모든 합리적인 존재는 단순 히 그가 합리적이라는 사실에 의해 도덕적 제약을 받는다는 것이다. 네 번째 대답은 도덕의 권위를 공동체에서 발견한다. 우리의 정체성은 우리가 속한 공동체 안에서 형성되는데, 우리가 그 공동체에 의해 형성된 것에 충실하기 위해서는 도덕적이어야 한다. 마지막으로 우리는 도덕의 권위를 하나님의 뜻에 둘 수 있다. 하나님이 우리에게 어떤 일을 하도록 부르거나 명령하시면, 그것이 우리에게 의무가 된다. 우리는 이러한 대답들을 하나씩 살펴볼 것이고, 앞의 네 가지 대답은 모두 불충분하다는 것을 논증할 것이다. 마지막으로 나는 다섯 번째 대답을 상세히 설명할 것인데, 그것은 도덕적 의무에 관한 하나님의 계명 혹은 하나님의 부르심에 대한 내용이다.

이번 장은 이 다섯 가지 주제를 단순히 소개하는 것에 그치고 자세하게 다루지는 않을 것이다. 나는 이어지는 제6장–제9장에서 앞의 네 가지 대답을 각각 하나씩 자세하게 다룰 것이다. 하지만 그것이 전부가 아니다. 각 장들은 네 가지 대답을 "우리가" 도덕에서 알아내고 싶은 네 개의 중요한 요소, 즉 초월, 실현, 의미, 소속감과 연결할 것이다. 제6장은 (도덕적 선을 포함해서) 선이 우리를 초월하는 존재이고, 철을 끌어당기는 자석처럼 우리를 끌어당긴다는 생각을 전개한다. 제7장은 도덕이 인간 본성을 실현한다는 생각을 살펴본다. 제8장은 어떻게 우리의 삶이 의미를 가질 수 있을지에 대한 합리적인 이상에 대해 논한다. 제9장은 공동체가 어떻게 우리에게 소속감을 주고, 그와 동시에 상대주의와 배타성의 위험도 제공하는지를 검토한다. 제6장–제9장은 우리가 도덕을 하나님의 부르심이라고 생각할 때, 우리는 도덕과 초월, 실현, 의미, 소속감의 관계를 더욱 잘 이해할 수 있다고 주장한다. 마지막 제10장은 부르심이 우리의 반응과 어떻게 연관되는지를 논할 것이다. 제5장은 이 책의 두 번째 주요 부분 전체에 대한 서론적인 길잡이로서 뒤따르는 각 장들의 내용을 단락별로 요약한다. 각 단락의 끝부분은 권위의 물음에 대해 제안된 대답들이 우리가 도덕에서 발견하고자 하는 네 가지 요소와 어떻게 연관되는지를 추적한다.

도덕적 지각

첫 번째 제안은 도덕의 권위가 직관적으로 너무 명백해서 증명을 필요로 하지 않는다는 것이다. 어쨌든 증명은 어느 지점에서 끝나야 한다. 이것은 철학의 일반적인 특징이다. 만일 당신이 모든 것을 증명하고자 한다면, 당신은 아무것도 증명할 수 없을 것이다. 당신은 증명으로부터 벗어나 휴식할 수 있는 지점, 곧 그 자체는 증거에 의해 확립되지 않으면서도 출발점 역할을 하는 지점을 어디선가 찾아야 한다. 일어나 수업 준비를 해야 한다는 로사의 믿음은 어쩌면 그런 기초적인 믿음 중 하나일 것이다. 지각(perception)이 하나의 좋은 비유가 될 것이다. 내가 유리창 밖의 나뭇가지에 앉아 있는 방울새를 바라보고 있다고 생각해보자. 나는 이런 나의 원초적 지각보다 더욱 기초적인 어떤 것에 기초해서 그 지각의 내용이 증명되기 전까지 그 새가 정말로 거기에 있다는 것을 믿지 말아야 할까? 아니다. 그럴 이유는 없다. 내가 처음 지각한 상황에서 수용한 내용을 믿기로 선택하는 것은 지각 작용이 그것을 수용하는 과정과 마찬가지로 가장 기초적이다.

이것은 지각을 고무하는 믿음에 오류가 없다는 것을 의미하지 않는다. 나는 누군가의 짓궂은 장난에 속고 있을 수도 있다. 어쩌면 내 이웃 중 한 사람이 (내가 감각적 지각의 기초적 신뢰성을 주장하는 철학자인 것을 알고) 홀로그래피 입체 영상을 투영하는 정교한 기구를 설치해서 실제로는 방울새가 없는 데도 마치 거기 있는 것처럼 내가 생각하도록 만든 것인지도 모른다. 하지만 나를 속이려는 이웃이나 오아시스의 착시 현상을 일으키는 사막의 뜨거운 상승 기류와 같은 특별한 상황이 개입된 것이 아니라면, 내가 어떤 것을 지각했을 때 그 지각된 내용을 믿는다는 것은 정당한 일이다. 도덕의 권위도 이런 것일까? 내가 감각으로 느끼거나 직관으로 알 수 있는 도덕적 선이 나의 외부에 존재하는 것일까? 만일 그렇다면 그 감각은 시각 혹은 청각과 동일한 방식으로 내게 기초적인 믿음을 제공하는 것일까?

플라톤은 감각 및 그것에 대한 평가와 관련해 강한 비유를 상정하는 이론을 주장한다. 그는 우리가 시각을 통해 이 세계를 경험하는 것과, 형상들을 지성적으로 "인식하는 것"을 비교한다. 플라톤의 형상은 우리가 감각 세계에서 지각하는 불완전하고 물질적인 모형과 구분되는 본래적이고 완전한 것의 존재를 의미한다. 형상은 그 자체의 완전한 세계에 존재하고, 우리와 상관없이 독립적으로 존재한다. 우리 모두가 소멸해도, 그것은 계속 존재한다. 예를 들어 완벽한 원형의 형상과 완벽한 빨강의 형상이 존재하고, 우리는 당구공과 같은 빨갛고 둥근 물체를 대체로 빨갛고 둥근 물체로 지각한다. 우리는 지성적으로 형상들을 이미 보았기 때문이다. 마찬가지로 우리는 이미 좋음의 형상(또는 이데아)을 인식했기 때문에 감각 세계에 있는 어떤 것들을 대체로 선한 것으로 볼 수 있다. 왜냐하면 우리는 좋음의 형상을 이미 보았기 때문이다. 우리가 둥근 것과 빨간 것을 인식하는 방식에 관한 플라톤의 설명이 맞다고 가정해보자. 그렇다면 우리가 모양이나 색깔이 아닌 선함도 대상으로 삼는 어떤 특별한 인식 능력을 가지고 있다는 플라톤의 말도 맞는 것일까?

플라톤의 비유에는 문제가 있다. 내가 아침에 일어났을 때, 나는 실제로 존재하는 어떤 것을 보고 듣고 만지고 맛보고 냄새 맡는 나의 능력에 대한 믿음을 전체적으로 의심해본 적이 단 한 번도 없다. 물론 그렇게 의심할 수 있는 상황을 상상해볼 수는 있다. 예를 들어 내가 환각제에 중독된 사람일 수 있고, 아니면 전신 마취에서 막 깨어났을 수도 있다. 하지만 그것은 홀로그래피 입체 영상의 장난이나 오아시스의 착시 현상과 같은 비정상적 상황과 같다. 다른 한편으로 도덕의 권위는 정기적으로 논란이 되고 있다. 로사는 도덕이 그녀에게 지금 일어나 내일 수업을 준비할 것을 요구한다는 사실을 결코 의심하지 않는다. 하지만 그녀는 언제든 혼잣말로 "바로 도덕이 더 큰 문제야!"라고 말하며 이불 속으로 다시 들어가 잠을 더 잘 수도 있다. 그녀는 나중에 자신의 행동을 되돌아보면서 그건 잘못된 행동이었고 자신의 연약한 성품 때문이라고 생각할 수 있지만, 그런 행동 자체를 **비정상적** 행동으로 여기지는 않는다.

사람들은 참으로 다양하며 또한 서로 다르다. 어떤 사람들은 양치질을 했는지 안 했는지 기억하지 못하면 잠을 못 잔다. 그들의 의무감은 너무 강해서 그들이 어떤 의미에서 더 중요하다고 생각하는 것을 하지 못하게끔 한다. 곧 그들이 곧바로 잠자리에 들지 못하게 한다. 다른 한편, 나는 겉으로 보기에는 옳고 그름에 대한 감각이 전혀 관찰되지 않는 사람들이 있다는 얘기를 듣는다. 어쩌면 "선의 씨앗"은 그들의 마음속

깊은 곳에 숨겨져 있어서, 그들도 여전히 도덕법의 소리를 듣거나, 그것이 전송하는 신호를 느낄 수 있다. 하지만 그 목소리는 완전히 무시되거나 아니면 너무나 희미해서 현재 전달되는 신호로 받아들여지기보다는 마치 과거에 그런 신호를 느낀 적이 있었다는 짜증나는 기억과 같다. 도덕적인 문제에서 올바른 감수성을 갖는 것은 수신자의 민감한 태도만이 아니라 의지의 실천력도 요구한다.

이것은 감각적 지각의 경우에 대해서도 어느 정도는 사실이다. 가끔 나는 어떤 것을 제대로 보거나 듣기 위해 주의를 기울인다. 그러나 일단 눈과 귀가 열려 제대로 작동하면, 의지는 정보의 수용과 그 탁월한 주장들을 인정하고 믿어야 한다는 것에 적극적으로 개입하지 않는다. 우리는 도덕의 권위에 대한 문제를 다룰 때, 의지에서 일어나는 우선순위에 대해 이야기한다. 로사가 침대에서 일어날지 말지를 고민할 때, 그녀의 의지 안에서는 두 가지 동기, 곧 대략적으로 말해 그녀의 행복과 의무가 경쟁을 하고 있다. 의지가 최종적으로 이 경쟁의 최종 승자를 결정한다. 하지만 의지라는 개념은 여기서는 좀 불명확하다. 우리는 도덕적 판단을 내릴 때 일어나는 관계, 즉 도덕적 인식과 결정 간의 관계를 논하는 제6장에서 이 문제를 다시 다룰 것이다. 거기서 나는 우리가 도덕적 판단을 내릴 때, 우리는 우리가 인식한 초월적 가치에 대해 성찰 이전의 단계에서 처음으로 반응한 것을 우리의 의지 안에서 승인한다고 주장할 것이다. 나는 제6장에서 이러한 관점에 대해 자세하게 설명할 것이다.

지금 여기서 중요한 점은 방울새에 대한 나의 지각에 권위를 부여하는 것과, 침대에서 일어나야 한다는 나의 지각에 권위를 부여하는 것은 상당히 다르다는 것이다. "왜 내가 나의 감각을 신뢰해야 하는가?"
라는 질문에 대해 "감각이 가진 권위가 명백하다"라고 말하는 것은 좋
은 대답이다. 지각은 감각 기관과 관련된 것이고, 특별한 상황이 아니라
면 현재 우리가 지각한 것을 의심하는 것은 단순히 비합리적인 일이다.
그러나 앞선 대답은 "왜 우리가 도덕적이어야 할까?"의 질문에 대해서
는 좋은 대답이 아닌 것 같다. 왜냐하면 도덕적 반응―예를 들어 로사가
"지금 나는 내 의무를 다하기 위해 침대에서 일어나야 한다"고 판단하는
것―은 도덕법으로부터 오는 신호를 수용하는 것만이 아니라 선택 혹은
생각한 이후의 승인을 요구하기 때문이다. 여기서 의심이 일어난다. 의
지는 이 의심에 대답할 어떤 근거가 필요하다. "그것은 명백하다"는 대
답은 충분한 근거가 될 수 없다.

도덕과 감각적 지각 사이의 차이를 설명할 수 있는 다른 방법은 기
독교의 죄의 교리를 살펴보는 것이다. 감각 기관들(눈, 귀 등)과 유사한
직관으로 불리는 도덕적 수용 기관이 우리 안에 있다고 가정해보자. 이
것은 사실 지나친 단순화이지만, 지금 그것이 문제되지는 않는다. 죄에
대한 기독교 교리―그것에 대한 한 가지 해석―는 "감각적 지각"을 포
함해 인간의 모든 기능이 타락으로 왜곡되었다고 주장한다. 하지만 우
리는 타락이 인간의 모든 기능에 동일하게 영향을 끼친 것으로 느끼지
않는다. 타락의 영향이 가장 강하게 나타나는 곳은 인간의 의지의 영역
이다. 왜냐하면 하나님에게 불순종하는 결정은 바로 인간의 의지에서
이루어지기 때문이다. 따라서 우리가 도덕적 감각 혹은 도덕적 직관이
라는 것을 갖고 있다면, 그리고 내가 주장하려는 것처럼 의지와 도덕적
판단이 결합되어 있다면, 우리는 죄가 의지에서 더욱 두드러지게 나타

난다고 생각할 것이다.

우리는 이 생각을 정말로 발견하게 된다. 도덕적인 문제에 대해 우리가 내리는 판단은 시각 혹은 청각 세계에 대한 판단보다 훨씬 더 신뢰하기 어렵다. 내가 고대 역사가(예를 들어 크세노폰)의 글에서 그리스 군대가 한참 퇴각한 후에 마침내 바닷가에 도착했다는 것을 읽을 때, 나는 그들이 실제로 그랬다는 사실을 의심하지 않는다(이 상세한 역사가가 도무지 신뢰하기 어렵다고 판단할 만한 이유가 있지 않는 한 그렇다). 그러나 내가 고대의 도덕 이론가(예를 들어 아리스토텔레스)의 글에서 다음의 글을 읽었다고 가정해보자. "고결한 인품의 소유자가 다른 사람들을 대수롭지 않게 여기는 것은 정당화될 수 있다. 왜냐하면 대부분의 사람이 스스로를 탁월하다고 여기는 것은 잘못된 것이지만, 고결한 사람이 자신의 탁월성과 우월성에 대해 갖는 믿음은 참되기 때문이다." 나는 이러한 견해의 배후에 엘리트 계급에게 부와 명예를 보상하는 고착된 계급 제도가 놓여 있다고 생각한다. 나는 그의 도덕적 판단을 신뢰하지 않는다. 죄의 교리는 도덕적 판단이 훨씬 더 왜곡되기 쉽다고 말하면서 이 차이점을 설명한다.

우리가 도덕적 판단을 내릴 때 초월적 가치들에 대해 반응한다는 느낌은 정확하지만, 문제는 우리의 수용 기관이 지속적으로 결함이 있다는 것이다. 사람들은 자신이 선하다고 인식하는 것에서 가공할 만한 오류를 일상적으로 저지르고, 자기만족의 환상과 그 인식을 혼동한다. 우리는 가치에 대한 우리의 인식을 어느 경우에 승인해야 하고, 어느 경우에 불신해야 하는지를 알려줄 일종의 선별 절차가 필요하다. 그런 절차를 위한 한 가지 방법은, 우리가 지각한 것이 우리가 하나님의 부르심이라고 알고 있는 것과 일치하는지 물어보는 것이다. 다른 가능한 방법은, 우리가 지각한 것이 우리의 본성에 맞는 것인지, 혹은 이성과 조화되는 것인지, 혹은 우리가 속한 공동체의 기준을 따르는 것인지 물어보는 것이다. 어느 경우든 그런 어떤 절차는 요구되는 것으로 보인다. 감각적 지각과는 달리, 우리의 가치의 인식이 기본적으로 신뢰할 수 있는 것이라고 단순히 말하는 것으로는 충분하지가 않다.

인간의 본성

두 번째 제안은 인간 본성에서 도덕의 권한을 연역할 수 있다는 것이다. 아리스토텔레스는 플라톤보다 약 50년 이후에 출생했는데, 그는 사람들이 본성적으로 지향하는 것이나 그들이 좋은 삶이라고 생각하는 개념을 목표로 하는 것을 살펴보면서 도덕의 권위에 대한 논의를 시작할 것을 제안했다. 그렇다면 좋은 삶이란 인간의 성향이나 목표들을 성취하는 것이 될 것이다. 그것이 우리의 본성을 성취(또는 완성)하는 것이기 때문이다. 만일 우리가 본성적으로 도덕을 지향하거나 그것을 목표로 한다면, 우리는 우리가 인간이기 위해서는 도덕적이어야 한다는 결론을 내릴 수 있다. "너 자신이 되라"는 말이 이것을 설명하는 한 가지 표현일 것이다. 하지만 이 표어는 그 자체 안에 역설을 품고 있다. 이를 테면 당신이 금발이라면, 당신은 이미 금발을 갖고 있다. 따라서 우리가 당신에게 당신의 머리카락을 금발로 염색하라는 의미로 말하지 않았다면, 당신에게 금발을 가지라고 말하는 것은 이해가 되지 않는다. 그러나 **인간**이라는 용어는 **금발**이라는 용어와 매우 비슷하지 않다. **인간**이라는 용어는 이미 그 안에 고정되어 있는 어떤 방향성을 갖고 있다. 이것은 제3장의 칭의에 관한 논의에서 이미 언급되었던 것처럼 모든 생물학적인 종들에게 똑같이 적용될 수 있다. 내가 땅바닥에 놓인 도토리를 본다고 생각해보자. 그것은 내가 그것을 상수리나무라고 부를 수 있게 해주는 모든 유전 정보를 이미 그 안에 갖고 있다. 하지만 (땅에) 뿌리를 내리고 나무로 자라기 전까지 그것은 충분한 혹은 완전한 상수리나무라고 할 수 없다. 이 점에서 상수리나무는 도토리가 향하고 있는 방향이다. 따라서 인간의 경우에 "너 자신이 되라"는 지시는 "너에게 본성적으로 주어진 방향을 따르라"는 것을 의미한다. 우리는 제7장에서 삶이란 이런 방식의 방향 지시를 따르는 것이라는 주장을 논할 것이다. 그러나 이 주장이 (비록 그것이 참이라고 해도) "왜 내가 도덕적이어야 하는가?"라는 질문에 대한 올바른 답을 주는 것은 아니다.

문제는 우리가 태어날 때부터 주어진 방향이 올바른 종류의 권한(또는 권위)을 갖고 있지 않다는 것이다. 권한은 옳음의 척도이지, 힘의 척도가 아니다. 어떤 다른 사람이나 내적 중독이 나를 거의 완전히 지배할 힘을 가질 수는 있지만, 내 삶을 통제할 권한은 갖지 못한다. 힘이 있다고 옳바른 것은 아니다. 우리는 힘이 권한을 가진 경우와 그렇지 않은 경우를 구별해야 한다. 우리의 본래적 성향과 관련한 사례와 관련해서 이런 구별을 행하기 전에, 먼저 우리는 본래적 성향이 무엇인지를 질문해야 한다. 이것은 어려운 일이다. 인간의 본성에 대해 서로 경쟁하는 견해들이 있기 때문이다. 하나님이 창조하실 때 지으신 인간 본성과 타락한 이후의 인간 본성 사이에는 중요한 차이가 있다. 우리가 타락을 특정한 시간과 장소(에덴동산)에서 일어난 사건으로 생각하는지, 아니면 모든 창조된 질서의 현재 구조이지만 특정한 시간과 장소에서 일어난 하나의 사건이 아닌 것으로 생각하는지의 문제는 이번 장의 목적과 관련해서는 중요하지 않다. 창조된 본성과 타락한 본성을 구분하는 것은 어느 경우든 차이가 없을 것이다.

이와 동일한 구분은 하나님이나 창조를 언급하지 않고서도 가능하다. 철학자 임마누엘 칸트는 우리 인간들은 선을 향한 원초적 성향과 이에 더하여 악으로 향하는 기질을 동시에 타고난다고 말했다. 이 기질이란 원초적인 선의 씨앗, 즉 선을 향한 성향이 원래 의도처럼 선한 삶을 향해 자라나지 못하게 하는 것을 의미한다. 악을 향한 기질이 선한 삶을 막는다. 이 기질은 우리가 우리의 의무보다 행복을 더 선호하게끔 하거나, 그것을 우선순위로 만든다. 그렇다면 우리는 우리의 **본래적** 성향을 어떻게 묘사해야 할까? 우리는 "본성"이란 선을 향한 성향에 한정된다고 규정할 수 있는데, 그렇다면 본래적 성향의 대상은 선이라고 결론지을 수 있다. 그러나 문제는, 우리의 타고난 본성은 혼합되어 있다는 데 있다. 우리의 본성은 선을 향한 성향과 악을 향한 기질을 동시에 갖고 있다. 우리는 우리 자신이 선과 악을 향해 움직인다는 것과, 우리의 의사 결정에서 그 자체로 선한 것보다 우리 자신을 우선시하는 경향이 더 강하다는 사실을 잘 알고 있다. 이것은 우리의 타고난 성향이 우리를 지배하는 힘을 갖고 있지만, 그러나 권한은 갖고 있지 않다는 것을 의미한다.

아리스토텔레스 자신의 윤리 체계가 하나의 탁월한 사례 연구다. 아리스토텔레스는 권력과 명예를 추구하는 것을 본래적 성향과 동일시한다. 그는 인간이 본성적으로 자신의 선을 추구한다고 생각하기에, 인간의 최고선에 대한 그의 서술은 권력과 명예를 포함한다. 그는 대부분의 사람이 그것들을 얻을 것이라고는 생각하지 않지만, 거의 모든 사람이 그것들을 원한다고 생각한다. 아리스토텔레스에 의하면 오직 완전한 덕을 갖춘 사람만이 인간의 최고선을 소유하며, 완전한 덕은 위엄과 관용을 포함하는데, 이 둘은 부유함과 높은 사회적 지위를 필요로 한다. 그러나 아리스토텔레스의 견해가 가진 문제는 권력과 명예가 경쟁적 재화라는 사실, 곧 모든 사람이 권력과 명예를 다 가질 수는 없고, 한 사람이 그걸 가지면 다른 사람들은 그걸 갖지 못하거나 적어도 덜 가질 수밖에 없다는 사실에 있다. 지도자에게는 자신을 추종하는 사람들이 있어야 하고, 사회적 엘리트는 자신을 우러러보는 대중들이 필요하다. 제1장에서 도덕은 모든 인간이 동등한 가치를 갖고 있다는 생각을 요구한다고 설명했다. 제4장은 모든 인간은 덕을 소유할 수 있다는 생각을 포함하는 곳까지 이 요구를 확장했다. 그러나 이것은 대부분의 사람이 인간의 최고선에서 배제된다는 생각과 일치하지 않는다. 나는 인간은 권력과 명예를 본성적으로 추구한다는 아리스토텔레스의 말에는 잘못된 것이 없다고 생각한다. 사실 우리는 본성적으로 그것들을 추구한다. 그러나 아리스토텔레스가 인간이 본성적으로 그것들을 추구한다는 사실로부터 그것들이 선하다는 사실을 결론내린 것은 잘못한 것이다.

한 가지 핵심 질문은 우리가 본성적으로 추구하는 것을 어떻게 정하느냐 하는 것이다. 현대 윤리학의 일부 이론은 인간 본성에 대한 진화론적 관점에 근거해서 윤리학을 확립할 수 있다고 주장한다. 우리는 제2장에서 이와 관련된 몇 가지 관점을 살펴보았다. 그것들은 아리스토텔레스처럼 선이란 우리가 본성적으로 추구하는 것이라고 가정한다. 하지만 그들은 아리스토텔레스와는 달리, 진화적 압박이 만들어낸 결과가 인간의 역사이고, 이 인간의 역사를 구성하는 수렵과 채집의 오랜 단계들을 살펴보면서 인간의 본성적 성향이 무엇인지를 말할 수 있다고 가정한다. 이에 따라 래리 안하트는 자신의 저서 『다윈주의의 자연적 권리』에서 우리의 본성적 욕구들의 목록을 제시한다. 이 목록은 사회적 지위, 정치적 지배력(그는 이것이 여성에게는 해당되지 않는 남성의 자연적 욕구라고 주장한다), 전쟁(이것도 남성적 욕구), 그리고 부(멋진 삶을 마련해주고 사회적 지위를 드러내기에 충분한 재산)를 향한 욕구들을 포함한다. 도덕이 이러한 목록에 근거해서 추론될 때 도덕적 요구가 축소되는 것은 놀라운 일이 아니다. 예를 들어 우리는 원수를 사랑하거나 세상에서 굶주린 자들에게 먹을 것을 줄 필요가 없다. 나는 이러한 이론들의 학문적 방법이 아리스토텔레스와는 다르지만, 철학적 오류는 동일하다고 결론내린다.

나는 도덕이 인간의 본성을 실현한다고 판단내린 것이 옳다고 생각한다. 그러나 문제는 우리가 논하고 있는 인간의 본성을 결정하는 데 있다. 한 가지 가능한 대답은 하나님이 우리를 창조하실 때 주신 본성이다. 이것이 우리가 인간의 본성에 대해 말하는 것이라면, 우리는 하나님이 장갑이 손에 맞듯이 우리의 본성에 맞는 삶으로 우리를 부르신다고 말할 수 있다. 우리가 하나님의 부르심에 따라 살 때 우리 삶은 번성하고, 나아가 우리는 하나님의 도우심에 따라 바르게 살 수 있도록 하는 자질이 우리 안에 어떻게 갖춰져 있는지 알게 된다. 그러나 우리가 우리의 본성을 타고난 것으로 이해한다면, 그것은 (칸트가 말한 것처럼) 혼합된 것을 의미할 것이다. 혼합된 것의 한쪽 부분을 만족시키는 것은 다른 쪽을 파괴할 것이다. 여기서 어느 쪽을 신뢰해야 하고 어느 쪽을 거부해야 할지를 결정하기 위해서는 우리의 타고난 본성의 외부에 위치한 어떤 시금석이 필요하다.

이성

세 번째 제안은 도덕의 권위를 이성에 근거시키는 것이다. 이성에 대해서는 서로 다른 많은 개념이 존재하는데 이는 기독교 역사 안에서도 마찬가지다. 그중 한 가지는 칸트의 개념이다. 칸트는 도덕의 권위를 인간 본성보다는 덜 제한적인 것에 근거시키기를 원했다. 그의 견해에 따르면 이성은 인간만이 아니라 하나님도 갖고 계시는 것이다(그리고 인간 이외의 다른 유한한 지적인 존재들―예를 들어 천사들―도 이성을 갖고 있다). 이성은 보편적으로 사고하거나 혹은 법과 관련해서 사고한다. 우리는 과학에서 어떤 특정한 돌을 어떤 특정한 속도로 던졌을 때 그것이 어떤 특정한 유리창을 깨뜨릴 수 있는지 없는지에 큰 관심을 갖지 않는다. 문제는 일정한 질량을 가진 투사물이 일정한 내구성을 가진 물체의 표면에 던져졌을 때 가해지는 충격에 어떤 법칙이 관여하고 있느냐는 것이다. 우리는 그와 같은 법칙에 어떤 특정한 사건을 대입해서 설명할 수 있기 전까지는 그 사건을 설명했다고 생각하지 않는다. 이 세 번째 제안은 도덕에서도 과학과 마찬가지라고 주장한다. 이성은 어떤 종류의 사람들이 어떤 종류의 상황에서 어떤 식으로 행동해야 하는지를 결정하는 법칙에 관심을 갖는다. 우리가 그런 법칙을 고려한다면, 우리는 특정한 사람이나 특정한 시간 혹은 장소에 대한 언급을 배제해야 한다. 법은 관련된 사항들 안에서 서로 유사한 모든 상황에 동일하게 적용되어야 한다. 다시 말해 그것은 보편적이어야 한다.

로사는 주차하려고 하는데, 마지막으로 딱 하나 남은 자리 한가운데 자전거가 세워져 있다. 그녀는 자전거를 옆으로 옮겨놓고 자기 차를 주차할까 생각하는데, (선하고 도덕적인 사람이 되고자 하는) 그녀는 그런 행동이 도덕적으로 허용되는 일인지 확인하고 싶다. 현재 우리가 논의하는 제안에 따르면, 로사는 자전거를 옆으로 옮기는 방안을 그녀가 보편적 법칙으로 원할 수 있는지 스스로 물어보면서 그것을 확인할 수 있다. 이것은 다른 이들도 관련된 모든 사항에서 그녀와 똑같은 상황에 처하면 그런 행동을 원한다는 것을 의미한다. 예를 들어 그녀는 자동차 운전자가 아니라 자전거 주인인 상황에서도 똑같은 행동을 원할 것이다. 자기 차를 주차할 곳이 필요한 누군가가 그녀의 자전거를 옮겨 놓는다면, 그녀는 괜찮을까? 다시 말해 그녀는 마치 자신이 어느 편 입장에서 행동할지 모르는 것처럼, 곧 그녀가 자동차 운전자의 상황에서 행동할지 아니면 자전거 주인의 상황에서 행동할지 모른다는 가정 아래서 그 방안을 고려해야 한다. 이것은 황금률, 즉 "무엇이든지 남에게 대접을 받고자 하는 대로 너희도 남을 대접하라"(마 7:12)는 말씀과 유사하다. 이 말씀의 교훈은 이렇게 물으라고 요구한다. 만일 우리가 우리의 행동에 영향을 받는 사람(내가 자동차 운전자일 경우에는 자전거 주인)의 입장이라면, 우리는 그런 일이 우리 자신에게도 일어나는 것을 원할까? 그러나 칸트의 제안은 황금률 이상의 것을 요구한다. 그것은 보편적인 것을 항상 추구하는 이성 그 자체의 본질에다 도덕적 요구의 권위를 두기 때문이다. 만일 로사가 "왜 나는 나의 행동이 도덕적으로 허용되는지 아닌지에 신경을 써야 하지?"라고 물을 경우, 현재 우리가 논의하는 입장은 다음과 같이 대답한다. 곧 그녀가 갖고 있는 이성의 본질이 그것을 요구한다는 것이다. 그녀의 이성은 그녀 자신을 위한 특별한 예외를 두지 말고 항상 보편적으로 허용될 수 있는 것에 일치해서 행동하도록 명령한다.

이러한 제안에 대한 두 가지 반론을 소개하겠다. 이것은 황금률에 대한 반론이 아니라, 그것을 이성의 본질과 결합한 제안에 대한 반론이다. 모든 도덕적 요구가 완전히 보편적인 것은 아니다. 나는 『도덕의 간극』 제6장에서 이 점에 대해 자세히 논증했다. 그 핵심을 검토하기 위해 제1장으로 돌아가 도덕은 우리의 고유성을 존중하는 것이라는 주장을 다시 한번 살펴보자. 여기서 칸트와 스코투스의 입장이 갈라지는데, 내 생각에는 스코투스의 입장이 옳다. 스코투스에 의하면 인간을 서로 구별하는 고유성이 우리가 공통적으로 갖는 보편성보다 더욱 가치가 있다. 우리는 인격적 개인으로서 각자에게 고유한 개별적인 본질을 갖고 있고, 이것은 모든 인간이 공유하는 공통적인 본질보다 더욱 완전한 것이다. 만일 이 주장이 옳은 것이고 이성은 개별적인 것이 아니라 오직 공유될 수 있는 것만을 다룬다면, 이성은 도덕의 핵심적인 부분에 대해 논할 수 없을 것이다. 우리는 사람들의 개인적 본질과 결합된 도덕적 관계를 맺지 못할 것이다. 왜냐하면 개별적 본질은 개체성을 배제하는 방식으로 설명될 수 없기 때문이다.

칸트의 입장과 다른 이성 개념이 있는데, 이것은 특정한 사람에게 제한된 도덕적 의무를 합리적인 것으로 허용한다. 하지만 이것이 우리가 생각하는 그 개념이라면, 우리는 이성이 도덕과 과학에서 동일한 역할을 한다고 주장할 수 없을 것이다. 로사는 딸 루시가 신발을 잃어버린 것 때문에 어쩔 줄 몰라 하고 있어서 아이가 신발을 찾는 걸 도와줘야겠다고 판단한다. 이 판단은 아마도 루시가 이런 종류의 상황에 처할 때마다 유사한 판단을 내리도록 만들겠지만, 같은 상황이라도 그 대상이 루시가 아닌 다른 사람에게는 유사한 판단을 내리지 않을 것이다. 그 다른 사람이 로사의 다른 딸, 곧 루시의 언니라고 할지라도 말이다. 다른 말로 하자면, (칸트의 이성 개념과는 다른) 이성은 개인들의 고유성을 존중해줄 수 있고 한 사람에게 적용된 것을 다른 사람에게 적용하는 일반화는 거부할 수 있다. 비록 그것은 어떤 사람이 하나의 상황에 처했을 때 적용한 것을 그가 다른 상황에 처했을 때 적용하는 일반화는 할 수 있지만 말이다.

정반대의 문제, 즉 이성이 지나치게 제한적인 것이 아니라 충분히 제한적이지 않아서 생기는 문제도 있다. 어떤 사람이 어떤 일을 할 수 있고, 그는 많은 사람이 그런 종류의 일을 해야 한다는 보편적 법칙에 따라 그것을 할 수 있지만, 그 일은 도덕적으로 허용되지 않는 것일 수도 있다. 어떤 열광적인 나치 당원 한 사람은 유대인이 없는 세상을 이상적인 사회라고 생각했다. 그런데 그는 자신의 할머니가 유대인이라는 사실을 알게 됐고, 나치의 법률을 따르면 그것만으로도 자신이 유대인으로 간주되기에 충분했다. 그런데도 그는 나치의 법률에 충실해서 당국에 자수했다. 그러나 이런 나치의 법률이 그 사람이 지닌 집단 학살의 이념을 도덕적으로 허용해주는 것은 아니다. 그는 보편화라는 검증을 통과하기 위해서 공평한 관점에서 유대인들의 생명을 존중하는 것보다 그들을 말살하는 것이 더 중요하다고 말해야만 할 것이다. 하지만 그가 그렇게 말할 수 있고 또 진심으로 그렇게 말한다고 해도, 그는 도덕적으로 잘못된 것을 계속 원하고 있다. 따라서 보편화하는 이성의 본성에서 도덕의 권위를 도출하려는 시도는 실패한다.

우리는 우리의 삶이 의미가 있고 가치가 있다는 유의미성에 대한 합리적 이상을 갖고 있다. 이성은 한걸음 뒤로 물러나서 반성하려고 한다는 칸트의 말은 옳다. 그러나 **우리**의 이성, 곧 타고 났으며 우리가 자연적으로 계발해야 하는 이성은 관련된 모든 정보와 완전한 공평성을 가진 이상적 관찰자의 위치에는 결코 도달하지 못한다. 우리는 우리가 하려는 일들이 우리 주변 사람들과 공유하는 핵심 가치들과 일치하기를 바란다. 이것은 우리의 삶을 의미 있게 만드는 중요한 부분이다. 그러나 제1장의 구성적 지침에 대한 설명이 옳다면, 이것을 보증해줄 수 있는 유일한 존재는 구성적 지침이 기술하는 지위에 있는 누군가가 될 것이다. 우리의 이성이 사실 이 지위에 있고 싶어 하지만, 우리의 삶이 서로 밀착되어 있고 이런 방식으로 가치를 지니도록 보장해줄 수 있는 권한을 가진 존재는 오직 하나님뿐이다. 더 나아가 우리 각자의 고유한 본성을 알아볼 수 있고, 우리가 하려는 일들이 어떻게 우리 자신의 본성에 적합하며 또한 다른 사람들이 하려는 일들과 그들의 고유한 본성에도 적합한지를 알 수 있는 존재도 하나님이시다. 우리 삶의 유의미성을 느끼기 위해서는 모든 목적이 조화를 이루고 있다는 확신이 필요한데, 이것은 이성이 제공해줄 수 있는 것이 아니다. 우리는 이 문제를 제8장에서 자세히 다룰 것이다.

공동체

네 번째 제안은 공동체에서 도덕의 권위를 발견할 수 있다는 생각이다. 예를 들어 소크라테스는 이렇게 말했다. 우리는 우리와 부모의 관계를 생각하는 것처럼 우리와 우리 공동체(그의 경우는 아테네)의 관계를 생각해야 한다. 그는 유전자에 대해서는 몰랐지만, 혈연적 유전에 대해서는 알고 있었다. 우리는 그의 논지를 이렇게 말할 수 있다. "나의 부모는 나에게 유전자를 물려주고 양육하면서 지금의 나를 만들었고, 나의 공동체는 이와 같은 방식으로 법률과 관습을 물려주면서 나를 형성했네. 도덕은 사회 혹은 공동체를 하나로 유지하는 접착제와 같네. 나는 소크라테스라는 존재를 형성하는 데 중심 역할을 한 나의 공동체와 그것의 핵심 가치를 존중해야 할 의무가 있네."

고도로 유동적인 사회에서는 이런 충성심을 잃어버리기가 쉽다. 우리는 어디로든 이사할 수 있고 새로운 친구들을 사귀어서 새로운 삶을 시작할 수 있으며, 어디를 가든지 거의 똑같이 멋진 식당과 대형 마트들을 이용할 수 있다고 생각한다. 우리가 자라난 곳이 뭐 그리 특별할까? 그러나 외관상 유사한 점들은 아주 많은 가능성이 실제로 배제되었다는 사실과, 우리 삶을 이루는 많은 것이 우리의 성장 환경에서 비롯되었다는 사실을 숨기고 있다. 한편 우리가 매우 낯선 지역을 방문하여 그곳 사람들의 삶을 경험할 때, 우리는 불가피하다고 생각했던 많은 것이 사실은 단지 선택의 문제였음을 알게 된다. 우리가 지금 다루는 네 번째 제안은 우리의 공동체가 현재의 우리를 만들었고, 따라서 공동체적 삶의 핵심인 도덕은 우리가 충성해야 할 가치가 있는 것이라고 말한다.

독일의 철학자 헤겔은 칸트보다 약 50년 늦게 태어났는데, 그와 칸트의 관계는 아리스토텔레스와 플라톤의 관계와 유사하다. 헤겔은 칸트로부터 깊은 영향을 받았지만, 동시에 근본적인 차이를 보인다. 그는 칸트가 도덕적 삶에서 공동체의 중요성을 충분히 평가하지 않았다고 주장했다. 이것은 아리스토텔레스가 플라톤은 우리의 물질적 본성을 충분히 평가하지 않았다고 생각했던 것과 유사하다. 헤겔에 의하면 국가는 단지 시민들의 단순한 집합체가 아니라 유기체이며, 시민들은 이 유기체 전체의 구성원들이다. 아기는 전체 삶의 세계 속에 태어나고, 그는 자신이 세계와 분리되어 있다고 생각하지 않는다. 그가 자신을 세계로부터 분리할 수 있을 즈음이면, 그의 정신은 이미 공동체의 언어, 사상, 관습으로 물들어 있다. 그가 만일 자신의 공동체로부터 돌아선다면, 그것은 자기 자신으로부터 돌아서는 것이다.

여기에 문제가 하나 있는데, 한 가지 사례를 들어 설명하겠다. 내가 영국에서 성장할 때, 나의 유모는 신사는 자기 구두의 뒤축도 광을 낸다고 말했다. 나는 그것이 그녀가 나도 그렇게 하라고 가르치는 방식이라는 것을 알고 있었다. 그녀는 보통 사람들은 자기 구두의 앞쪽과 옆쪽만 닦는 반면에, 오직 신사들만이 뒤쪽까지 닦는다고 말했던 것이다. 내가 옥스퍼드 대학교를 다닐 때의 일이 지금 떠오른다. 그때 내 기숙사 방을 청소해주던 고용인(scout)이 있었는데, 어느 날 아침 내 방이 보통 때보다 더 지저분한 걸 보고서는 우울한 목소리로 이렇게 말했다. "선생님, 저는 당신이 신사이신 줄 알았습니다." 나는 이것이 아주 심한 비난이라는 것을 알고 있었다. 그러나 이제 나는 사회 제도에 뭔가 잘못된 것이 있다는 것을 안다. 그것은 사회를 신사(혹은 숙녀)와 그 밖의 사람들로 나누는 것이다. 물론 "신사"라는 것에는 존경할 만한 많은 자질이 결부되어 있다. 하지만 그것들은 내가 그런 제도 안에 있었다는 것이 지금 부끄러워질 정도로 사회를 계급화하는 것과 혼합되어 있었다. 내가 묻고 싶은 것은 그런 삶의 방식이 지금 내게 어떤 권한을 가지느냐 하는 것이다. 그것은 나 자신의 존재를 형성하는 한 부분이었기에 언제라도 내게 중요할 것이고, 나는 그 영향에서 결코 완전히 벗어날 수 없을 것이다. 어쩌면 나는 사람들의 구두 뒤축에 대해 완전히 무관심하지 못할 것이다. 그러나 나는 내가 그것에 대해 무관심하기를 바랄 수는 있다. 여기서 그런 사고방식에 남아 있는 힘은 단지 힘이다. 그것은 권위가 아니다. 내가 권한을 가지려면 나는 그 생활 방식 중 거부해야 할 부분과 유지할 부분을 구별할 수 있는 어떤 방법—그 생활 방식에 제한되지 않는 어떤 다른 방법—이 필요하다.

다른 문제도 있다. 이 책을 읽는 대부분의 독자들은 여러 공동체에 동시에 속해 있을 것이고, 그런 공동체 자체도 어느 정도 나뉘어 있을 수 있다. 그 가운데 어떤 공동체의 도덕적 규범이 우리의 정체성을 구성한다고 말해야 할까? 예를 들어 나는 지금 미국인인 동시에 영국인이고, 대학교의 철학 교수, 어떤 교단에 속한 특정한 교회의 교인, 어떤 도시의 특정한 동네의 주민, 어떤 정당의 대통령 후보를 지지하려는 시민, 세미-프로 합창단 단원, 그리고 몇 개의 특별한 이익 단체의 회원이다. 이러한 각각의 소속 단체들 그 자체도 내부적으로는 어느 정도까지 서로 대립하는 그룹들로 나뉘어 있다. 예를 들어 내가 거주하는 동네의 어떤 사람들은 안전과 평온을 소중히 여기기에 과속 방지턱을 설치해서 교통 흐름을 느리게 하기를 원하지만, 다른 사람들은 방해받지 않는 운전을 소중하게 생각해서 과속 방지턱의 설치에 반대한다. 따라서 내가 속한 다양한 공동체만을 생각해도, 나는 서로 경쟁하는 일련의 규범과 가치들에 직면한다. 이런 규범과 가치들이 서로 일관되지 않게 뒤섞여 있을 때, 한 공동체에 속했다는 사실이 어떻게 그것들에 권한을 부여할 수 있을까? 우리가 해야 할 일은 어느 공동체에 속한 것이 권한을 갖고 다른 공동체에 속한 것은 권한을 갖지 않는지를 어떤 식으로든 구분할 수 있는 방법이다. 헤겔은 이성이 그렇게 할 수 있다고 생각했지만, 나는 그의 이성 개념이 반론의 여지없이 그 작업을 해낼 수 있을지 의심스럽다. 제1장에서 설명했던 도덕적 선별 작업은 우리가 언제 공동체에 충성심을 보이는지를 구분할 수 있는 방식을 제공한다. 그러나 여기서도 우리는 **도덕**에 그 권한을 주는 것이 무엇인지의 질문에 여전히 대답해야만 한다.

소크라테스는 우리와 우리가 속한 공동체의 관계가 우리와 우리 부모의 관계와 유사하다고 말했는데, 이것은 옳다. 한 공동체에 속한다는 소속감은 도덕이 우리에게 줄 수 있는 소중한 선물이다. 왜냐하면 그 소속감은 사회적 유대로서의 역할을 하기 때문이다. 공동체가 뭔가 잘못된 일(예를 들어 아테네가 소크라테스에게 행했던 일)을 하도록 요구하지 않는 한, 사람들은 분명 자신들의 공동체와 그것의 규범에 대해 기본적인 충성심을 가질 것이다. 하지만 우리가 현실적으로 태어나서 속하게 된 공동체는 우리가 타고난 본성이나 실제 이성처럼 하나로 혼합되어 있다. 이 모든 경우에 우리는 다른 어떤 것으로 보충하지 않는다면, 도덕의 권위에 대한 근거를 갖지 못한다.

하나님의 부르심

도덕적 권위의 근거를 찾기 위한 다섯 번째 제안은 이렇게 말한다. 어떤 것이 우리에게 의무라는 것은 하나님이 그렇게 명령하신다는 사실 혹은 우리를 그 의무로 부르신다는 사실을 뜻한다. 나는 "명령"이라는 말보다 "부르심"이라는 말을 선호한다. 하나님과 우리의 관계에서 힘의 관계보다 사랑의 관계를 강조하고 싶기 때문이다. 앞 단락처럼 내가 부모나 공동체에 의해 형성되었다고 말하기보다, 이번의 마지막 제안은 내가 하나님에 의해 창조되었고, 도덕이 나에게 갖는 권한은 하나님이 나에 대해 가지시는 관계로부터 온다고 말한다. 도덕은 권한을 갖는다. 그것은 하나님이 나의 궁극적 목적, 곧 하나님과의 연합을 향하도록 선택하신 길이기 때문이다.

"왜 하나님이 나를 창조하셨는가?"라는 질문을 생각해보자. 기독교의 전통적 창조론에 따르면 하나님은 우리를 창조하셔야 할 이유가 전혀 없었다. 그분은 삼위일체로서 서로를 향한 세 위격 간의 사랑의 관계 안에서 우리 없이 영원히 존재하실 수도 있었다. 하나님은 자신과는 다른 어떤 것이 존재하도록 반드시 창조해야 할 그 어떤 필연성도 없었다. 그런데 왜 그분은 우리를 창조하셨을까? 우리가 이 질문에 관해 하나님의 마음을 들여다보는 것은 불가능하며, 뭔가 대답하려 할 때는 주저할 수밖에 없다. 그럼에도 많은 대답이 시도되었다. 나는 그중 몇 가지를 언급한 후에 둔스 스코투스의 탁월한 구분에 의존해서 내 자신의 대답을 제시해보겠다. 아마도 하나님은 단지 사랑할 어떤 대상을 갖기 위해 우리를 창조하셨을 수 있다. 아니면 하나님은 아마도 자신의 사랑을 표현하기 위해 우리를 창조하셨을 수도 있다. 아니면 그분은 자신의 영광을 증대하기 위해 우리를 창조하셨을 수도 있다. 하지만 이와 같은 제안들에는 문제가 있다. 만일 인간이 그와 유사한 이유로 자식을 갖는다고 생각해본다면, 그 동기가 너무 이기적으로 보인다는 문제다. 물론 사람들은 그런 이기적인 동기에서 자식을 가질 수도 있지만, 그것은 자녀들에게 합당한 가치를 부여하는 것 같지는 않다. 이런 곤란함에 대처하는 한 가지 방법은 하나님은 이런 점에서 우리와 다르다고 말하는 것이다. 이기적이라는 개념이 하나님을 향한 비난으로 사용된다면, 아마도 그것은 의미가 없을 것이다.

또 다른 전통적인 대답은 하나님의 사랑이 그 자체로 차고 넘쳐서 어떤 "이면의" 동기 없이 그냥 창조로 이어졌다는 것이다. 사랑은 본질적으로 창조적이라고 말할 수 있을 것이다. 하지만 이 견해는 창조를 너무 무의식적인(automatic) 것으로 만드는 것 같다. 사랑한다는 것이 마치 중력과도 같은 어떤 힘의 영향 아래 있었고, 필연적으로 연인을 새로운 존재들과 사람들에게로 이끌었다고 여기는 것 같다. 이에 대해 우리는 창조에서 표현되는 하나님의 자유의 개념을 보존할 필요가 있다. 하지만 동기나 목적을 포함하지 않는 어떤 자유가 있다는 것을 상상하기는 어렵다.

다른 대답들에 덧붙여질 수 있는 한 가지 대답이 있다. 곧 하나님은 자신이 창조하신 것 자체를 위해 그것을 창조하셨다. "그것 자체를 위해"(for the sake of)라는 말은 목적을 부여한다. 그러나 이 말은 다양한 방식으로 사용될 수 있으며, 스코투스가 그랬던 것처럼 그 다양한 방식을 구분하는 것이 유용하다. 내가 어떤 것을 추구하는 것은 다른 어떤 것을 위한 것일 수 있다. 여기서 첫 번째 것은 두 번째 것을 얻기 위한 수단이 된다. 이는 치과에 가는 것이 치아 건강을 위한 것임과 마찬가지다. 아니면 첫 번째 것이 두 번째 것을 구성하는 부분일 수도 있는데, 이는 모험을 하기 위해 아프리카 말리의 팀북투(Timbuktu)에 가는 것과 같다. 그러나 내가 창조에 대해 갖고 있는 생각은 이 두 가지와 다르다. 나는 나 자신을 드러내지 않고서도 누군가를 위해 어떤 일을 할 수 있다. 로사는 오로지 자신의 딸 루시를 위해 루시가 신발을 찾는 것을 도와줄 수 있다. 이것은 내가 스코투스로부터 얻은 행동의 동기에 대한 중요한 설명이다. 우리는 선이 우리 자신의 행복에 미치는 어떤 영향과는 상관없이 선 그 자체(혹은 다른 사람을 위한 선)로부터 오는 동기에 의해 행동할 수 있다. 내 생각으로는 창조 "이전"에는 사랑할 대상이 없었음에도 불구하고, 하나님은 자신이 창조하실 것에 대한 사랑에 이끌려 사랑의 대상을 창조하실 수 있다. 우리가 이 말이 맞다고 가정하면, 우리는 하나님의 창조를 일종의 자기 제한(self-limitation)으로 볼 수 있다. 이것은 우리가 우리 자신이 아닌 다른 것 자체를 사랑할 때, 우리 자신을 제한하는 것과 같다. 하나님은 창조의 동기가 된 바로 그 존재에 의해 실망하고 상처를 입을 수도 있는 존재가 되신 것이다.

이것은 우리가 다른 사람들을 사랑할 때 하나님을 닮게 된다는 사실을 알게 해준다. 하나님은 우리를 위해 우리를 창조하셨고, 또한 그분은 우리가 우리 존재의 원천이신 그분과 연합하는 삶으로 돌아오기를 원하신다. 스코투스는 이렇게 말한다. 우리의 삶의 목적은 하나님과 서로 사랑하는 사랑의 동반자가 되는 것이며, 그렇게 되어 삼위일체의 인격 사이의 사랑 안으로 들어가는 것이다. 하나님이 우리로 하여금 그분과 사랑의 관계를 맺을 수 있도록 규정하신 방법에는 도덕이 포함된다. 제1장은 도덕이 제공하는 선별 작업의 세 가지 특징에 대해 설명했다. 우리는 전체의 관점에서 문제를 보려고 노력한다. 우리는 우리 자신에게 특권을 허락하지 않고서 모든 사람을 동등한 가치를 지닌 존재로 대하려고 노력한다. 그리고 우리는 그들 각각의 고유한 개성을 존중하려고 노력한다. 이제 우리는 이런 모든 특징을 통해 우리가 창조와 섭리에서 우리를 향한 하나님의 활동을 반영하거나 재현하려는 방법을 알 수 있다. 하나님의 관점은 전체의 관점이며, 우리는 그것에 매우 불완전하게 근접할 뿐이다. 하나님은 모든 인간을 하나님의 형상으로 동등하게 창조하셨다. 우리는 다른 사람들을 동등한 가치를 지닌 존재로 대하려고 노력하는데, 이것은 이웃을 자신의 몸처럼 사랑해야 한다는 어려운 과제를 갖는다. 여기서 우리가 다른 사람을 바로 그 사람 자신을 위해 사랑할 때, 우리는 하나님의 자기 제한의 행위를 우리 삶에 반영한다. 마지막으로 각 사람의 고유성이란 각 개인들의 본질, 즉 요한계시록에 기록된 것처럼 각자의 흰 돌 위에 새겨진 이름을 뜻한다. 각 사람을 향한 하나님의 부르심은 바로 그 이름이 되라는 것이다. 제3장에서 인용된 홉킨스의 시처럼, 우리의 과제는 "자신을 발현하는 것"이다. 우리는 다른 사람들의 고유한 개성을 존중하면서 하나님의 부르심을 존중한다.

요약해보자. 어떻게 행동해야 하는지 혹은 어떻게 살아야 하는지에 대한 제안을 도덕적으로 선별하는 것은 우리가 우리의 의지 안에서 하나님의 의지를 재현하려고 노력하는 것이다. 여기서 한 가지 조건이 추가되어야 하는데, 이것도 스코투스에게서 온 것이다. 우리가 재현하려고 노력하는 의지는 하나님과 우리 사이에 존재하는 간극 때문에 정확하게 하나님의 의지는 아니다. 그것은 우리의 의지를 향해 다가오는 하나님의 의지이고, 우리는 그것을 하나님의 부르심으로 듣는다.

제6장

선

우리는 제5장에서 도덕이 어떻게 권위를 갖게 되는지에 대답하는 다섯 가지 제안을 살펴보았다. 그중 첫 번째 제안은 도덕의 권위는 감각적 지각이 권위를 갖는 것처럼 명백하다는 것이었다. 이것은 내가 창밖의 나뭇가지에 앉아 있는 방울새를 볼 때, 그 인식 행위는 권위를 갖고 있고, (못된 이웃이 홀로그램의 입체영상으로 나를 속이려는 경우처럼) 특별한 경우가 아니라면 그것을 의심하는 것은 어리석은 일이라는 것이다. 나는 도덕적 지각과 같은 어떤 것을 갖고 있을까? 예를 들어 내 이웃이 나쁜 사람이라거나 혹은 로사는 좋은 여성이라는 판단을 내릴 수 있는 도덕적 지각을 갖고 있을까? 내가 그런 도덕적 지각을 갖고 있다면, 이런 도덕적 지각은 감각적 지각과 동일한 종류의 권위를 가질까?

이번 제6장은 우리를 끌어당기거나 밀어내는 어떤 원천이 우리의 외부에 존재하며, 우리가 그 힘에 따라 어떤 것을 선하거나 악하다고 평가하는 사실에 대해 논한다. 하지만 우리가 도덕적 판단을 내릴 때, 우리는 단순히 그런 끌어당김을 보고하는 것 이상의 것을 행한다. 다시 말해 우리는 그것을 승인하거나 그 승인을 거부한다. 나는 나의 책 『하나님의 부르심』(God's Call)에서 이러한 관점을 "규정적 실재론"(prescriptive realism)이라고 명명했다. 이 관점은 도덕적 판단이 객관적일 수 있다는 말에 담긴 다양한 의미를 구분한다. 나는 도덕적 판단이란 단지 우리가 선호하는 것을 외부 세상에 투사하는 것이라는 견해를 반박한 다음에 이렇게 제안할 것이다. 우리가 도덕적 판단을 내릴 때, 우리는 우리 자신의 내부와 외부에 있는 두 중심을 연결하려고 시도한다. 우리 내부의 중심은 의지이고, 외부의 중심은 끌어당기는 자력의 중심과 비슷하다(quasi-magnetic). 우리가 도덕적 판단을 내릴 때, 우리는 외부 중심의 일관성을 우리 내부의 중심에 재현하려고 시도한다.

이것은 우리가 도덕적 의견을 외부에서 주입받는 것처럼 확실히 느껴진다. 우리가 학교 운동장에서 약한 아이를 괴롭히는 아이를 보았을 때, 우리는 그 아이의 못된 행동에 대한 혐오감과 피해 학생에 대한 동정심을 동시에 느낀다. 우리가 화염에 휩싸인 고층 건물에 갇힌 사람들을 구하기 위해 줄을 타고 그 건물로 올라가는 소방관들의 이야기를 읽으면, 우리는 그들의 용기에 대한 감탄과 존경심이 뒤섞인 느낌을 받는다. 약한 친구를 괴롭히는 아이의 못된 행동과 구조대원들의 용기는 우리가 그것을 거부하거나 존경하게 만드는 외부 세계에 속한 부분으로 보인다. 우리가 그렇게 반응하지 않는다면, 이는 우리에게 결함이 있는 것이다. 이와 마찬가지로 우리가 창밖을 보았을 때 방울새를 보지 못했다면, 우리의 시각에 결함이 있는 것이다. 그러나 우리가 제5장에서 알아채기 시작했던 것처럼, 이 둘 사이에는 차이점이 있다.

만일 우리가 놀이터에 있는 소년이 약한 친구들을 괴롭히는 아이이고, 그 아이의 못된 행동은 경멸해야 하는 것이라고 판단한다면, 우리는 외부로부터 오는 인상을 단순히 기록만 하는 것이 아니라 그것에 대한 우리 마음의 반응도 표현하고 있다. 외부에도 어떤 것이 있고 내부에도 어떤 것이 있으며, 객관성과 주관성이 동시에 존재한다. 외부에 있는 것은 우리의 반응의 대상이다. 예를 들어 그것은 못된 행동이나 구조대원의 용기와 같은 것이다. 그것은 우리가 인지하든지 못하든지 간에 거기에 존재할 것이다. 내부에 있는 것은 우리의 판단을 통해 표현되는 우리 마음의 반응이다. 예수는 산상수훈에서 이렇게 말씀하신다. "네 보물 있는 그 곳에는 네 마음도 있느니라"(마 6:21). 우리가 가치 있다고 생각하는 곳에 우리의 보물이 놓여 있다. 예수는 그 보물이 우리 마음의 헌신, 곧 우리의 가장 깊은 충성심이라고 말씀하신다. 우리가 가치에 대한 판단을 내릴 때, 이것은 바로 우리 마음의 표현이다. 이번 장은 이 문제에서 객관적인 것과 주관적인 것의 관계를 다루려고 한다.

로사의 18살 된 아들 네드에게는 여자 친구가 있고, 로사도 그 아이를 좋아한다. 하지만 로사는 혼전 성관계에 대해 보수적이며, 아들이 결혼 전에 그 여자 친구와 성관계를 맺을까 봐 염려하고 있다. 그런데 그녀가 이것을 염려한다는 것은 무엇을 의미할까? 그것은 그녀가 곧 일어날 수도 있는 일을 나쁜 일로 여긴다는 뜻이며, 이것은 결국 그녀가 아들의 성적 순결에 관심이 있다는 것을 함축한다. 그녀는 아들에게 신경을 쓰고 있고, 아들이 언젠가 결혼할 아내를 위해 성적 순결을 지키는 것이 선한 일이라고 믿는다. 여기서 염려의 감정은 두 가지 사실을 포함한다. 그녀는 이 상황을 어떤 특정한 방식(나쁜 일이 일어날 가능성이 있는 것)으로 이해하고 있고, 동시에 아들에 대해 염려하거나 혹은 보살펴야 한다고 생각한다. 그녀는 아들을 사랑하기에 이 상황을 위험한 것으로 판단한다. 사랑에서 비롯된 감정은 그녀가 앞으로 일어날지도 모르는 일을 어떻게 바라보는지를 드러낸다. 따라서 위험은 그녀의 외부에 있고, 그녀는 자신의 내면에서 그 위험에 대한 복합적인 반응을 느낀다. 그녀는 아들에게 이 문제에 대해 뭔가를 이야기해야겠다고 판단할 수도 있다. 그렇게 한다면 그녀는 자신의 염려를 승인하는 것이다. 우리는 우리 자신의 감정을 항상 승인하지는 않는다. 아들의 순결에 대해서는 걱정하면서도 혼전 성관계에는 전혀 문제가 없다고 믿는 한 어머니에 대해 생각해보자. 그녀는 자신의 걱정하는 감정이 성장 환경에서 비롯된 비합리적 잔재라고 생각하고 그것을 떨쳐버린다. 그러나 로사는 이런 경우가 아니다. 그녀는 자신의 아들이 여자 친구와 함께 있는 것을 볼 때 우리가 "염려"라고 부르는 걱정과 보살핌이 혼합된 감정을 느끼고, 나아가 이런 염려가 그 상황에 적합한 것이라고 판단한다. 이것은 적절하다. 그래서 로사는 아들에게 가서 아들과 그 문제에 관해 얘기를 나눈다.

외부의 끌어당김, 첫 반응 그리고 승인이라는 세 요소의 구조를 똑같이 갖춘 또 다른 예가 있다. 나는 맨해튼에 있는 메트로폴리탄 박물관의 분관인 클로이스터스 미술관(Cloisters)을 방문했던 적이 있다. 거기서 자작나무 한 덩어리를 깎아 동정녀와 아기를 조각한 12세기 작품을 보았는데, 작은 석조 채플 안에 놓인 유일한 조각상이었다. 그것은 마리아가 앉아서 아기를 무릎에 안고 있는 형상이었다. 나무는 닳았고 여러 군데 금이 갔지만, 그러나 그 형상은 장엄한 힘과 자기 아들에게 일어날 일을 마리아가 예감하는 듯한 깊은 슬픔을 여전히 잘 표현해주고 있었다. 내가 거기 서 있었을 때, 투명한 유리창을 통과해 들어오는 햇빛이 조각상 위로 쏟아졌고, 서서히 그 위로 움직이다가 뒤쪽의 벽으로 넘어갔다. 나는 엄청난 선물을 받고 있는 것처럼 느꼈다. 하지만 그것은 한순간에 사라져버릴 수도 있는 것이었다. 조각상의 아름다움이 빛나고 있었고, 내 감정이 그것에 대해 반응했을 때, 나는 황홀경에 빠져들었다. 나는 그 조각상의 아름다움과 그것을 볼 수 있는 나의 능력에 대해 감사했다. 내 의지는 내가 느끼는 것에 개입해서 주저하지 않고 그것을 인정했다. 사실 나는 기독교인이기에 하나님이 조각상을 통해 나를 자석처럼 끌어당기는 것으로 그 경험을 이해했다. **끌어당김**이 딱 맞는 단어는 아니다. 왜냐하면 이 단어는 하나님을 경험하는 과정에서 내가 쇳조각처럼 비활동적이었다는 것을 암시하기 때문이다. 사실 나는 당황해서 혹은 소심해서 혹은 길게 집중할 수 없어서 그 조각상을 보지 않고 돌아서서 나올 수도 있었다. 그러나 나는 그 자체가 가치와 무관한 어떤 중립적인 단순한 초대를 받았다고 느낀 것도 아니었다. 오히려 조각상 그 자체를 넘어서 존재하는 어떤 최고의 선에 이끌리고 있다고 느꼈다.

우리는 이 구조 안의 세 가지 요소 전부를 항상 경험하는 것은 아니다. 워드 프로세서에 기본값이 설정되어 있으면 따로 변경하기 전까지는 설정된 특정 글꼴이 사용되는 것처럼, 때로 승인은 초기에 설정된 기본값에 따라 이루어진다. 우리가 다른 심적 사건을 승인하는 것과 관련해서 우리의 첫 번째 반응이 항상 "예"라고 말하는 것은 아니다. 또한 외부의 끌어당김에 대한 처음 반응은 때로는 너무 익숙해서 전혀 느낌이 없을 수도 있다. 그러나 이 세 가지 요소의 모델은 평가를 위한 기초적 구조를 제공한다.

플라톤은 『이온』(Ion)에서 자석의 끌어당기는 힘과 그것에 대해 반응하는 우리의 자유에 대해 묘사한다. 그는 고리가 체인처럼 매달려 있는 자석을 상상하고, 그것을 호메로스의 서사시 낭송과 비교한다. 시상이 음유 시인에게 영감을 불어넣고, 음유 시인은 낭송자에게 영감을 불어넣으며, 낭송자는 관객들에게 감동을 준다. 이렇게 자석의 자력은 각기 연결된 고리를 통해 밑의 고리로 전달된다. "자, 자네는 내가 말한 고리들, 곧 자석에 매달려 위로부터 아래로 하나씩 자력을 전달하는 고리 중 제일 마지막 고리가 관객들이라는 사실을 모르는가?…그러나 이 모든 연속 작용을 통해 인간의 영혼을 자신이 원하는 곳이면 어디로든지 끌어당기는 존재, 그리고 그렇게 끌어당기는 힘을 한 사람에게서 다른 사람으로 전달하는 존재가 바로 신이라네." 그렇지만 플라톤은 낭송자가 그 힘을 전달하는 순간에서조차도 자신을 그것으로부터 멀어지게 할 수 있다는 것을 이렇게 묘사한다. "나는 무대에서 그들을 내려다보며, 그들이 바로 그 순간에 눈물을 흘리고 경외심에 찬 눈으로 나를 바라보며 내가 들려주는 놀라운 이야기에 사로잡히는 것을 본다네. 나는 가장 친밀한 눈빛을 그들에게 보내며 주의를 기울이네. 그들이 내 이야기를 듣고 감동의 눈물을 흘릴 때, 내 입가에는 웃음꽃이 피네. 그들에게 돈 받을 생각이 떠올라서 그렇다네…." 우리에게는 우리를 끌어당기는 것, 그리고 그 끌림에 어떻게 반응할 것인가에 대한 우리의 선택이 이렇게 기묘하게 혼합되어 있다. 나는 클로이스터스 미술관에서 조각상을 보았던 경험을 하나님이 그분과 연합할 수 있도록 나를 끌어당기신 것으로 생각하고, 그 조각상은 하나님의 도구였다고 생각한다. 하나님이 나를 부르시는 것으로 이 경험을 인정하는 것은 나 자신을 그 부르심의 권위 아래에 두기로 선택하는 것이다. 당시 나는 그 끌어당김을 그렇게 승인하고 있었다.

객관성

우리는 사물들을 평가하는 데 관련된 객관성의 종류를 세 가지 견해로 구분할 수 있다. 세 가지 견해는 서로 다른 상황에서 올바른 것이다. 첫 번째 견해는 우리가 상황을 공정성(impartiality)으로 평가하는 것을 객관성이라고 생각한다. 두 번째 견해는 객관성을 우리의 반응과 독립된 가치들의 존재로 본다. 세 번째 견해는 외부 세계에 실제로 존재하는 것과 인간이 가치 평가를 하면서 그 존재에 반응하는 방식의 적절한 관계로 객관성을 이해한다.

첫 번째 견해는 제5장에서 말한 칸트의 주장, 곧 평가란 공정해야 한다는 주장과 연관되어 있다. 이것은 축구 경기에서 좋은 심판이 객관적인 것과 같은 방식으로 객관적이어야 한다. 좋은 심판은 비록 한쪽 팀이 자신이 좋아하는 팀이라고 해도 다른 팀에 불이익을 주면서까지 자신이 좋아하는 팀에게 잘해주지는 않는다. 그가 전심으로 하려는 일은 경기 규칙을 공평하게 적용하는 것이다. 그가 심판을 보는 경기에서 어떤 특정한 선수가 어떤 특정한 역할을 하는지는 전혀 문제가 되지 않는다. 누구든지 다른 팀 선수의 공을 빼앗으려고 뒤에서 그 선수의 등을 밀면, 그는 옐로우 카드를 받는다. 도덕도 마찬가지다. 내가 어떤 상황에서 의도하고 계획하는 행동이 객관적으로 허용될 수 있는 전제는 다음과 같다. 나는 그 상황에서 보편적으로 누구든지 그렇게 행동해야 한다고 생각할 수 있어야 하고, 동시에 나 자신이 그 상황에서 어떤 특정한 역할을 한다는 사실을 특별한 경우로 고려하지 않고서도 그렇게 의도하고 계획할 수 있어야 한다. 제5장은 로사가 자기 자동차를 주차하기 위해 다른 사람의 자전거를 옆으로 치워도 되는지의 사례를 다뤘다. 이와 대조적으로 주관성은 어떤 의무를 가지고 있다는 느낌이며, 그것은 도덕법이 실제로 요구하는 것과 일치할 수도 있고 그렇지 않을 수도 있다. 우리는 때때로 사실은 그렇지 않은데도 어떤 것은 잘못된 일이고 어떤 것은 도덕적으로 허용된다고 느끼는 경우가 있다. 예를 들어 우리는 개발도상국 국민들이 공유하는 정당한 목표와는 양립할 수 없는 사치스러운 생활 수준에 익숙해질 수 있다. 우리는 점점 더 도덕적으로 태만해지고, 부자와 가난한 자의 격차가 우리의 양심을 더 이상 찌르지 않는다. 이런 상황이 연출될 때 우리의 목표는 주관성과 객관성을 조화시키는 것이다. 그 결과 우리에게 의무가 실제로 있을 때 우리는 의무를 느끼고, 그래서 주관성과 객관성 사이의 간격이 없어진다.

객관성에 대한 두 번째 견해는 제5장에서 살펴본 플라톤의 주장과 연관된다. 플라톤은 좋음의 형상이나 아름다움의 형상과 같이 변하지 않는 세계에 존재하는 형상들이 있다고 믿었다. 그는 참된 의미에서 객관성을 갖는 것은 바로 이러한 형상들이라고 생각했다. 그는 그것들이야말로 "진짜로 실재하는" 유일한 것들이라고 주장했다. 형상들은 우리와 전혀 상관없이 독립적으로 존재하고, 우리 모두가 소멸한 이후에도 계속해서 존재할 것이다. 우리는 일종의 사랑에 의해 그것들에게 이끌린다. 이것은 형상을 모방한 물질적 사물들에 대한 사랑에서 시작하고, 그다음에 우리는 더 높은 단계로 올라서서 형상 그 자체에 대한 사랑으로 나아간다. 우리가 좋음의 형상을 정말로 "보게" 될 때, 우리는 그 형상에 더 가깝게 세상을 만들려는 욕구를 가진다. 다시 말해 우리는 더 나은 세상을 만들려고 욕구한다. 이런 종류의 객관성은 앞서 논의했던 객관성과는 다르다. 이것은 우리와 무관하게 독립적으로 존재하는 실재에 호소하기 때문이다. 반면에 앞서 말했던 객관성은 우리가 개입되어 있는 절차, 곧 우리의 행동 계획이 보편성을 갖도록 의도하는 절차에서 유래한다. 플라톤에게 있어 우리의 주관적 상태란 형상에 대한 우리의 반응이다. 여기서 우리는 (칸트의 경우와 같이) 우리의 반응을 객관적으로 참된 것에 더 적절하게 부합하도록 만들어야 할 과제를 갖는다.

플라톤은 자신의 대화편 중 몇 군데에서 소크라테스가 대화 상대에게 일련의 질문을 던지는 것을 묘사하는데, 그것은 흔히 형상을 모방한 물질적인 것들의 사례를 들며 시작한다. 흔히 대화 상대자는 그런 질문의 압박에 몰리다가, 불현듯 형상을 "보게" 된다. 플라톤의 견해에 따르면, 그때 그가 "보는" 것은 사실 그가 지금 육신으로 태어나기 이전에 경험했던 형상들을 상기한 것이다. 그래서 그는 어떤 의미에서 이미 알고 있었지만 잠정적으로 망각했던 것을 상기하며 "아, 그렇지!"라고 외치는 경험을 한다.

객관성에 대한 세 번째 견해는 시각의 비유를 재고할 때 드러난다. 내가 튤립과 같이 붉은 것을 볼 때, 나는 내가 보는 붉음이 내 안(나의 감각)에 있는 것인지 아니면 튤립 안에 있는 것인지 궁금할 수 있다. 어쩌면 튤립에도 붉음이 없고 내 안에도 붉음이 없을 수 있다. 어쩌면 붉음이란 사람들이 튤립을 보았을 때 그들이 "빨강"을 보도록 만드는 튤립 안에 있는 성향이다. 만일 사람들의 눈이 적절하게 작동하고 꽃잎이 충분한 빛 속에 있다면 말이다. 이것이 맞다면, 붉음은 튤립 혹은 내 안에 있는 것이 아니라 둘 사이의 관계 안에 있다고 할 수 있다. 우리가 이 상황에 관련된 물리학적·생물학적 지식을 충분히 갖춘다면, 이러한 자연적 성향은 부분적으로는 빛의 어떤 파장을 반사하는 물체와 그것을 받아들이는 내 눈의 간상체 및 원추의 작용으로 설명될 수 있을 것이다. 또한 우리는 인간의 내적 관점에서 붉음을 인지하는 체험이 어떤 것인지도 유의할 필요가 있다. 지금 우리의 목적을 위해 중요한 것은 양쪽 모두, 즉 대상인 물체와 그것을 인식하는 자 모두가 올바른 조건 속에 있는 것이 필요조건이라는 사실을 깨닫는 것이다. 내가 튤립이 빨갛다고 판단할 때, 나는 그 둘이 실제로 올바른 조건 아래 있다고 주장하는 것이다. 이것은 내가 (예를 들어 못된 이웃에게) 속고 있지 않다는 주장이다.

도덕적인 선도 마찬가지다. 우리가 책이나 신문에서 화염에 휩싸인 고층 건물 위로 소방관들이 올라가는 것과 같은 행동에 대해 읽을 때, 우리는 (만일 우리의 도덕적 기능이 제대로 작동한다면) 그들을 존경하는 성향을 가졌다. 우리의 감정에는 자력과 비슷하게 끌어당기는 힘이 있다. 이런 힘은 외부에서 우리에게 작용하지만, 그것은 올바른 조건 아래서 일어나는 우리의 반응을 언급하지 않고서는 이해될 수 없다. 내가 소방관들의 행동이 도덕적으로 선하다고 판단할 때, 나는 그런 존경심으로 끌리는 것이 정당하다고 주장하고 있다. 그것은 사실에 부합한다. 올바른 조건은 대상(소방관들의 행동)과 주체(도덕적 가치 판단자인 나)에 의해 충족된다. 여기서 나는 로사가 아들에게서 느끼는 염려를 승인하는 것처럼, 내가 느끼는 감정을 승인하고 있다. 따라서 판단의 진리성은 객관적(대상에 관한 것)인 동시에 주관적(주체에 관한 것)이며, 판단은 어느 쪽으로든 잘못될 수 있다. 즉 대상은 내 안에서 일어나는 반응에 합당하지 않을 수 있고, 아니면 나의 반응 자체에 결함이 있을 수도 있다.

이상의 세 가지 견해는 서로 구별되는 맥락에서 각각의 진리를 담고 있다. 공평성은 운동 경기의 심판에게는 물론 실제로 대부분의 도덕적 삶에서 요구되는 덕목이다. 이것은 객관성의 첫 번째 특성이다. 하나님은 두 번째 방식, 즉 플라톤이 형상은 실재한다고 생각했던 방식처럼 객관적으로 실재하신다. 다시 말해 하나님의 존재는 하나님을 이해할 수 있는 우리의 능력에 따라 변하는 상대적인 것이 아니다. 그러나 용기와 같은 가치들은 세 번째 방식으로 객관적이다. 그것들은 우리가 그것들에 어떻게 반응해야 하는가라는 측면에서 이해된다. 예를 들어 용기는 무모함과 구별된다. 왜냐하면 우리가 감탄해야 하는 것은 위험을 무릅쓰는 것과 같은 행위이기 때문이다. 여기에 가치 평가의 순환이 존재한다. 가치는 우리의 적절한 반응이라는 측면에서 이해되어야 한다. 반면에 우리의 적절한 반응은 가치라는 측면에서 이해되어야 한다.

외부에서 우리를 끌어당기는 자력과 비슷한 힘은 서로 다른 많은 특성을 갖고 있다. 자석은 밀어낼 수 있는데, 우리가 마주치는 어떤 것들도 우리를 밀어낼 수 있다. 로사는 학교 놀이터에서 약한 친구들을 괴롭히는 못된 아이를 보고 그의 행동에 혐오감을 느낀다. 하지만 끌어당김도 많은 서로 다른 형태를 가질 수 있다. 우리가 어떤 좋은 것을 향한 끌림을 느낄 때, 거기서 우리가 항상 경험하는 단 한 가지 특징만 찾으려는 것은 잘못된 것이다. 즐거운 농담을 듣는 경험은 좋은 산악 자전거를 타고 거친 산을 누비는 경험이나 베토벤의 제5번 교향곡의 좋은 연주를 감상하는 경험과는 매우 다르다. 그런 경험들이 서로 다르지만, 우리는 그것들 사이에 특정한 종류의 일관성을 기대한다. 우리는 이 모든 것을 하나로 이끌고 통합해주는 자석과 같은 중심을 이루는 것이 있기를 바란다. 플라톤은 좋음의 형상에 그 역할을 부여했고, 그는 좋음의 형상이 모든 다른 형상을 이해할 수 있게 해준다고 생각했다. 우리는 이번 장의 마지막 단락에서 자석과 같은 중심을 이루는 개념을 하나님의 부르심과 우리의 승인이라는 개념과의 관계 속에서 다시 살펴볼 것이다.

투사

지금 우리가 행한 가치 판단에 대한 분석은 세 가지 구성 요소를 구분한다. 곧 외부에서 끌어당기는 자력과 비슷한 힘, 그 끌어당김에 대한 감정의 반응, 그리고 그런 가치 판단을 내리는 반응을 승인하는 것이다. 이제 우리는 이 세 가지 구성 요소 중 첫 번째를 무시하는 철학자들의 오류에 대해 논하려 한다. 그들은 세상에 투사하는 것으로서 도덕적 가치 판단을 생각한다. 나는 이 오류를 논증하기 전에 정말로 사람들이 자신들의 욕구를 세상에 투사하는 일이 흔히 있다는 사실을 인정한다. 문제는 우리가 가치 판단을 내릴 때 투사가 항상 일어나는가에 있다.

　데스피나는 도덕적 성품에서 로사와 정반대다. 그녀는 가난한 이들을 멸시하고, 그녀에게 동정심을 불러일으켜 자선 기부금을 구걸하거나 그녀가 경계심을 풀고 방심하면 그녀에게 달려들 수 있는 역겹고 비굴한 존재들로 그들을 생각한다. 누군가 그녀에게 왜 가난한 이들을 경멸하는지에 대해 질문하면, 그녀는 그들을 그냥 있는 그대로 보고 있다고 대답한다. 왜냐하면 그녀는 대부분의 사람과 다르게 자비심과 인간의 존엄성이라는 전통적인 믿음을 통해 가난한 사람들에 대한 자신의 인식을 여과하지 않기 때문이다. 그녀는 이렇게 말한다. "나는 단지 내 자신의 주변에 보이는 비굴함과 적개심이 뒤섞인 구역질나는 존재들에게 있는 모습 그대로 반응한다." 나아가 자신의 반응에 대해 깊이 생각해볼 때, 그녀는 전심으로 자신의 행동을 공개적으로 지지할 수 있다고 느낀다. 그녀는 자립과 적자생존에 관한 충분한 도덕적·정치적·경제적 이론을 갖고 있다. 그녀는 이런 이론들이 자신의 반응을 정당화해줄 수 있다고 주장하며, 그것들의 분명한 맥락 안에서 자신의 입장을 설명한다. 우리는 그녀가 자신의 이념을 자신이 만나는 사람들에게 투사하고, 그녀는 자신의 경험을 근거로 자기 견해를 확증한다고 생각하기 쉽지만, 사실은 그 반대일 수 있다. 곧 그녀의 견해가 그녀의 경험을 채색하고 형성한다. 하지만 그녀는 우리에 대해서도 그리고 사람들의 고유한 존엄성에 관해서도 우리와 똑같이 생각한다. 어려운 질문은 우리가 지금 막다른 골목에 이르렀는지 아니면 가치들이 실제로 우리 외부에 존재하는 경우와 그렇지 않은 경우에 대한 이해와 관련해서 진전을 이룰 수 있을지이다.

내가 이 단락에서 논박하려는 것은 가치 판단이 항상 투사라는 철학자들의 견해다. 그들은 어떤 이분법을 취할 것을 주장한다. 그들은 이렇게 말한다. 가치들이란 저기 밖에 있는 아르마딜로처럼 우리 외부에 존재하는 것(우리가 발견한 것)이거나, 아니면 안락의자처럼 우리가 세상에 설치한 것(우리가 창조한 것)이다. 그다음에 철학자들은 가치들이란 우리와 무관하게 독립적으로 세상에 존재할 수 있다는 것을 부인한다. 우리의 가치 판단과 욕구가 연결되어 있고, 우리의 감정과 의지도 분명하게 연결되어 있으며, 이것들은 우리의 내면에 존재하기 때문이다. 그들은 가치들이란 우리가 창조한 것이거나 우리가 세상에 투사한 것이어야만 한다고 결론을 내린다. 오늘날의 많은 전문적인 철학적 주장들이 이런 것들인데 나는 이 중 몇 가지를 개괄해서 설명하겠다. 하지만 핵심은 발견이든 창조든 관계없이 이분법 자체가 잘못되었다는 것이다.

로사는 학교 놀이터에서 본 행동이 그릇된 것이라는 가치 판단을 내린다. 이와 관련해서 앞서 설명했던 세 가지 구성 요소가 모두 작동한다. 그녀는 자신의 외부 세계에 있는 뭔가 거슬리는 일에 대해 자신이 처음부터 느끼는 혐오감을 승인하고 있다. 어떤 승인의 표현은 그것을 단지 보고만 하는 것이 아니라 의지적 실행도 표현한다. 이것이 미묘하면서도 중요한 점이다. 우리는 언어란 외부 세계에 있는 어떤 것 혹은 우리 안에 있는 어떤 것을 보고하기 위해 항상 같은 방식으로 작동한다고 생각하는 경향이 있다. 하지만 언어의 기능 중 많은 부분은 보고하는 기능을 전혀 수행하지 않는다. 내가 핀에 찔려 "아야!"라고 소리 지를 때, 나는 아프다고 보고를 하고 있는 것이 아니라, 단지 아프다고 표현한 것이다. 로사가 딸에게 "가서 화장실에 네 신발이 있나 찾아봐"라고 말할 때도, 그녀는 어떤 것을 보고하는 것이 아니라 딸에게 명령하고 있다. 이것은 딸에게 그녀가 원하는 바를 (보고가 아니라) 표현하는 것이다.

때때로 우리의 언어는 이런 상이한 기능들을 서로 다른 문법 형식을 통해 구분한다. 예를 들어 "가라"고 한 말은 명령문이고 누군가에게 지시를 내린다. 이 표현은 "그녀는 간다"라는 단순한 표현이나 "그녀는 지금 가나요?"와 같은 질문의 표현과 구별된다. 그렇지만 때로는 단순히 보고하는 기능 이상의 어떤 것을 지시하는 문법적 표시가 없는 경우도 있다. "그가 행한 일은 잘못된 것이었다"라는 말을 예로 들 수 있다. 처음 봤을 때 이 문장은 "그녀는 간다"라는 문장처럼 어떤 단순한 표현처럼 보인다. 그러나 우리는 이 문장이 단순한 표현이 아니라는 사실을 알 수 있다. 곧 로사가 그렇게 말했다면, 그것이 얼마나 이상한지를 생각해보자. 로사는 그녀 자신이나 다른 누구에게 아무런 이차 피해가 생기지 않게 하면서 그 못된 아이의 행동을 제지할 수 있는 기회가 있었는데도, 그녀는 그 일을 전혀 하지 않으려고 한 셈이 된다. 이것은 아주 이상하다. 따라서 우리는 그녀의 말이 단순한 표현이 아니라는 것을 알 수 있다. 그녀가 정말로 그렇게 했다면, 우리는 그녀의 처음 가치 판단의 진정성을 의심할 것이다. 우리는 그녀가 진짜로 의미한 것은 그것이 아니라고 생각할 것이다. 이것은 다음의 사실을 보여준다. 그녀가 우리에게 "그가 행한 일은 잘못된 것이었다"라고 말할 때, 이것은 그녀의 외부에 있는 어떤 것(잘못된 일)의 존재를 단순히 우리에게 보고하는 것 말고 그와 다른 기능을 가지고 있다는 게 사실이다. 우리는 그녀가 자신에게 기회가 주어지면 그의 못된 짓을 제지하겠다는 그녀 자신의 의지를 표현하는 것으로 그녀의 표현을 이해해야 한다. 이것은 이분법, 즉 가치들은 발견되든지 혹은 만들어진다는 말이 왜 틀렸는지를 보여준다. 가치 판단은 세상 안에서 어떤 것(가치)을 발견하는 것을 포함하지만, 그것이 전부는 아니다. 거기에는 의지의 표현도 포함되어 있다.

외부 세계로부터 오는 어떤 힘이 있고 로사가 그것에 반응한다는 말과, 그녀가 내린 가치 판단은 그 반응의 승인이라는 말은 서로 조화를 이룬다. 여기서 우리의 경험은 우리를 속이지 않는다. 그런 종류의 어떤 힘은 실제로 존재한다. 자석처럼 끌어당기는 힘이라는 이미지는 여기에 적합하고, 이보다 더 적절하게 그것을 표현할 문구를 찾기는 어렵다. 우리가 보고 듣는 것이 우리를 움직인다. 그러나 여전히 우리는 그런 것들이 언제 우리를 끌어당기거나 밀어내는 **가치를 갖는지를** 분별해야 한다. 우리는 우리의 반응을 어떻게 처리해야 할지 선택할 자유를 갖고 있다. 이것은 플라톤의 묘사에서 호메로스 서사시를 낭송하는 음유 시인이 자신의 관객들에게 전달하고 있는 슬픔에서 스스로를 분리하는 것과 마찬가지다. 우리는 약자를 혐오스럽다고 생각하는 데스피나와 로사를 구분할 필요가 있다. 우리는 이렇게 말하고 싶어 한다. 로사는 외부에 실제로 존재하는 가치에 반응하고 있지만, 데스피나는 단지 가치를 자신의 이념을 거쳐 세상에 투사하고 있다고 말이다. 하지만 이런 구분을 어떻게 정당화할 수 있을까? 우리가 우리의 처음 반응을 승인할지 승인하지 않을지에 대해 숙고할 때, 우리는 이미 그런 구분을 시도하고 있었다. 우리가 이런 구분을 하기 위해서는 규범적 이론 혹은 적용 가능한 일군의 기준들이 우리에게 필요하다. 이것이 이번 장의 마지막 두 단락의 주제다.

내부 중심

로사는 출근 시간에 늦었고, 딸 루시가 신발을 찾지 못하고 있어 화가

나 있다. 그녀가 야단을 쳐서 아이가 울음을 터뜨렸을 때, 그녀는 자신이 시간에 쫓겨 과민하게 반응했다는 것을 깨닫는다. 그녀는 미안하다고 말하고 아이와 함께 신발을 찾으러 간다. 이것은 지금 우리가 논의하는 가치 판단의 세 가지 구성 요소가 다 포함되어 있는 복합적인 사례다. 이제 우리는 그 가운데 세 번째 요소, 즉 승인에 초점을 맞춰볼 수 있다. 로사는 자신이 딸에게 화를 참지 못했을 때, 그녀는 자신의 딸이 부주의하고 조심성이 없으며 엄마가 출근 시간에 늦지 말아야 한다는 사실에 아랑곳하지 않는다고 그 상황을 해석한다. 그녀가 아이를 야단 친 것은 그런 잘못에 대한 일종의 처벌을 의미하고, 그녀는 아이에게 고통과 아픔을 주는 것을 의도했다. 그것은 분노의 한 부분이다. 그러나 기분이 차분히 가라앉자, 로사의 분노도 가라앉는다. 아이가 신발을 찾지 못하고 있는 상황은 여전히 진행 중이지만, 로사는 자신이 루시와 같은 나이였을 때 자기도 얼마나 자주 똑같은 일을 저질렀는지를 떠올린다. 그녀는 신발이 의지를 갖고 있고 그것이 자기를 괴롭히기 위해 집안 여기저기를 돌아다닌다고 생각했던 것을 기억해낸다. 그녀는 자신의 분노가 적절하지 못했으며 시간에 쫓겨 이성을 잃었기 때문이라는 것을 깨닫고(이런 일은 그녀에게 자주 일어난다), 이제 그녀의 처음 반응을 승인하기를 거부한다.

무엇이 그녀의 이러한 거부를 정당화하는가? 기본적으로 그녀는 두 가지 사실을 관찰한다. 분노는 진정한 그녀 즉 그녀의 참된 자아의 것이 아니었고, 또한 그것은 그녀의 딸의 진정한 존재에도 적합하지 않았다. 그녀는 자신이 다른 사람들처럼 때때로 화를 내기는 하지만 그럼에도 화를 잘 내는 스타일은 아니라는 것을 안다. 그리고 딸 루시 역시

가끔 생각 없이 행동할 때도 있지만, 분별력 없는 아이가 아니라는 것도 잘 알고 있다. 로마서 7장에서—이 난해한 본문에 대한 한 가지 해석에 따르면—바울은 내적 갈등을 이렇게 표현한다. "내가 행하는 것을 내가 알지 못하노니 곧 내가 원하는 것은 행하지 아니하고 도리어 미워하는 것을 행함이라. 만일 내가 원하지 아니하는 그것을 하면, 내가 이로써 율법이 선한 것을 시인하노니, 이제는 그것을 행하는 자가 내가 아니요 내 속에 거하는 죄니라"(롬 7:15-17) 바울은 자신이 행하는 어떤 행동이 잘못된 것이라는 사실에는 동의하지만, "죄"라고 부르는 어떤 것이 자신 안에 있어서 그것이 자신으로 하여금 그 행동을 하도록 주도한다고 말한다. 그것을 행하는 것은 더 이상 자기 자신이 아니라는 것이다. 우리 역시도 어떤 것을 욕구하거나 행할 때, 그것이 사실은 정말로 우리 자신이 원하는 것이 아닌 경우를 종종 경험한다. 한 가지 예는 그런 욕구가 난데없이 나타난 외부 침입자처럼 보이는 경우다. 이상하고 기괴한 생각이 갑자기 우리의 머릿속에 떠오르는 때가 있다. 나는 길에서 지팡이에 무겁게 몸을 의지하며 겨우 걸어가는 한 노인을 본다. 그런데 경악할 만하게도 나는 갑자기 그의 지팡이를 발로 걷어차고 그를 땅바닥에 힘없이 고꾸라지게 만드는 것을 상상한다. 나는 실제로는 그런 일을 하지 않을 것이지만, 그러나 그렇게 행동하는 생각에 잠시 동안 빠져든다. 다른 예로서, 알코올 중독자가 술을 갈구하는 경우와 같이 우리는 어떤 욕구들, 곧 친근한 원수라고 인정하면서 그것과 오랫동안 싸우게 되는 욕구들을 가지고 있다. 다른 경우에 어떤 욕구들은 원수가 아니라 오히려 우리가 소중하게 여기는 욕구들의 충실한 이면일 수 있다.

톰은 자신의 연구 작업에 아주 잘 집중한다. 이것의 다른 면은 그가 책을 읽으면서 동시에 자녀들을 돌보는 일에는 아주 형편 없다는 사실이다. 아이들이 이층에서 소리를 지르고 쿵쾅거리며 뛰어놀 때, 로사 같으면 몇 초 만에 달려 올라가겠지만 그는 그것에 전혀 신경 쓰지 않고 하던 일을 계속한다. 연구 작업에 집중하려는 욕구는 상황에 따라 좋은 것도 되고 나쁜 것도 된다. 톰이 마침내 뭔가 타는 냄새를 맡고 위층으로 뛰어 올라갔을 때, 루시가 지금 막 침대 시트를 가지고 양탄자 위에 난 불을 끄고 있었다. 그는 책 읽기에 너무 몰두하지 말았어야 했다고 자책한다. 그렇게 집중했던 것은 사실 그 자신이 맞지만, 그러나 그는 자신의 모습이 그런 무책임한 방식으로 발현되기를 원했던 것은 아니다.

다양한 이유에서 한 사람의 진정한 정체성과 욕구는 서로 일치하지 않을 수 있다. 어떤 욕구가 나 자신의 정체성과 일치하지 않는 경우를 손쉽게 살펴보기 위해 매우 엉뚱한 예를 들어보겠다. 내가 최면에 걸려서 피자 냄새만 맡으면 일어나 애국가를 부르고 싶은 충동을 느낀다고 가정하자. 그리고 어느 날 예배당에 앉아 설교를 듣고 있는데, 주방에서 청년부 학생들이 점심으로 준비하고 있는 피자 냄새를 맡았다고 상상해보자. 나는 갑자기 벌떡 일어나 "동해물과 백두산이…"라는 애국가를 부르고 싶은 강한 충동을 느낀다. 이런 욕구는 내게는 외부로부터의 낯선 침입자처럼 느껴질 것이다. 그런데 우리의 정신도 이런 최면과 비슷한 착각을 만들어낼 수 있고, 그래서 우리가 의식적으로 통제할 수 없는 낯선 생각을 불러일으킬 수 있다.

어떤 여인이 병적인 도벽 증상을 겪고 있다고 생각해보자. 그녀는 상점 진열대 곁을 지나갈 때, 선반에 예쁜 금색 만년필 세트가 놓여 있는 것을 보고 갑자기 훔치고 싶은 강한 충동을 느낀다. 그런 증상을 겪는 것은 분명 그녀이지만, 그 욕구는 어떤 의미에서 그녀 자신의 것이 아니다. 다른 예로서 어떤 사람이 인격 장애를 겪고 있고, 그래서 자신이 나폴레옹이라고 생각하는 경우를 생각해보자. 그는 나폴레옹처럼 머리를 치장하고, 18세기 후반의 프랑스어를 사용한다. 그는 끊임없이 웰링턴에게 어떻게 복수할지를 생각한다. 그러나 이런 욕구들은 확실히 이해하기 힘든 어떤 의미에서 진정한 그 자신의 욕구는 아니라고 할 수 있다. 마지막으로 어떤 사람은 어릴 때 지속적으로 심각하게 학대를 당했고, 그래서 다른 사람과 사랑의 관계를 형성하는 것이 거의 불가능한 상태에 있을 수 있다. 그는 다른 사람을 충분히 신뢰할 수가 없고, 만나는 사람들과 거리를 두겠다는 욕구가 너무 강하다. 그러나 여기서도 나는 이것이 그 사람의 진정한 모습이 아니라고 생각할 수 있는 여지가— 아주 적기는 해도—있다고 생각한다. 어쩌면 그에게 남아 있는 것은, 그 자신은 말로 표현할 수 없는 어떤 중요한 것이 그의 삶에서 빠져 있다는 느낌일 것이다.

우리는 이 모든 경우를 어떻게 이해해야 할까? 나는 인간의 내면에 한 인격을 통합하는 중심이 있다고 생각한다. 우리의 욕구는 그 중심으로부터 나오거나 혹은 그것과 일치할 때 그 사람의 진정한 욕구로 간주될 수 있다. 나는 그 중심을 "의지"라고 부르겠지만, 다른 말로 "마음"이라고 할 수도 있다. 어떤 철학자들은 의지란 개념이 해결할 가능성이 없는 혼동을 불러일으키는 개념이거나 아니면 그런 것은 아예 존재하지 않는다고 주장한다. 그러나 우리는 마치 우리 내면의 중심에서 욕구가 그것을 분명히 승인했던 것을 경험했다. 나는 의지 개념의 반대가 두 가지 주장에서 나온 것으로 생각한다.

첫 번째 주장은 우리가 어떤 것을 승인할 때 우리는 항상 의지의 행동을 따로 분리해서 의식하지 않는다는 것이다. 앞서 언급했던 것처럼 승인은 흔히 초기의 기본 설정대로 작용할 수 있다. 내가 지금 글쓰기 작업을 하는 컴퓨터는 글꼴의 기본 설정은 맑은 고딕으로 지정되어 있다. 내가 다른 글꼴로 변경하지 않는 한 컴퓨터는 항상 맑은 고딕으로 설정되어 매번 따로 글꼴을 설정할 필요가 없다. 마찬가지로 어떤 사람의 욕구가 그의 중심에 놓인 믿음과 일치한다면, 그것은 자연스럽게 승인될 수 있다. 비록 그것을 승인하는 의지의 독립적인 행동이 없더라도 말이다. 그러나 일반적으로 승인하는 행위의 경우에는 의지가—독립적 행동이든 아니든—작용한다.

의지의 존재를 의심하는 다른 주장은 어떤 사람들이 "중심"을 전혀 갖고 있지 않은 것처럼 보인다는 것이다. 중심의 집중도에도 정도의 차이가 있다. 일반적으로 50살 된 사람은 사춘기 청소년보다 훨씬 잘 통합된 욕구들을 갖고 있다. 그는 자신을 잘 알기에, 원하는 특정한 것을 얻는 과정에서 언제 자신의 핵심 믿음이 위태로워지는지도 알 수 있다. 또한 그는 자신의 핵심 믿음을 고수하기 위한 대안적 방법이 있고, 그것을 통해 원하는 특정한 것이 절충될 수 있다는 것도 알고 있다. 사춘기 청소년들은 50살 된 사람보다 덜 선별적인 욕구를 갖고 있다. 그래서 인격적 중심에서 욕구를 승인하는 능력 역시도 큰 편차를 보인다. 우리는 8살 아이가 어떤 사람을 죽였다고 해도, 그 아이에게 전적인 책임을 묻지 않는다. 8살 된 아이는 아직 어떤 일을 전적으로 승인할 수 있을 만큼 충분히 성숙하지 않았기 때문이다. 그러나 우리는 보통의 성인들의 경우와 관련해서는 중심적인 것과 주변적인 것을 구분한다.

앞서 설명한 모든 사례의 사람이 가진 의지는 무시되거나, 아니면 인격 장애와 심각한 학대의 경우에는 무시될 의지조차 없을 수 있다. 하지만 이것은 인간의 의지는 오로지 덕이 있는 욕구들만을 승인할 수 있다고 말하는 것은 아니다. 그럼에도 우리는 우리의 인격적 중심에서 기인하지 않거나 그것에 일치하지 않는 것을 욕구하지 않는다고 말할 수 있다. 일어나 애국가를 부르고 싶다는 욕구는 최면에서 비롯된 것이기에 이 검증을 통과하지 못한다. 노인이 의지하고 있는 지팡이를 발로 차고 싶은 욕구도 마찬가지다. 만년필 세트를 훔치고 싶은 욕구와 맥주 한 잔을 갈망하는 알코올 중독자의 욕구 역시 그렇다. 웰링턴에게 복수하려는 "나폴레옹"의 욕구는 좀 판단하기 어렵다. 만일 그가 인격 장애를 앓고 있다면, 그는 우리의 의지 개념이 요청하는 인격적 통합성을 갖고 있지 않은 것이다. 사람들이 정신적 질병이나 인생에서의 잘못된 선택 혹은 부당하게 괴롭힘을 당해서 자신들의 인격적 중심에서 비롯되는 욕구가 논리적 일관성을 잃는 경우가 있을 수 있다. 어린 시절에 학대를 당한 사람들의 경우에, 만일 지속적인 관계를 갈망하는 욕구의 흔적이나 파편이 그들 속에 남아 있지 않고, 나아가 자신들이 다른 사람을 충분히 신뢰하지 못한다는 사실조차 깨닫지 못한다면, 인격적 통합성은 그들 안에 남아 있지 않은 것이다.

외부 중심

어떤 욕구를 승인하는 것은 이런 종류의 인격적 중심을 필요로 하지만,

다른 종류의 중심, 즉 내가 앞서 "자력"과 같은 중심이라고 불렀던 것도 필요로 한다. 이것은 사람의 외부에서 끌어당기는 중심이다. 우리는 우리 마음이 이끌리는 여러 가지 사물을 그 중심이 함께 붙들고 있다고 생각한다. 플라톤은 좋음의 형상에 그 역할을 부여했다. 그러나 그는 신의 이미지도 사용한다. 연속적으로 고리들이 이어져 사슬을 이루고, 이 사슬의 제일 끝에는 개인으로서의 인간들이 놓여 있으며, 신은 이 사슬에 자력과 유사한 힘을 행사한다.

기독교 전통에 따르면 이 역할을 담당하시는 분은 하나님이시다. 기독교인들은 자신들의 마음을 끌어당기는 모든 선한 것은 그들 자신과 하나님과의 연합을 향해 나아가는 길의 일부라고 믿을 수 있다. 예를 들어 자작나무로 만든 마리아와 아기 예수의 조각상, 소방관의 용감한 행동, 혼전 순결에 대한 신념, 그리고 공학적으로 잘 만들어진 산악자전거를 타고 아름다운 숲길을 달릴 때의 상쾌함 등은 모두 하나의 동일한 원천에서 나오는 신호들로서 서로 연결되는 통일성을 이루고 있다. 우리가 서로 다른 좋은 것을 향해 동시에 마음이 끌릴 수 있다는 점에서 그것들은 서로 경쟁할 수도 있다. 예를 들어 우리는 조각상을 감상하며 명상에 잠기는 동시에 산악자전거를 탈 수는 없다. 하지만 동시에 행할 수는 없다고 해도, 그것들은 모두 본질적으로 우리의 마음이 승인할 가치가 있는 것들이다. 만일 그리스도인이 이러한 끌림 중 한 가지를 **행동**으로 옮기기를 원하고 승인한다면, 그는 그 끌림과 그가 실행에 옮기기를 원하는 다른 끌림들 사이에 아무런 모순이 없다고 믿을 수 있다. 그는 양쪽에서의 끌림이 모두 그 자신을 향한 하나님의 계획의 일부이고, 그것들은 서로 모순되지 않고 조화된다고 믿는다. 하나님은 우리가 해야 할 여러 가지 좋은 일들을 향해 우리를 부르셨다. 그것은 "하나님이 전에 예비하사 우리로 그 가운데서 행하게"(엡 2:10) 하신 좋은 일들이다. 우리에게 주어지는 과제는 이러한 좋은 일들을 올바른 순서를 따라 분별하는 것이고, 이 분별을 위한 한 가지 방법은 제1장에서 설명했던 도덕적 선별 작업이다.

우리가 이런 의미의 일관성을 갖고 있지 않다면 어떻게 될까? 이렇게 상상해보자. 악마가 이 세상을 다스리고 있고, 그는 우리가 다른 사람을 위해 좋은 일을 하려고 할 때마다 그것이 오히려 그 사람에게 해를 주는 일이 되도록 만들며, 그걸 보면서 쾌감을 느낀다. 나는 제4장에서 이런 실험적 생각을 이미 언급했다. 철학자 데카르트는 자신의 책『성찰』(*Meditations*)에서 이와 비슷하게 생각했다. 그는 우리가 뭔가 참된 것을 믿으려고 할 때마다 잘못된 것을 믿게 만드는 어떤 악마를 상상했다. 여기서 우리는, 우리가 참된 것 말고 좋은 일을 추구할 때 그 악마가 그것을 뒤죽박죽으로 만들어 오히려 정반대의 결과가 나타나도록 하는 데 관심을 둔다고 생각하자. 그렇다면 우리는 좋은 일을 하려는 노력을 그만두어야 할 것이다. 좋은 일을 하려는 우리의 시도는 아무 소용도 없을 것이다. 그렇게 되지 않으려면, 우리는 우리의 행동을 통해 이루려고 하는 좋은 일들이 일관되게 연결된 하나의 일로 모두 함께 달성될 수 있다고 믿어야 한다. 다시 말해 우리는 그런 악마는 없으며, 그런 악마가 세상에 대한 최종 통제권을 갖고 있는 것이 아니라는 사실을 믿어야 한다. 더 나아가 우리는—도덕이 요구하는 것처럼 다른 사람들을 배려한다면—우리의 좋은 의도가 다른 사람들의 좋은 의도와 서로 모순되지 않는다는 사실도 믿어야 한다.

이 모든 일관성이 어떻게 유지될 수 있는지를 이해하려고 할 때, 거대한 조정 작업의 문제가 생긴다. 우리는 제8장에서 이 문제를 다시 다룰 것이다. 지금 내가 강조하려는 것은 의지 혹은 마음이라고 불렸던 내부적 중심에 추가하여 밖으로부터 끌어당기는 외부 중심도 필요하다는 사실이다. 그리스도인이 자기 욕구를 승인한다는 것은 다음과 같은 작용을 의미한다. 그것은 그가 어떤 것을 향해 느끼는 특정한 끌림이 하나님의 뜻에 일치하는지 분별하려는 것이고, 그다음에 하나님의 뜻을 자신의 뜻 안에서 재현하려는 시도다. 하나님의 존재를 믿지 않는 사람에게도 물론 이와 같은 승인과 비슷한 과정이 필요하다. 여기서 믿지 않는 사람은 자신이 느끼는 끌림이 전체 선과 일치하는 것인지, 자신의 마음을 끄는 것이 그것에 끌릴 만한 가치를 가진 것인지, 그리고 자신의 마음이 그것에 긍정적으로 반응하는 것이 어쩌면 잘못된 것은 아닌지를 확인해줄 어떤 방법을 필요로 할 것이다. 우리는 제1장에서 좋은 운전자란 후방 거울을 잘 확인하는 사람이라는 비유를 사용했다. 거기서 말했던 구성적 지침은 어떤 끌림에 따라 행동하는 것이 도덕적으로 허용되는 것인지를 검증할 수 있는 한 가지 방법이다.

우리는 우리의 내부 중심이나 외부 중심을 아주 분명하게 식별하지 못할 수도 있다. 플라톤은 외부 중심을 보는 어려움을 태양을 쳐다보는 것에 비유하여 설명하는데, 태양은 좋음의 형상을 가리킨다. 우리가 태양을 직접 바라보면, 우리의 눈이 멀게 될 뿐이다. 그럼에도 태양은 여전히 모든 것을 볼 수 있는 원천이며, 우리는 그것을 통해 다른 모든 것을 본다. 기독교적 의미로 말하자면, 우리는 하나님이 자신의 뜻을 우리에게 보여주시려고 선택하신 계시를 떠나서는 하나님의 뜻에 접근할 수가 없다. 그리고 계시 자체도 어렴풋이 엿보는 것 이상의 선명한 대답을 주지는 않는다. 우리의 내부 중심 또한 제대로 보기가 어렵다. 우리는 흔히 우리 자신의 모습을 실제보다 좋게 평가해서 스스로 속이기 쉽지만, 역설적이게도 우리는 순식간에 돌변해서 자기 자신을 경멸할 가치조차 없는 벌레처럼 여길 수도 있다. 우리는 하나님이 우리의 모습을 그대로 보시고 그것에 따라 우리를 판단하신다고 믿지만, 막상 우리 자신은 우리의 참된 마음을 결코 분명하고 확실하게 볼 수가 없다.

이런 어려움들에도 불구하고 승인은 내부 중심과 외부 중심을 연결하려고 시도한다. 그것은 우리가 선하다고 느끼는 것에 대한 반응을 (내부 중심에 의해 통합된) 우리의 전체 의무의 관점 아래 두고 통제하려는 시도다. 이것은 우리의 전체 의무는 사실상 (외부 중심에 의해 통합된) 우리 자신과 다른 모든 사람을 위한 전체 선으로 우리를 인도하는 경로의 일부가 되어야 한다는 것을 의미한다. 우리는 우리의 의무들을 자석에 연쇄적으로 붙어 있는 고리들처럼 이해한다. 비록 어느 한편의 중심도 분명히 볼 수는 없다고 해도, 우리는 외부 중심이 갖고 있는 일관성을 우리의 내적인 의사 결정의 과정에서 적어도 부분적으로는 재현할 수 있다고 믿어야 한다.

로사와 딸 루시의 예화를 통해 이번 장의 논의를 마칠 수 있을 것 같다. 루시가 울음을 터뜨렸을 때, 엄마인 로사는 둘의 관계를 다시 화목하게 하라는 목소리를 듣고 있음을 느낀다. 그녀는 자신이 매우 소중하게 여기는 관계에 상처를 줬다는 것을 깨닫는다. 그녀는 딸에게 미안하다고 말하며 함께 신발을 찾으려는 행동을 통해 그 관계의 회복을 향해 한 걸음을 내딛는다. 그녀는 관계의 회복을 향한 그 목소리에서 하나님의 부르심도 느낀다. 이것은 어떤 새로운 사실을 더해주고 있을까? 그녀가 경험한 것은 이번 장의 시작에서 묘사했던 경험, 곧 클로이스터스 박물관에서 조각품을 감상했던 경험과 비교할 때, 비슷한 점도 있고 다른 점도 있다. 다른 점은 그녀가 지금 갖고 있는 것이 아니라 사라진 것에 의해 마음이 움직였다는 점이다. 그녀는 딸과의 거리감을 느꼈고, 이 거리감을 두 사람의 관계의 본질에 맞지 않고 나아가 잘못된 것으로 느꼈다. 그녀를 향한 부르심은 지금 그녀가 깨달은 경험을 그 자리에서 계속해서 즐기라는 것이 아니라 그녀 자신이 일으킨 불화를 해결하라는 것이다. 비슷한 점은 두 가지 경험 모두에서 당면한 상황 너머에 있는 어떤 것으로부터 끌어당기는 힘이 작용한다는 사실이다.

　　로사의 경우를 생각해보자. 그녀가 자신이 느낀 것을 따르기로 할 때, 그녀는 이러한 부름에 대한 자각을 그녀의 의무 전체 그리고 그것이 가진 권위의 근거와 결합한다. 그녀와 딸의 관계는 하나님이 축복해주신 관계이고, 로사는 하나님이 계속해서 그 관계를 축복해주실 것으로 믿는다. 그녀는 딸이 자신에게 주어진 하나님의 선물이며, 딸에게 일어나는 일에 대해 자신은 하나님 앞에서 책임져야 한다고 믿는다. 그녀는 우리가 계속해서 하나님의 뜻에서 벗어나는 삶을 살 때도 하나님은 인내로 우리를 맞아주신다는 믿음을 갖고 있으며, 그런 인내를 자신의 삶 속에서 실천하기를 원한다. 그녀는 다음과 같은 골로새서의 말씀을 기억한다. (우리는) "새 사람을 입었으니 이는 자기를 창조하신 이의 형상을 따라 지식에까지 새롭게 하심을 입은 자니라"(골 3:10). 분노심을 벗어버려야 한다. 또 로사는 이렇게 믿는다. 하나님이 우리와의 관계를 회복하신 것을 본받아 자신도 루시와의 관계를 회복하면, 이것은 세상을 그녀 자신과 그녀의 딸, 그리고 두 사람의 영향을 받게 될 그 밖의 모든 사람을 위해 좋은 세상이 되도록 만드는 데 기여할 수 있을 것이다. 한마디로 말해 그녀의 행동은 하나님 나라에 기여할 것이다. 딸과의 관계는 사실 그녀에게 자력과 비슷한 끌어당기는 힘을 갖고 있지만, 그녀가 그 힘을 이런 식으로 하나님 나라 전체와 관련시킬 때 그녀는 그것을 승인하거나 혹은 그것에 권위를 부여한다.

우리는 이번 장에서 도덕적 감각과 감각적 지각의 비유에 대해 논의했다. 우리는 지각을 통해 감각적 정보를 얻는 것처럼 우리의 외부에서 유입되는 도덕적 정보를 얻는다. 그러나 도덕의 경우에는 승인 과정이 다르며, 우리는 외부에서 오는 도덕적 정보를 우리가 갖고 있는 전체 의무와 연결하는 방법을 필요로 한다. 하나님을 믿는 사람은 이런 전체 의무로 하여금 일관된 통일성을 갖도록 하는 중심을 하나님으로 볼 것이다. 이번 장은 오로지 하나님만이 이 역할을 행하실 수 있다고 주장하지는 않았다. 하지만 우리 외부의 어떤 것으로부터 어떤 끌림이나 거부감을 단지 느끼기만 하는 것은 도덕의 권위로서 작용하기에는 충분치 않다고 주장했다. 이런 의미에서 권위는 자명한 것이 아니다. 데스피나도 로사만큼이나 그런 느낌들을 갖고 있으며, 나아가 그런 느낌들을 평가할 수 있는 정교한 이념도 갖고 있다. 만일 우리가 로사의 도덕적 감각은 권위가 있고 데스피나의 경우는 그렇지 않다고 말하려면, 우리는 왜 그런지 이유를 설명할 수 있어야 한다. 우리는 어떤 것에 끌리거나 거부감을 느낀다는 사실, 혹은 말해야 할 어떤 긴 이야기를 갖고 있다는 사실 이상의 어떤 것에 호소해야 한다. 제1장에서 논의했던 도덕적 선별 작업이 그에 대한 한 가지 설명을 제공한다. 그러나 만일 도덕적 선별 작업이 설명을 제공한다면, 외부에서 오는 힘에 끌리는 느낌은 도덕적 권위의 근거가 될 수 없다. 오히려 그 관계는 거꾸로 되어야 한다. 도덕적 선별 작업은 우리가 어떤 것에 끌리는 느낌을 승인하고 그것에 권위를 부여한다. 그러나 끌어당기는 힘 자체가 도덕적 권위의 근거가 될 수는 없다. 우리는 이런 끌림이 우리를 끌어당기는 것들을 통합해주는 외부 중심과 연결된 방법으로 근거를 찾을 필요가 있다.

제7장

인간의 본성

우리는 제6장에서 플라톤의 형상에 관한 견해를 설명했다. 플라톤은 형상이야말로 유일하게 "진짜로 실재하는" 것이라고 주장한다. 우리는 제6장에서 우리가―형상이 우리를 초월하는 것처럼―우리를 초월하는 어떤 것에 의해 끌리는 것에서 도덕적 권위를 이끌어낼 수 있느냐 하는 것을 질문했다. 우리는 이에 대해 우리가 그런 끌림을 권위 있는 것으로 인정할 수 있는 경우와 그렇지 않은 경우를 판단할 수 있는 도덕적 선별 작업이 필요하다고 대답했다. 실재에 대한 아리스토텔레스의 견해는 플라톤과 많이 다르다. 아리스토텔레스는 형상들이라는 분리된 세계는 우리가 살고 있는 세계를 이해하는 데 도움이 되지 않는다고 생각했다. 그에게 가장 근본적인 실재는 그가 "실체"(substance)라고 부른 것이다. 이번 장은 도덕적 권위의 근거에 대한 설명을 아리스토텔레스의 실체 이해에서 얻을 수 있는지, 구체적으로는 인간 실체에 대한 그의 견해에서 얻을 수 있을지를 검토할 것이다.

16세기에 라파엘로가 바티칸 성베드로 성당에 그린 프레스코화가 플라톤과 아리스토텔레스 간의 차이를 생생하게 보여준다. 사람들은 18세기 이후부터 그 프레스코를 "아테네 학당"(the School of Athens)이라고 불렀다. 이 그림은 고대 그리스 고전 시대의 위대한 사상가들이 작은 무리를 지어 모여 있고, 각각의 무리는 전체적으로 하나의 큰 원을 형성하는 모습을 묘사한다. 이것은 고전 천문학에서 천체의 별 무리들이 큰 원을 형성하는 모습으로 묘사된 것과 비슷하다. 그림 속의 사상가들은 르네상스 돔 양식으로 건축된 웅장한 성당 혹은 신전 안에 모여 있는데, 건물은 뒤편으로 개방되어 있고 그 너머로 푸른 하늘이 보인다. 그림의 초점은 중앙에 있는 플라톤과 아리스토텔레스에게 맞추어져 있다. 플라톤은 긴 백발과 수염을 기른 노인이며, (20년 동안 플라톤의 제자였던) 아리스토텔레스는 잘 손질된 갈색 머리와 다듬어진 수염을 가진 청년으로 묘사되고 있다. 두 사람은 각각 왼손에 자기가 쓴 책을 들고 있다. 플라톤은 (영원한 형상이 가진 인과적 영향력에 대해 설명하는) 『티마이오스』(*Timaeus*)를 들고 있고, 아리스토텔레스는 (이 지상에서 인간에게 주어진 최상의 삶에 대해 설명하는) 『니코마코스 윤리학』(*Nicomachean Ethics*)을 들고 있다. 플라톤은 그의 오른손 검지 손가락으로 하늘을 가리키고, 그의 팔과 들고 있는 책은 모두 수직 방향을 가리킨다. 하지만 아리스토텔레스는 땅을 향해 오른손을 뻗고 있으며, 그의 팔과 들고 있는 책은 모두 수평 방향을 가리킨다.

라파엘로는 단지 두 사람의 모습만이 아니라 그들의 철학까지 보여준다. 플라톤에게 형상은 우리 **너머**에 있다. 우리의 영원한 영혼은 육신의 삶에 머물러 있는 동안에는 잘 훈련된 관조를 통해 형상을 어렴풋이

   우리는 어떻게 선한 삶을 살 수 있는가?

감지할 수 있을 뿐이다. 아리스토텔레스에게 형상은 우리가 경험하는 실체 **안**에 있다. 우리의 과제는 이 경험을 이해하는 것이지, 그 너머로 나아가는 것이 아니다. 이 프레스코 그림에서 라파엘로가 말하려는 것이 하나 더 있다. 라파엘로는 두 사람의 손가락 방향을 묘사하는 방법을 통해 플라톤과 아리스토텔레스는 비록 서로 논쟁하는 입장을 취하지만, 두 사람 모두 통전적인 진리의 필수불가결한 한 부분이라는 사실을 전한다. 마치 두 사람이 함께 (상향적이고 내향적인) 어떤 힘을 발생시켜서, 그 힘에 의해 그림 속에 둥글게 모여 있는 모든 사상가가 자신들에게 주어진 궤도를 돌고 있는 것처럼 보인다.

다음 단락은 아리스토텔레스의 실체 개념을 살펴볼 것이다. 세 번째 단락은 그 견해가 어떻게 잘못된 시도에, 즉 인간의 본성에 대한 설명으로부터 도덕적 의무를 도출하려는 시도에 이용되어왔는지를 밝힐 것이다. 네 번째 단락은 도덕법이란 인간 본성의 요구가 아니라 하나님이 선택하신 것이라고 주장할 것이다. 마지막 단락은 도덕은 비록 인간의 본성에서 도출될 수는 없지만, 그것과 매우 잘 들어맞는다는 견해를 옹호할 것이다. 나는 인간이 도덕법을 지킬 때 번성하며, 그것을 위반할 때 쇠퇴한다고 생각한다. 이것은 실제로는 도덕과 성취를 연결하는 것이다. 하지만 그것이 인간의 본성을 도덕적 권위의 근거로 취하는 것은 아니다. 도덕의 근거는 하나님이 우리의 본성 안에 하나님 자신의 본성과 사랑의 연합을 이루기 위해 나아갈 수 있는 경로, 곧 도덕적 경로를 심어주기로 작정하셨다는 사실에 있다.

실체

아리스토텔레스는 형상이 실체들 안에 있다고 본다. 그는 다른 모든 존재가 의존하는 가장 근본적인 존재를 실체라고 생각한다. 로사는 하나의 실체다. 그녀가 여름휴가 동안 햇볕에 그을린 구릿빛 피부를 갖게 되었을 때, 그녀의 구릿빛 피부의 존재가 로사의 존재에 의존하는 것이지, 로사의 존재가 그녀의 구릿빛 피부의 존재에 의존하지 않는다. 아리스토텔레스의 설명은 변화의 기초가 되고 변화를 설명하는 원인으로 실체의 역할을 강조한다. 그리고 그는 근본적으로 두 종류의 원인, 곧 질료(matter)와 형상(form)을 제시한다. 형상은 어떤 사물을 구성하는 내적 활동이고, 그 사물이 변화를 겪으면서도 여전히 통일성을 유지하게 해준다. 질료는 형상이 구성하는 것이다. 그렇지만 아리스토텔레스의 이러한 설명은 플라톤이 동물들은 육체와 영혼으로 결합되었고, 그것들이 죽으면 그것들의 영혼과 육체는 서로 분리될 수 있다고 생각한 것처럼 실체를 서로 다른 두 종류로 나누지 않는다. 아리스토텔레스에게 실체는 서로 다른 두 종류가 함께 결합되어 있는 것이 아니라 분리될 수 없는 단일체다.

아리스토텔레스의 "형상-질료" 분석은 몇 가지 단계를 통과한다. 우리가 살아 있는 하나의 실체를 숙고한다면, 예를 들어 아르마딜로를 숙고한다면, 우리는 그것을 형상과 질료로 분석할 수 있다. 아르마딜로의 형상은 아르마딜로의 고유한 모습의 활동이다. 아리스토텔레스는 아르마딜로의 영혼은 그런 활동을 하는 능력이 있다고 말한다. 아르마딜로의 질료는 그 활동을 위해 구성되는 살과 뼈다. 그렇다면 우리는 이렇게 말할 수 있다. 우리가 뼈를 살펴볼 때, 각각의 뼈들은 뼈를 형성하는 물질들(질료)과 뼈들이 모여 행하는 특유한 일을 위한 구성(형상)으로 분해될 수 있다. 뼈를 형성하는 물질들은 다시 더 원초적인 어떤 것과 그것의 구성 및 활동으로 분석될 수 있다. 발달 과정은 이러한 분석 과정의 역으로 일어나며, 이것은 형상으로 향하는 방향이라는 말로서 가장 잘 이해된다. 성장한 하나의 아르마딜로가 될 때까지 여러 단계에서 형상을 부여함으로써 원초적 형태의 질료는 단순한 것에서 복합적인 것으로(무기물에서 유기물로) 변화한다. 성장의 과정이 끝났을 때, 질료는 말하자면 다 소모되었다. 그것을 실체의 방향으로 나아가도록 만드는 것은 더 이상 아무것도 남아 있지 않다. 변화를 위한 가능성은 여전히 남아 있다. 아르마딜로는 자동차와 같은 위협적인 적이 나타났을 때 몸을 동그랗게 말 수 있다. 하지만 **실체**와 관련해 남아 있는 변화는 퇴행이다. 아르마딜로가 죽으면 소멸해서 활동을 멈춘 살과 뼈만 남고, 뼈는 다시 뼈를 이루는 원초적 물질로 쇠퇴하여 마침내 무기 물질로 돌아가서 다시 처음부터 생성 과정을 시작할 수 있는 상태가 된다.

내가 이해하는 아리스토텔레스의 핵심은 이렇다. 오직 생명체만이 이런 의미에서 복합 실체로 간주되는 자발적인 운동 능력을 갖고 있다. 모래 더미는 실체가 아니다. 모래 더미를 이루는 다양한 모래 알갱이들은 서로 붙어 있을 수 있다. 그렇지만 그것들은 변화를 겪으면서도 여전히 유지되는 통일성, 곧 과학이 찾아내려는 법칙적 통일성을 구성하지는 못한다. 호수를 구성하는 물방울들이나 들판을 이루는 흙덩이들도 마찬가지다. 인간이 만든 가공품도 이에 해당할 것이다. 볼 베어링과 야구공은 변화를 겪으면서도 유지되는 올바른 종류의 통일성을 갖고 있지 않다. 왜냐하면 그것들이 지속되는 원리는 그 자체 안에 있는 것이 아니라 어떤 목적을 위해 그것을 만든 제작자에게 있기 때문이다. 야구공은 볼 베어링과 다른 목적을 갖고 있기 때문에 아주 완벽한 구체를 이루어야 할 필요는 없다. 그것의 목적과 모양은 변화와 운동이라는 내적 근거에서 주어진 것이 아니라 그것을 만든 사람이 부여한 것이다.

실체에 관한 아리스토텔레스의 견해는 근본적으로 생물학적이며, 현대 과학은 놀라울 정도로 그의 견해가 옳다는 것을 입증했다. 그의 견해는 지금의 관점에서 볼 때 시대에 뒤떨어졌다고 할 수 있는 자연학(physics)이나 4원소설(chemisty)에 근거하지 않는다. 현대 생물학자인 J. Z. 영(J. Z. Young)은 아리스토텔레스의 견해를 이렇게 옹호한다. "생명체의 본질은 그것이 우리가 열거한 일반적인 화학 원소의 원자들로 구성되어 있고, 생명계 안으로 편입되어 일정 기간 동안 그 체계의 일부가 된다는 것이다. 생명 활동이 그 원자들을 취해서 자신의 특유한 방식으로 그것을 구성한다. 인간의 삶도 본질적으로 인간 자신이 그런 물질에 부과하는 활동으로 구성된다."

아리스토텔레스의 실체에 관한 설명은 플라톤이 『티마이오스』에서 설명한 것처럼 질료의 중요성을 축소하지 않는다. 플라톤은 그 대화편에서 물질적인 것은 형상 세계에 존재하는 형상들에 대한 불완전한 모방이라고 가르친다. 다른 한편으로 아리스토텔레스의 설명은 형상의 중요성을 축소해서 모든 것을 물질이라고 주장하지 않으며, 우리가 원칙적으로 영혼론을 생물학으로, 생물학을 4원소설로, 그리고 4원소설을 자연학으로 축소할 수 있다고 가르치지도 않는다. 만일 우리가 실체에 관한 아리스토텔레스의 설명을—최소한 개략적으로라도—받아들인다면, 그것은 가치에 대한 우리의 설명에 어떤 영향을 미칠까? 여기서 개괄적으로 설명한 것에 따르면 생명은 방향을 가진 개념이다. 살아 있다는 것은 하나의 생물학적 종의 성숙한 일원으로 성숙해가거나 혹은 종에 적합하게 되어가는 방향으로 (내적·외적) 변화들을 일으킬 수 있음을 의미한다. 만일 어떤 것이 아르마딜로라면, 그것은 이미 적절한 방향으로, 즉 아르마딜로의 고유한 목적에 맞는 방향으로 나아가는 변화들을 구성하고 있다. 제3장에서 "너 자신이 되어라"고 했던 말은 의미가 있는 말이 된다. 본성은 우리가 어떻게 살아야 하는지에 대한 적합한 방향을 설정한다.

연역 논증

연역 논증은 우리가 인간의 본성에 대한 어떤 견해에서 시작하여, 그 견해에서 인간은 마땅히 도덕법에 따라 살아야 한다는 사실을 연역할 수 있다고 생각하는 논증이다. 나는 앞 단락에서 내가 언급했던 논지에도 불구하고, 이 논증이 잘못된 것이라고 생각한다. 하지만 나는 나의 반론을 제시하기에 앞서, 이런 연역 논증에 대한 가장 일반적인 반론은 좋은 반론이 아니라는 점을 먼저 인정하려 한다. 철학자들은 이 논증에 대해 흔히 투박한 방식의 반론을 제기하는데, 예를 들어 이렇게 말한다. "연역 논증은 논리학의 기본 규칙을 위반한다. 그것은 전제에 포함되지 않은 어떤 용어를 논증의 결론에 도입해서는 안 된다는 규칙이다. 만일 '모든 사람은 죽는다'와 '소크라테스는 사람이다'가 전제라면, 소크라테스는 죽는다는 결론을 내리는 것은 타당하다. 그러나 '소크라테스는 아르마딜로다'라고 결론을 내리는 것은 타당하지 않다. 왜냐하면 **아르마딜로**라는 용어는 전제에 들어 있지 않고, 따라서 타당한 방식에 따라 논증에 채택된 것이 아니기 때문이다. 그런데 연역 논증은 '~해야 한다'(ought)는 용어가 그 어떤 전제 속에도 들어 있지 않음에도 불구하고 그 용어를 포함한 결론('인간은 도덕법을 따라 살아야 한다')을 제시한다. 따라서 그 논증은 논리학의 이와 같은 기본 규칙을 위반하고 있다."

이런 반론의 문제점은 그것이 연역 논증이 제시하는 논점을 회피한다는 것이다. 상대방이 가진 핵심 개념들을 아예 부정한 다음에 논증을 시작하는 것은 철학을 하는 좋은 방법이 아니다. 만일 당신이 그렇게 논증을 한다면, 당신은 상대방과 나눈 논증에서 이긴 것이 아니라 단지 그가 틀렸다고 처음부터 가정한 것에 불과하다. 이것은 우리가 하나님에 대해서 그 어떤 것도 의미 있는 주장을 말하거나 그분에 대해 어떤 것도 믿을 수 없다고 미리 가정해놓고 하나님을 믿는 믿음을 반박하는 것과 같다. 방금 언급한 투박한 반론은 다음의 사실, 곧 연역 논증은 인간(혹은 아르마딜로)이라는 종에 속한다는 것의 의미가 무엇인지를 알려주는 아리스토텔레스의 견해에서 시작된다는 사실을 모르고 있다. 만일 어떤 것이 새끼 아르마딜로라면—아리스토텔레스에 의하면—그것이 다 자란 아르마딜로가 되기 위해서는 따라야 할 어떤 방향이 있다. 연역 논증은 도덕성을 인간이 성숙한 인간성에 도달하기 위해 따르며 살아야 할 방식으로 본다. 그렇지만 우리가 그 투박한 반론을 일축하고 실체에 관한 아리스토텔레스의 견해를 수용한다고 해도, 연역 논증을 반박할 수 있는 더 나은 방법이 있다.

아리스토텔레스의 『니코마코스 윤리학』의 제일 첫 문장이 이와 관련해서 중요한 핵심을 시사한다. 그것은 (아리스토텔레스의 다른 책들의 첫 문장도 흔히 그런 것처럼) 책 전체의 논점을 미리 한눈에 보여준다. "모든 기예와 탐구, 또 마찬가지로 모든 행위와 선택은 어떤 좋음(선)을 목표로 하는 것 같다. 그렇기 때문에 사람들은 좋음을 모든 것이 추구하는 것이라고 옳게 규정해왔다." 하지만 여기에 문제가 있다. 우리의 행위와 선택은 우리에게 좋아 보이는 것을 목표로 한다는 의미에서 분명한 좋음을 목표로 한다. 아마도 우리의 행동은 우리가 다른 상황에 처해 있을 때 실제로 좋을 수 있는 것을 목표로 한다. 그러나 모든 행동과 선택이 실제 상황에서 우리와 다른 사람들 모두에게 실제로 좋은 것을 지향하는 것은 아니다. 오히려 인간의 죄성에 대한 엄격한 의미에서 본다면, 인간이 본성적으로 지향하는 것은 외견상 좋아 보이지만 그러나 진짜 좋은 것은 아닌 것이라고 말할 수 있다.

인간은 (아르마딜로와는 달리) 선택을 할 수 있다. 죄성에 대한 엄격한 관점에서 생각한다면, 우리의 타고난 성향은 우리가 최고선을 향해 나아가도록 인도하는 것이 아니라, 실제로는—우리는 모르고 있지만—멸망을 향해 나아가도록 이끈다. 악을 향한 추진력이 있고 선을 향한 추진력이 있다. 앞의 제4장은 자기 자신을 우선순위에 두는 것과 그 자체로 선한 것을 우선순위로 두는 것의 근본적인 대립에 대해 설명했고, 우리는 선한 것보다는 자기 자신을 우선시하는 성향을 타고난다는 결론을 말했다. 이렇게 순위를 잘못 매기는 것은 그 습관을 깨뜨리기가 점점 어려워진다는 의미에서 추진력을 갖는다. 자아는 말하자면 점점 더 자기중심적으로 되어가고, 자기를 우선시하는 습관은 점점 더 고질적으로 고착화된다. 그 결과 외부의 가치들이 보내는 신호는 점점 더 알아듣기

어려워진다. 이렇게 볼 때, 우리는 우리의 타고난 성향 혹은 우리가 본
성적으로 발전시키는 성향들의 전제로부터 어떻게 살아야 하는지에 대
한 결론을 연역해낼 수 없다. 우리는 제5장에서 창조된 본성과 타락한
본성을 구분했다. 창조된 본성으로서 인간적 실체는 우리에게 필연적인
방향을 제시해주지는 않지만 적합한 방향을 제시해준다. 하지만 우리가
경험하는 인간적 실체는 그 자체로 분열되어 서로 대립하고 있다.

우리가 아리스토텔레스가 생각하는 인간의 지향점을 주의 깊게 살
펴본다면, 우리는 그것이 오히려 부정적인 모습을 보이고 있다는 사실
을 확인한다. 이것은 아리스토텔레스가 인간의 목적을 부정적으로 보
았다는 것을 의미하는 게 아니라, 우리는 그가 생각한 덕(우리가 목표로
하는 인간 선의 구성 요소)이 사실은 죄(따라서 인간을 멸망으로 이끄는 길)
였다는 것을 알 수 있다는 것을 의미한다. 아리스토텔레스는 『니코마코
스 윤리학』에서 이렇게 말한다. 다른 사람을 지배하는 권세를 가지고 그
것을 잘 사용하는 사람들(예를 들어 가정이나 도시를 다스리는 남자들)은
단지 자기가 직접 관련된 일에 대해서만 잘 숙고하고 행동하는 사람들
보다 더 완벽한 종류의 덕을 갖고 있다. 그는 『정치학』(Politics)에서도 비
슷하게 말한다. 오직 다른 사람들을 다스리는 자들만이 실천적 지혜의
완전한 덕을 필요로 한다. 이에 따라 다음의 사실, 곧 인간의 가장 중요
한 선은 결국 다른 인간들을 지배하는 힘과 그것을 행사할 수 있는 권
한을 요구한다는 사실이 드러난다. 이런 생각은 그리스 세계의 많은 작
품에서 발견된다. 예를 들어 플라톤의 대화편 『메논』(Meno)에서 메논은
두 번째 답변에서 이렇게 말한다. "사람들을 지배할 수 있는 것 외에 달
리 무엇이겠습니까? 당신께서 정말 모든 사람에게 적용되는 하나의 것

을 찾고 계시다면 말씀입니다." 이것이 아리스토텔레스가 노예와 여자들은 인간의 가장 중요한 선에 결코 도달할 수 없다고 생각했던 근본적인 이유다. 같은 것이 육체 노동자들에게도 해당한다. 그들은 자유로운 시민이지만 아리스토텔레스가 말하는 덕을 위한 자질을 전혀 갖추지 못했다. 여가, 부, 노예, 사회적 지위는 아리스토텔레스가 가장 중요한 선으로 간주하는 것, 즉 관조하는 삶을 위해서는 반드시 필요한 구성 요소들이다. 아리스토텔레스는 다른 사람들을 다스리는 힘이 가장 중요한 선의 전부 혹은 핵심이라고는 말하지 않지만, 그러나 그는 그 힘을 반드시 필요한 구성 요소라고 본다.

아리스토텔레스에 따르면 탁월함을 위해 권력 및 부와 밀접하게 결합되어 요구되는 또 다른 한 가지는 소위 명성이다. 물론 그는 단지 사람들이 좋게 생각한다는 것이 가장 중요한 선은 아니라고 말한다. 누군가는 자기보다 열등한 사람들에게 좋은 평가를 받을 수 있고, 그는 단지 사람들이 자신을 좋게 평가해주는 것만을 바라다가 그 사람들의 수준으로 떨어질 수 있기 때문이다. 하지만 아리스토텔레스는 명성이 최고선을 위해 꼭 필요하다고 생각한다. 도량이 넓은 사람은 자신이 최고의 존경을 받을 자격이 있다고 생각하고, 사실 그럴 자격이 있다. 아리스토텔레스에 의하면 귀족 가문에서 태어나고 권력과 부를 가진 사람들은 사악한 인물들이 아닌 이상 존경을 받을 자격이 있다. 그들은 다른 시민들보다 우월하고, 우월함이라는 덕은 언제나 더 높은 존경을 받기 때문이다.

이런 권력과 명성이라는 목표는 사람들에게 경쟁을 불러일으킨다. 다시 말해 내가 그것을 가지면, 다른 사람들은 그것을 가질 수 없거나 어쨌든 나보다 적게 가질 수밖에 없다. 그러나 이런 권력과 명성이라는 목표는 내가 제1장에서 설명한 도덕의 요구와 일치하지 않는다. 나는 인간이 권력과 명성을 본성적으로 추구한다는 아리스토텔레스의 주장을 비판하려는 것은 아니다. 하지만 나는 우리가 그것들을 추구하려는 성향을 가졌기에 그것들은 우리가 가져야 할 선한 것이라는 그의 주장은 분명히 비판받아야 한다고 생각한다. 아리스토텔레스는 우리의 본성적 성향에 대해서는 바르게 말했다고 할 수 있다. 본성적 성향이 구체적으로 표현되는 형태는 문화에 따라 다르지만(예를 들어 아리스토텔레스는 도량이 넓은 사람은 행동이 느긋하고 굵은 목소리와 차분한 말투를 보인다고 말한다), 근본적인 성향은 확실한 보편성을 띠거나, 적어도 남자들은 보편적 성향을 갖고 있다. 우리가 제2장에서 논의했던 래리 안하트의 견해가 이런 주장에 제한을 가한다. 우리가 추구하는 권력과 명성 같은 것을 얻는 것이 자동적으로 우리와 다른 사람들에게 좋은 일이 되지는 않으며, 그것들을 향한 찬탄이 문화적 대세를 이루는 것도 반드시 옳은 일이라고는 할 수 없다.

나는 가공품 중 예를 들어 자동차와 인간을 비교해보고 싶다. 당신은 자동차의 와이퍼를 보고 그것이 무엇을 **위한** 것인지 알 수 있다고 생각할 것이다. 좋은 와이퍼란 자기 기능을 잘 수행하는 와이퍼다. 와이퍼가 유리창에 얼룩을 남기면, 우리는 그것이 제대로 작동하지 않는다고 생각한다. 지금 우리는 "존재"(is)로부터 "당위"(ought)를 도출하고 있다. 이와 비슷하게 우리는 단지 인간이 무엇을 목표로 하고 있는지를 보고 그 인간이 무엇을 위한 존재인지 알 수 있을까? 와이퍼와 동일한 방식으로 여기서도 "존재"로부터 "당위"를 도출할 수 있을까? 하지만 비유를 더욱 적절하게 만들기 위해, 와이퍼가 단지 얼룩만 남기는 것이 아니라 일정 시간마다 작동해서 유리창을 세차게 내리친다고 가정해보자. 아니면 자동차 엔진이 커다란 기계 팔을 만들어서 그것이 자동차 안으로 뚫고 들어와 타고 있는 사람들을 압사시킨다고 가정해보자. 만일 자동차가 이런 식으로 작동한다면, 우리는 그것이 잘 작동하는 것을 보고 선을 추구하고 있다고 말할 수 있을까? 물론 인간이 만든 가공품은 이렇게 작동하지 않는다. 왜냐하면 우리는 그것들이 그렇게 작동하도록 고안하지 않았고, 우리는 우리의 지시에 불복종할 수 있는 자유를 그것들에 주지 않았기(줄 수 없기에) 때문이다. 그러나 우리 인간을 고안한 존재는 가공품(우리)에게 자유를 주었고, 우리는 이 자유를 우리를 고안한 존재의 의도를 저버리는 데 사용했다. 우리의 "존재"는 아직 우리의 "당위"를 향하지 않고 있다. 이에 따라 메워야 할 간극이 존재한다. 우리의 본성은 선을 행하는 것만이 아니라 악을 행하는 데도 "적합하다." 우리는 이 두 가지 최종 목적 중 한 가지를 선택해야 한다. 따라서 우리는 우리가 현재 향하는 방향에 관한 설명에서 그 방향이 선하다는 결론을 (유감스럽게도!) 도출할 수 없다.

임의적이지 않은 하나님의 재량권

우리가 인간의 본성에서 도덕법을 연역해낼 수 없다는 사실은 왜 중요한가? 부분적인 이유는 지금 우리가 도덕적 권위의 근거를 찾고 있기 때문이다. 앞서 살펴본 연역 논증이 옳다면, 우리는 그 근거를 찾은 셈이다. 그러나 그 사실이 중요한 다른 이유는 그것이 우리와 하나님과의 관계를 바라보는 관점에 영향을 미치기 때문이다. 만일 그 연역 논증이 제대로 작동한다면, 그것은 다음과 같은 논증이 될 것이다. 곧 하나님이 사람들을 지금 가진 본성을 가진 존재로 창조하셨다면, 하나님도 논리적으로 사람들이 도덕법을 따르도록 그들에게 명령하지 않을 수 없다. 이런 논증이 연역 논증이다. 그것은 모든 것에 적용되고, 심지어 하나님에게도 적용된다. 제1장은 도덕이 두 가지 구성 요소를 갖는다고 주장했다. 일군의 규범들(이것들에 반응하는 가치들도 포함해서)과 구성적 지침이 그것이다. 이 구성 요소들의 배경이 되는 것은 시내산에서 주어진 십계명, 산상수훈, 그리고 네 이웃을 네 몸처럼 사랑하라는 가장 큰 계명으로 주어진 규범들이다. 나는 이 책에서 이렇게 이해된 도덕은 모든 인간이 어떻게 살아야 하는지를 규정하고 있다고 가정한다. 그 규범들은 단지 도덕적으로 뛰어난 일부 사람 혹은 단지 기독교인들만을 위해 주어진 것이 아니다. 연역 논증은 이러한 도덕 전체가 인간 본성으로부터 연역될 수 있다고 주장한다. 이 주장이 맞다면, 심지어 하나님도 우리에게 도덕에 반하는 그 어떤 행동을 정당하게 명령하실 수 없다. 이런 결론을 피할 수 있는 유일한 방법은 하나님은 논리 법칙을 위반하실 수 있다고 말하는 것이다. 어떤 철학자들은 실제로 그렇게 주장했다. 하지만 그것은 극단적인 주장이며, 직관에 위배되는 온갖 종류의 결론들, 곧 하나님은 하나님이신 동시에 하나님이 아닐 수 있다는 주장으로 이어진다.

그러므로 하나님은 우리에게 일련의 특정한 명령을 주실 필요가 없고, 하나님의 주권은 그런 방식으로 제한되지 않는다고 생각하는 것이 더 낫다. 그 대신에 우리는 도덕법이란 하나님이 선택하신 경로, 곧 하나님과의 연합이라는 우리의 최종 목적을 향해 나아가는 경로라고 생각할 수 있다. 우리는 우리를 창조하신 것만이 아니라, (반드시 주셔야 할 필연성이 없었음에도) 이렇게 탁월한 경로를 주신 것에 대해서도 하나님께 감사할 수 있다. 한 가지 예를 들자면 십계명의 제8계명은 도둑질을 금지하는데, 이것은 사유 재산 제도를 전제한다. 당신은 다른 사람이 소유한 것만을 훔칠 수 있다. 하지만 하나님이 사유 재산 제도를 반드시 제정하셔야만 했다고 말하는 것은 주제넘은 행동이다. 그 제도가 없는 사회들도 존재했고, 사회에 속한 사람들이 사유 재산이 없다고 해서 인간됨의 속성을 잃어버린 것도 아니었다. 그러므로 계명들은 하나님을 구속하는 필연성으로 보는 것보다 하나님이 우리를 위해 선택하신 경로로 생각하는 것이 훨씬 낫다.

로사는 딸 루시를 위해 보물찾기 놀이를 마련했다. 온 집과 정원이 놀이를 위한 장소로 변모되고, 숨겨진 각각의 단서는 다음 단서로 연결되는 일련의 순서가 미리 짜였다. 루시가 단서를 찾지 못해 어려움에 빠지면, 그녀는 언제든지 엄마에게 도움을 청할 수 있다. 그러나 로사는 루시가 스스로 각 단서의 의미를 찾아낼 수 있도록 놀이를 구성했다. 누구든지 그 집과 정원의 구조를 아는 사람이라면 쉽게 이해할 수 있도록 단서들이 준비되었다. 마지막 단서는 보물이 숨겨져 있는 곳을 가리킨다. 로사와 루시는 서로 사랑하기에, 놀이의 목적은 꼭 보물을 찾는 것만은 아니다(비록 보물을 찾도록 되어 있지만). 보물찾기 놀이에는 더 높은 목적이 있고, 그것은 두 사람이 서로를 통해 즐거워하는 것이다. 로사는 루시가 단서들을 찾아낼 때마다 그것을 보며 즐거워하고, 루시는 그저 단서를 찾아다니기만 하는 것이 아니라 엄마가 놀이의 모든 과정

을 통해 즐거워하는 것을 보며 함께 즐거워한다. 놀이가 끝난 후에 놀이
를 통해 얻은 가장 좋은 것은 서로 즐거워한 것이다. 루시가 보물을 찾
지 못하면, 두 사람 모두 실망할 것이다. 그러나 그것은 놀이의 기교적
측면일 뿐이고, 그 놀이의 진정한 가치는 아니다. 예전에 루시의 사촌인
채드가 놀러와서 함께 보물찾기 놀이를 한 적이 있다. 그런데 채드는 엄
마와 딸이 서로를 향해 느끼는 사랑을 함께 느끼지 못한다. 그에게는 그
저 보물을 찾는 것이 가장 중요한 일이고, 그는 기대했던 것만큼 보물을
찾아내지 못하자 공연히 애썼다는 듯 실망했다.

하나님이 우리를 위해 준비하신 선은 로사가 자기 딸 루시를 위해
준비한 계획과 유사하다. 로사가 구성한 놀이의 최종 목적인 딸과의 사
랑의 연합은 필연적이지만, 그녀가 놀이를 어떻게 구성해야 하는지에
대한 필연성은 존재하지 않는다. 단서들이 배치되고 보물을 향한 경로
가 한번 정해지면, 이제 그것을 찾아내는 것은 우리의 과제다. 보물찾기
의 내적 목표인 보물은 "행복"과 같은 것이라고 말할 수 있다. 우리가 진
실을 말하고 부모를 공경하며 원수를 사랑하면서 도달할 수 있는 행복
한 삶이 있다. 우리가 이렇게 살아갈 때 우리는 성장하고, 세상이 도덕
적 의미를 우리에게 부여한다는 사실을 알게 된다. 우리가 이런 방식으
로 살아가려는 의지를 가질 때, 우리는 우리의 의지를 위한 하나님의 뜻
을 우리의 의지에서 재현한다. 다시 말해 우리는 우리의 삶과 우주 전체
를 함께 유지하는 외부 중심이 우리에게 부과한 객관적인 도덕적 요구
들을 우리의 내부 중심에서 승인한다. 그렇지만 우리는 다음과 같이 우
리 자신을 속이면 안 된다. 곧 우리는 우리의 의지를 위한 하나님의 뜻
을 필연적인 것으로 만드는 것, 즉 하나님이 인간의 본성을 가진 존재를

창조하실 때 이런 본성을 가진 인간을 창조하셔야만 했다는 사실을 발견했다고 우리 자신을 속이면 안 된다. 마지막으로, 놀러와서 함께 보물찾기를 했던 사촌처럼 놀이의 내적 목표인 보물에 지나친 집착을 갖는 경우도 있다. 둔스 스코투스가 루시퍼의 타락에 대해 말한 것처럼, 선이 독점적으로 또는 우선적으로 자신에게 속하기를 원하는 것은 가능하다.

도덕법은 하나님의 선택이라고 묘사하는 이런 설명을 선호하는 다른 이유가 있다. 우리는 하나님이 때로는 사람들에게 십계명을 위반하도록 명령하시는 내용을 성서에서 본다. 예를 들어 하나님은 아브라함에게 아들 이삭을 죽이라고 명령하신다. 이것은 쉽게 이해되지 않는다. 신약성서의 한 가지 설명(히 11:19)에 의하면 아브라함은 이삭이 다시 살아날 것과, 산을 오를 때 종에게 말했던 것처럼(창 22:5) 자기와 이삭이 함께 산을 내려와 돌아오게 될 것을 믿었다. 하지만 우리가 연역 논증을 받아들인다면, 하나님은 아브라함에게 그런 일을 명령하실 수 없다. 왜냐하면 그것은 제6계명에 위배되고, 따라서 필연적으로 잘못된 일이기 때문이다. 다른 예로서 히브리 산파들이 한 일(제9계명의 위반)을 칭찬한 것, 이집트에 재앙이 내려진 후 이스라엘 백성들에게 이집트인들로부터 금을 취하라고 명령한 것(제8계명 위반), 그리고 호세아에게 창녀 고멜과 결혼하라고 명령한 것(제7계명 위반) 등을 들 수 있다. 나아가 구약성서에서 하나님은 원수를 어떻게 대해야 하는지에 대한 신약성서의 명령에 분명히 위배되는 명령(예를 들어 가나안 족속을 진멸하라는 명령)을 내리신다. 만일 인간 본성은 고정된 것이고, 도덕법이 그 본성에서 논리적으로 귀결된다면, 어떻게 하나님은 그런 일들을 명령하실 수 있을까?

도덕법이 하나님의 선택이라고 말하는 것은 우리도 그것을 선택할 수 있다는 의미가 아니다. 하나님이 한번 도덕법을 경로(route)로 규정하신 후 다르게 말씀하시지 않는 이상 우리는 그것을 준수할 의무가 있다. 하지만 핵심은 하나님이 도덕법에 대해 다르게 말씀하실 수도 있다는 것이다. 기독교 전통에 따르면 이것은 히브리 제의 및 음식 규정과 관련해서 일어난 일이다. 우리는 더 이상 제사와 정결 음식에 관한 옛 율법들을 지키지 않아도 된다. 같은 일이 도덕법에 대해서도 일어날 수 있다. 제8계명과 관련해서 천국에는 사유 재산이 없다고 생각할 수 있다. 그렇다면 이 계명은 더 이상 적용될 수 없다. 그것은 더 이상 하나님이 규정하신 경로가 되지 못한다. 그러나 하나님이 도덕법에 대해 처음과 다르게 말씀하시는 일을 일어나게끔 하시기 위해서 우리가 인간이 되는 것을 멈출 필요는 없다. 오순절 이후에 초기 교회는 사유 재산 제도를 버리고 "모든 물건을 서로 통용"(행 2:44)했다. 일부 아메리칸 인디안 부족들은 사유 재산 제도를 가지고 있지 않았다. 타락 이전에도 사유 재산이라는 것이 없었겠지만, 이것이 에덴동산에서의 아담과 하와가 인간이 아니었다는 것을 의미하지 않는다. 다시 말해 하나님은 인간적 삶의 서로 다른 단계에 따라 각각 다른 명령을 주시거나 다른 경로를 규정하실 수 있다. 그러나 인간 본성에서 도덕법을 이끌어내는 연역 논증에 따르면, 하나님은 그런 일을 하실 수가 없다.

도덕의 적합성

도덕법은 인간 본성에서 연역되지는 않지만, 그럼에도 인간 본성과 너무나 잘 어울린다. 우리는 그것을 지킬 때 번성하고, 지키지 않을 때 쇠퇴한다. 거짓 증언을 금지하는 제9계명을 예로 들어보자. 우리는 사회적 존재이고 육체를 가진 동물이기에 언어나 그림 같은 것으로 의사소통한다. 그리고 우리의 의사소통이 제대로 이루어지려면, 우리는 우리가 진실이라고 믿는 것을 서로에게 말하고 있다고 가정해야 한다. 어떤 정신 나간 교수가 강의한다고 생각해보자. 그는 어떤 때는 자기가 진실이라고 믿는 것을 말하고 어떤 때는 거짓이라고 믿는 것을 말하는데, 진실을 말할 때가 절반이고 거짓을 말할 때가 절반이다. 당신은 그의 무슨 말을 필기해야 할지 알 수 없기에 그로부터 도무지 아무것도 배울 수 없을 것이다. 그가 말하는 모든 문장은 받아들여야 하는 것일 수도 있고 거부해야 하는 것일 수도 있는데, 확률은 반반이다.

거짓말은 진실을 말하는 기본 구조에 기생하는데 이것은 두 가지 의미에서 그렇다고 말할 수 있다. 첫째, 거짓말은 기생충이 숙주 없이는 살 수 없는 것처럼 진실을 말하는 기본 구조 없이는 존재할 수 없다. 둘째, 촌충이 피해 숙주를 죽이는 것처럼 거짓말은 진실을 말하는 기본 구조를 파괴한다. 거짓말이 많아질수록, 의사소통은 점점 더 어려워진다. 사람들이 서로를 믿지 못하게 되고 진실보다는 거짓이라고 믿는 것을 서로에게 말한다고 생각할 때, 의사소통은 결국 중단될 것이다. 따라서 제9계명은 사회적 존재로서의 우리의 본성에 대단히 적합하고, 거짓말은 그 본성을 손상시킨다.

이 핵심은 하나님이 우리에게 주신 다른 계명들, 예를 들어 십계명의 두 번째 돌 판에 쓰인 계명들과 산상수훈으로 주어진 계명들로 일반화될 수 있다. 우리가 이것을 이해하는 한 가지 방법은 아리스토텔레스가 괴물에 대해 말한 진리를 생각해보는 것이다. 괴물은 어떤 종이 지닌 정상적 형태에서 벗어난 것을 뜻한다. 예를 들어 두 개의 머리를 가진 돼지처럼 말이다. 아리스토텔레스는 이렇게 말한다. 우리가 어떤 것을 괴물이라고 말할 때, 우리는 그 괴물과 관련된 종이란 어떤 것이어야 하는지의 개념을 갖고 생각한다. 우리가 도덕적 실패를 인식하는 것도 이와 유사하다. 우리가 어떤 것을 당연히 그런 것이어야 한다고 생각하는 것에서 이탈한 것으로 인식하면서, 우리는 우리가 어떤 원래의 설계와 같은 개념을 갖고 있음을 보여준다. 아름답게 차려진 식사를 단지 배를 채우기 위한 것으로만 생각하는 사람은 잘 연마된 끌을 그저 나사못을 빼기 위해 거칠게 사용하는 사람과 같다. 두 가지 경우 모두에서 뭔가 뛰어난 것이 헛되게 사용되거나 남용되고 있다. 의사소통도 이와 마찬가지로 생각될 수 있다. 우리는 의사소통의 능력을 갖고 있고, 그래서 우리의 생각과 의도를 서로 공유할 수 있다. 나아가 소통에 탁월한 사람은 자신의 내면적인 삶을 놀라울 정도까지 다른 사람들과 나눌 수 있고, 사회를 공동의 목적을 가진 풍요롭고 섬세한 공동체로 만들어갈 수 있다. 그러나 우리가 이러한 능력을 단지 상대방을 속이기 위한 목적으로 사용한다면, 우리는 그 능력을 헛되이 쓰는 것이다. 우리가 성행위를 단지 육체적 쾌락을 위해 사용하거나 혹은 부모를 단지 경제적 물주나 공짜로 잠자리를 제공해주는 사람으로 이용하는 것도 마찬가지다. 우리가 악에 대한 혐오를 우리에게 해를 끼친 악인을 미워하는 구실로 삼는 것도 그렇다. 일반적으로 우리는 다음과 같은 것을 알 수 있다. 곧 하나님의 계명대로 살지 않는 것은 우리가 살 수 있는 가장 좋은 삶과 우리의 자아를 실현하는 데 가장 적합한 그런 종류의 삶의 기회를 없앤다.

보물찾기 놀이의 비유에서 보물은 진실을 말하고 부모를 공경하며 원수를 사랑하는 삶과 같은 것이었다. 이것이 유일한 보물이라는 사실은 중요한 의미를 갖는다. 도덕법의 다양한 부분은 전부 하나로 통합된 전체에 속한다. 하나님이 이런 방식을 선택하셨다는 내 생각이 옳다면, 여기서 우리는 감사해야 할 또 하나의 이유가 생긴다. 하나님은 이런 식으로 통합되지 않은 경로를 정하실 수 있었다. 이 점을 다른 하나의 비유로 설명하겠다. 도덕적인 삶은 오케스트라를 위해 작곡된 교향곡과 같고, 우리의 능력은 악기들과 같다고 생각해보자. 연주되는 곡은 그것을 연주하는 악기들의 본성으로부터 연역될 수 없다. 바이올린, 오보에, 트롬본이 어떤 악기인지를 안다고 해서 그것들이 연주하는 곡이 어떤 것인지를 알 수 있는 것은 아니다. 그러나 바로 그 곡은 악기들을 굉장히 돋보이게 한다. 그리고 각각의 악기들이 곡의 연주에 기여하는 소리는 그 악기에 완벽하게 적합한 소리일 것이며, 그것의 효과는 다른 모든 악기가 얼마나 완벽하게 협화음을 내느냐에 달려 있을 것이다. 이 곡은 서로 다른 악기에 고유한 탁월한 소리들에 맞게 잘 구성되어 있기에, 그렇지 않은 곡보다 연주를 망칠 가능성이 더 높다. 예를 들어 느린 악장에서 바이올린 솔로가 유명한 주제를 연주하고 있을 때, 트롬본 연주자가 악보를 잘못 읽고 갑자기 끼어들었다고 생각해보자. 이와 대조적으로 바흐의 "푸가의 기법"(Art of the Fugue)은 어떤 특정 악기를 위해 작곡된 것이 아니라서 수백 가지 다른 악기가 조합을 이루며 훌륭하게 연주될 수 있다. 그것은 훌륭한 작품이기는 해도, 각 악기의 음색이 전체 화음을 성공적으로 만들어내기 위해 정밀하게 조정되는 특정한 종류의 통합성을 갖고 있지는 않다. 하지만 도덕적으로 선한 삶은 바흐의 푸가보다는 교향곡에 더 가깝다.

거짓말을 잘하는 어떤 사람이 있다고 가정해보자. 이것은 부모를 공경하고 아내에게 충실하려는 그의 노력에 어떤 영향을 주게 될까? 신뢰를 얻기 위해서는 진실이 필수적이다. 혹은 우리가 얼마나 자주 우리 자신의 소유가 아닌 것을 탐내는 유혹에 사로잡히는지 생각해보자. 우리가 이런 유혹을 이기려면, 우리는 규칙적으로 우리 자신을 점검하고 우리 안에 있는 진짜 욕구를 식별해서 스스로를 속이지 않도록 해야 한다. 우리가 이렇게 하려면 우리는 자기 자신에게 항상 진실해지는 습관을 가져야 한다. 혹은 원수를 용서하는 과정에서도 진실이 얼마나 중요하고 또 힘든지 생각해보자. 용서하는 것은 가해자가 치러야 할 고통스런 감정에도 불구하고 저질러진 모든 악의적인 행위를 인정해야 한다. 그렇지 않으면 죄의 용서는 그것을 단지 눈감아주는 것이 된다. 따라서 도덕법의 모든 부분이 상호의존적이라는 사실은 우리에게 붕괴의 더 높은 위험성과 동시에 더 큰 보상의 가능성을 준다. 그런 종류의 온전함이 그것을 가능하게 하기 때문이다. 인간의 도덕적 삶이 바르게 영위된다면, 그것은 유기적 통일성, 곧 우리가 아리스토텔레스의 설명에서 본 아르마딜로의 삶이 갖는 그런 종류의 통일성을 갖지만, 그것의 통일성은 그보다 훨씬 더 풍부한 통일성이다. 인간의 도덕적 삶이 아르마딜로의 삶보다 더 복잡하기 때문이다. 모든 부분은 전체를 이루도록 구성되고, 어떤 한 부분이라도 제거되면 전체를 이루는 것은 불가능해진다.

교향곡의 비유는 도덕적 삶이 모든 개인에게 그와 같다는 사실을 보여준다. 제1장에서도 개인의 중요성을 주장했다. 하나님이 인간 전체를 도덕적 탁월함으로 부르실 뿐 아니라 각 개인을 각자에게 고유한 탁월함으로 부르신다는 것이다. 많은 관현악단이 베토벤의 5번 교향곡을 연주할 수 있고, 그 소리는 관현악단마다 매우 다르다. 어떤 관현악단(예를 들어 필라델피아 교향악단)은 화려한 현악기의 소리가 두드러질 것이고, 다른 관현악단(예를 들어 시카고 교향악단)은 금관악기로 유명하다. 서로 다른 지휘자들(예를 들어 레너드 번스타인이나 빌헬름 푸르트뱅글러)은 같은 작품을 조금 다른 속도로 연주할 것이고, 강조하는 주제도 다를 것이다. 부르심과 능력의 조화로운 일치는 종들의 차이만이 아니라 각 개인들의 차이에도 해당한다. 하나님은 각 개인의 고유한 능력에 너무나도 잘 부합되는 탁월함으로 우리를 부르실 것이다.

　물론 각각의 문화에 따른 특성이 있다. 인류 전체가 이런 다양성을 갖는 것은 우리 모두에게 좋은 일이다. 예를 들어 아프리카 남부 잠비아 혹은 개인적 유동성이 미국보다는 낮은 사회에서는 그들 나름의 부모를 공경하는 방식이 있다. 자녀들은 부모님이 돌아가실 때까지 함께 산다. 의심할 바 없이 거주지를 쉽게 옮길 수 있는 거주와 이전의 자유는 우리의 도덕적 삶에 분명한 유익을 주지만, 동시에 도덕적 삶에 손해도 끼친다. 즉 우리는 사람들과의 인간관계를 의복이나 가구처럼 쉽게 바꿀 수 있는 소모품으로 생각한다. 유익을 가져다주는 거주와 이전의 자유가 그 대가로 치러야 하는 이러한 도덕적 손실을 모호하게 만든다. 많은 다양성을 가진 더 큰 인류를 생각하고 자신에게 익숙한 도덕적 삶의 방식이 유일하게 옳은 것이라고 생각하지 않는 것이 인류 모두에게 좋은 일이다. 어쩌면 우리는 우리가 그동안 잃어버렸던 것들을 찾아 나서야 한다는 도전, 곧 생활 방식을 단순화하고 다른 사람들과의 유대 관계를 쉽게 내팽개치지 않아야 한다는 도전을 받고 있을지 모른다. 그렇다고 해도 우리는 다른 많은 문화에서 인간의 삶을 잘 살아가는 사람들이 보여준 것처럼 도덕법을 따르는 다른 좋은 방식들도 있다는 사실을 인정해야 한다.

하나님이 우리에게 주신 계명들은 우리의 본성에 적합하지만, 그 계명들은 우리의 본성에서 연역되지 않는다. 비록 우리가 이런 특별한 하나님의 계명들에 순종하는 삶의 방식이 아닌 다른 방식으로 좋은 삶을 사는 것을 상상하기란 어렵지만, 이것은 하나님이 우리에게 제약을 가하신 필요조건이 아니라 인간의 상상력에 있는 결함이다. 우리는 하나님의 계명이라는 바로 이 특별한 교향곡을 연주하려고 일생 동안 노력하고 있고, 그것이 인류라는 관현악단이 연주할 수 있는 유일한 음악이라고 생각한다. 그러나 우리는 실제로 사유 재산이 없는 인류의 삶을 상상해볼 수 있다. 모든 사람이 사용하고 공유할 수 있는 충분한 자원이 있기 때문에 사유 재산 없이도 모두가 번성할 수 있는 그런 삶 말이다. 또한 우리는 결혼 제도가 없는 인류의 삶, 곧 천국의 삶을 상상해볼 수 있다. 나아가 우리는 의사 전달을 위한 외부 수단을 따로 만들 필요가 없는 삶도 상상해볼 수 있다. 우리의 생각이 서로에게 그 즉시 알려지기 때문이다. 거기서 우리는 진실을 말해야 한다는 계명을 적용할 필요가 없다. 우리는 다른 사람의 생각을 곧바로 알 수 있기 때문이다. 사랑해야만 할 원수들이 존재하지 않는 어떤 인간적 삶도 충분히 생각해볼 수 있다. 내가 말하려는 핵심은 이렇다. 우리는 지금 우리가 처해 있는 상황과 아주 다른 상황에서 이웃을 사랑한다는 것이 무엇인지를 상상해볼 수 있고, 그래서 하나님이 지금 우리에게 주신 특별한 계명들의 요구는 엄격히 말해 완전히 탁월한 인간적 삶을 사는 것에 불가피한 조건이 아닐 수도 있다. 우리가 현재 우리의 상황을 충분히 고려할 때도, 우리는 하나님이 우리에게 행하라고 요구하시는 것이 무엇인지를 말하려면 매우 조심해야 한다. 어쩌면 하나님이 지금의 상황에서 우리에게 행하라고 내리실 수 있는 명령에는 제한이 있을 수 있지만, 우리는 제한이 무엇인지 알고 있다고 말하는 것에 대해 주저해야 한다.

예수가 우리에게 주신 가장 큰 두 계명 중 첫 번째 계명, 곧 마음과 목숨과 뜻을 다해 하나님을 사랑하라는 계명을 말하는 것에 대해서는 그렇게 조심할 필요가 없다. 보물찾기 놀이의 비유에서 로사와 딸이 서로를 통해 즐거워하는 것은 놀이가 가진 더 높은 목적이었다. 내부 목적(보물)과 더 높은 목적이 분리될 수도 있다. 로사의 집에 놀러왔던 사촌 채드의 경우가 그랬다. 그는 (도무지 단서를 찾을 수 없을 때 로사에게 도움을 요청했다면) 아마도 보물은 찾을 수 있었을 것이다. 그러나 그는 로사와 딸의 사랑의 관계 속으로 들어갈 수는 없었다. 이렇게 내부 목적과 더 높은 목적이 분리될 수 있다고 해도, 그것이 두 가지 목적의 관계를 우연적인 것 혹은 자의적인 것으로 만들지는 않는다. 하나님은 우리의 궁극적 목적을 향한 경로로서 우리를 위해 그 두 목적을 선택하셨다. 우리의 궁극적인 목적은 (스코투스가 말한 것처럼) 우리가 하나님과 서로 사랑하는 파트너 관계가 되어 삼위일체 사이의 사랑의 교제 속으로 들어가는 것이다.

라파엘로의 프레스코 "아테네 학당"으로 돌아가보자. 우리는 라파엘이 플라톤과 아리스토텔레스를 함께 그림의 중심에 위치시킨 것은 옳았다고 말할 수 있다. 우리에게는 형상(혹은 본성)이 세상 안에 존재한다

는 아리스토텔레스의 강조점도 필요하지만, 형상은 이 세상을 초월했다
는 플라톤의 강조점도 필요하다. 다만 우리는 형상의 초월성이 아니라
하나님의 초월성을 옳다고 강조한다. 왜냐하면 아리스토텔레스가 형
상이라고 보았던 우리의 타고난 본성은 도덕적으로 선한 삶을 살기 위
해 우리에게 필요한 능력과 성향이 어떤 것인지를 아직 말해주지 않기
때문이다. 실체가 어떻게 살아야 하는지에 대해 적절한 방향을 제시해
준다는 것은 맞지만, 그것은 창조된 본래적 실체이지, 우리가 인간 사회
속에서 살아갈 때 우리 자신의 본성에서 만나는 실체가 아니다. 하나님
의 계시가 없다면, 우리는 우리의 창조된 본성이 유지되어온 방식과 그
렇지 못했던 방식을 그려주는 지도(교향곡의 악보와도 같은 지도)에 접근
할 수 없을 것이다.

　우리가 그리스도의 삶을 본보기로 갖고 있지 않았다고 생각해보자.
우리는 단순히 인간의 본성을 분석하면서 원수를 사랑하고 일흔 번씩
일곱 번이라도 그를 용서하며 서로에게 종이 되어야 한다는 사실을 알
수 있을까? 오히려 나는 그와 반대라고 생각한다. 즉 권력과 명성을 추
구하는 (인간의) 본래적 성향을 살펴볼 때, 우리는 아리스토텔레스와 비
슷한 결론에 도달할 것이다. 아리스토텔레스는 약 2,500년 전에 살았고,
그가 알던 사회는 많은 면에서 우리가 살아가는 사회와 달랐다. 그렇지
만 우리가 본성적으로 추구하는 삶의 특성에 대한 그의 설명은 그리스
도가 우리에게 보이신 삶의 방식보다 많은 점에서 여전히 사람들의 "상
식"에 더 잘 부합한다. 그리스도가 보이신 삶의 본보기는 우리가 매력적
이라고 생각하는 어떤 가치들을 근본적으로 뒤집어놓기 때문이다.

　충족은 일종의 자아실현이다. 그러나 우리가 마주치는 우리의 본

성은 앞의 제5장에서 칸트에 따라 "선을 향한 원초적 성향"과 "악을 향한 기질"로 구분된다. 따라서 우리를 충족하거나 자아실현으로 이끄는 활동들도 역시 구분되어 있다. 부와 높은 지위를 가진 삶은 실제로 여러 가지 면에서 인간을 충족한다. 그러나 우리가 제1장에서 제안했던 선별작업에 따라 도덕적으로 선한 삶을 살고자 한다면, 우리는 그런 종류의 충족을 동경하지 말아야 한다. 마틴 루터 킹 주니어는 이렇게 말했다. 우리는 세상의 기준으로 보았을 때 "순응하지 못하는" 사람이 되려고 노력해야 한다. 우리는 섬김을 받기보다는 섬겨야 한다. 우리는 손해를 축복으로 갚아야 한다. 아리스토텔레스처럼 인간의 본래적 성향을 합리적으로 보는 사람들에게 이 모든 말은 의미가 없을 것이다. 아리스토텔레스가 마지막 남은 두 렙돈을 성전에 바친 과부를 보았다면, 그녀를 가리켜 관대한 마음을 가진 여인이 아니라 어리석은 여인이라고 말했을 것이다. 그녀는 분명 두 렙돈을 바칠 수 있는 처지가 아니었다. 신약성서에 나오는 겸손이라는 그리스어 단어는 아리스토텔레스에게서는 덕을 갈망할 수조차 없는 비참함을 뜻하는 말로 쓰였을 뿐이다.

이 모든 것으로 미루어볼 때 우리는 순응이나 충족이 좋은 것도 될 수도 있고 나쁜 것도 될 수도 있다는 것을 알 수 있다. 그것은 우리가 무엇에 순응하느냐 혹은 우리 안의 어떤 면이 충족되느냐에 따라 결정된다. 우리는 타고난 인간 본성이 어떤 충족을 추구해야 하고 다른 것은 거부해야 한다고 말해주는 것 이상의 어떤 지시를 필요로 한다. 우리는 우리의 본성을 초월해서 그 역할을 수행해줄 것을 필요로 한다. 기독교 전통에 의하면 그것은 우리를 궁극적 목적으로 이끌기 위해 하나님이 선택하신 경로이며, 그리스도의 삶을 통해 그 경로를 보여주신 하나님의 계시다. 우리가 이런 설명에서 생각한다면, 궁극적 목적에 도달하는 것이 우리를 진정으로 충족시킬 것이다. 우리가 그 목적지에 이르렀을 때, 우리는 인간으로서 우리의 공통 본성과 우리의 개별 본질에서 가장 완전하게 우리 자신을 느낄 것이다. 그러나 내가 하나님의 계시에 호소하지 않고서 "무엇이 나를 가장 완전하게 나 자신이 되었다고 느끼게 만들까?"라고 **지금** 묻는다면, 나는 두 가지로 구분된 대답을 얻을 것이다. 우리가 이런 설명에서 생각할 때, 도덕적 경로에 권위를 부여하는 것은 우리를 단순히 충족시키는 충족이 아니라 어떤 종류의 충족이 우리에게 가장 좋은 것인지를 알려주는 하나님의 선택과 계시다.

제8장

이성

우리는 제5장에서 도덕적 권위의 근거에 대한 다섯 가지 제안을 설명
했다. 이번 장은 거기서 세 번째로 제시되었던 "이성"에 대해 살펴본다.
여기서 우리의 주제는 인간의 이성은 정보에 접근하는 데 한계가 있고
객관적 공정성과 관련해서 능력의 한계를 보인다는 사실이다. 이것은
우리가 어떻게 살아야 하는지의 문제와 관련해서 우리가 인간의 이성에
의지할 수 없다는 것을 의미한다. 앞선 제6장과 제7장의 결론을 이성의
측면에서 다음과 같이 표현할 수 있다. 우리는 우리의 선한 삶을 만드는
가치들에 대해 우리의 이성을 가지고 단순히 "알 수 있는 것"이 아니며,
따라서 왜 우리가 선하게 살려고 노력해야 하는지도 "알 수" 없다. 이것
이 제6장의 주장이었다. 제7장은 이성이 우리의 본성을 인식해서 그것
으로부터 우리에게 구속력을 갖는 도덕을 연역하지 못한다고 주장했다.
이제 이번 장에서는 이성에 관한 그런 주장을 더 직접적으로 살펴볼 것
이다. 결론은 앞선 두 장과 같다. 곧 우리는 우리의 이성 **안에** 있는 올바

른 가치를 인식하기 위해서 우리의 이성 **위에** 있는 것을 필요로 한다.

제5장은 우리의 삶이 우리 주변 사람들과 공유하는 핵심 가치들과 잘 어울린다면, 우리는 우리의 삶이 의미가 있다고 느낀다고 말하면서 이성과 의미를 결합했다. 우리의 이성은 우리로 하여금 그런 의미를 열망하게 만든다. 하지만 이번 장은 이성이 그 자체로서는 이 열망에 대한 충분한 근거를 우리에게 제공하지 못하고 오히려 믿음이 그런 열망을 줄 수 있다고 주장할 것이다.

이번 장은 그 주장을 위해 우리가 무엇을 하고 또 어떻게 살아야 하는지를 숙고하도록 하는 이상화된 입장을 나타내는 이성을 보여준다. 제1장은 그 입장을 "전체의 행복에 대해 판단할 수 있고 그것을 깊이 고려할 수 있는 입장"이라고 표현했다. 하지만 인간의 이성은 도덕적 권위의 근거가 될 수 없을 것이다. 이성은 그러한 이상적인 입장을 나타낼 수 있을 뿐 그 입장을 차지할 수는 없기 때문이다. 이성은 결함이 있으며, 따라서 우리는 우리 자신의 입장보다 더 나은 반성적 입장을 생각해볼 필요가 있다. 이번 장의 첫 번째 단락은, 그런 더 나은 입장은 정보의 접근성에 있어 우리처럼 제한되지 않는다고 주장한다. 두 번째 단락은, 이 반성적 입장은 다른 사람보다 자신을 선호하는 우리의 성향에 의해서도 제한되지 않는다는 사실을 덧붙인다. 세 번째 단락은, 칸트가 제시한 한 가지 논증, 곧 인간의 이성은 상상에 의지하는 입장을 가리킬 뿐만 아니라 삶에 의미를 줄 수 있는 여러 가지 목적이 실제로 조화롭게 될 수 있다는 믿음을 요구한다는 논증을 다룰 것이다. 마지막 단락은 이렇게 주장할 것이다. 우리는 우리의 목적들이 사람들의 독특한 번성과 조화된다는 것을 믿는 믿음을 필요로 하지만 우리의 이성 그 자체는 이런 믿음의 근거가 되기에는 불충분하다는 믿음을 필요로 한다. 제6장 및 제7장과 마찬가지로 이번 장은 도덕적 권위의 근거로서 제시된 것(여기서는 이성)이 하나님을 믿는 믿음을 떠나서는 불충분하다고 결론을 맺을 것이다.

정보 획득의 한계

로사는 중고차를 구매하려고 한다. 그녀가 지금 타는 자동차는 실제 가치보다 유지비가 훨씬 더 많이 들어가는 수준에 이르렀다. 그녀는 중고차 판매상을 몇 군데 둘러보며 자신이 원하는 모델을 정하고, 주어진 옵션을 고려해서 가장 좋은 거래라고 생각되는 것을 최종적으로 선택한다. 그녀가 이런 결정을 내릴 때, 그녀는 어떤 입장을 취하는 것이 가장 이상적이라고 생각할까? 어떤 것이 좋지 않은 결정인지를 생각해보는 게 더 쉬울 것 같다. 구입한 차가 비록 겉보기는 좋아보였지만, 알고 보니 결함이 있는 차였다고 생각해보자. 그녀는 결국 엔진을 완전히 새 걸로 교체해야 했고, 변속기에 심각한 문제가 있어서 아무리 수리를 받아도 만족스럽게 고쳐지지 않는다. 이런 일은 그야말로 악몽이다. 그녀는 이런 일이 생길 가능성을 최소화하기 위해 자동차를 구매하기 전 자신이 잘 아는 정비사에게 점검을 의뢰한다. 이와 다르게 그녀가 자동차를 구매한 지 일주일 후에 다른 중고차 판매상에서 똑같은 자동차가 백만 원이나 싸게 나와 있는 걸 보았다고 생각해보자. 이것도 역시 참사다. 이런 사례들은 거래하기 전에 자동차에 관한 모든 정보를 알고 있었다면, 그녀는 좋은(합리적인) 결정을 내릴 수 있을 것이라는 사실을 시사한다.

이것은 매우 이상적으로 표현된 설명이다. 나는 이 사실을 이해하는 데 토마스 카슨(Thomas Carson)의 저서 『가치와 좋은 삶』(*Value and the Good Life*)의 도움을 받았다. 우리가 얼마나 많은 정보와 관련을 맺고 사는지를 알 때, 우리는 그 어떤 사람도 모든 정보를 다 알 수는 없다는 사실을 알 수 있다. 자동차 내부를 생각해보자. 로사가 각 자동차의 상태를 알기 위해서는 그 안의 부품들이 어떤지를 알아야 할 것이다. 만일 정비사가 자동차 도색 작업을 금요일에 시작해 주말에 중단했다가 월요일에 재개했다면, 그것은 그 차의 상태와 관련한 중요한 정보다. 실린더 블록을 구성하는 알루미늄의 합금에 미세한 균열이 있다면 이것도 그녀가 알아야 하는 중요한 정보다. 만일 이전의 자동차 소유자가 엔진 오일을 교환하다가 담배꽁초를 엔진 위에 떨어뜨린 적이 있다면, 이것도 틀림없이 그녀가 알아야 하는 중요한 정보다. 이것은 전부 구매할 자동차의 과거 정보이며, 이상적인 입장은 로사가 구매를 고려하는 모든 차량에 관한 이런 모든 정보를 알 수 있어야 한다고 주장한다. 더 나아가 이상적 입장은 그 자동차들의 미래에 대해서도 알고 있어야 한다고 말한다.

하나님과 시간의 관계를 묻는 어려운 질문들이 이런 설명과 관련해서 제기되었다. 앞서 나는 그 관계를 잘 알지 못한다고 말했다. 그러나 누군가가 어떤 자동차가 6개월 후에 완전히 못쓰게 된다는 것을 미리 알 수 있다면, 그런 지식을 가진 사람은 분명 로사보다 훨씬 나은 입장에 있다. (어떤 철학자들이 생각하는 것처럼) 모든 것을 아시는 하나님조차도 미래를 완전히 아시는 게 불가능할지라도, 자동차가 오작동을 일으킬 가능성을 아는 것은 구입할 자동차와 여전히 관련이 있는 중요한 것이고, 우리 인간이 아직 정확하게 어떻게 예상해야 하는지 모르는 것이다.

물론 우리가 모든 정보를 다 알고 있지 않아도 중고차를 현명하게 고를 수는 있다. 그러나 우리가 "그 결정을 내릴 때 어떤 입장이 가장 이상적일까?"라고 질문한다면, 우리는 결국 "(하나님이 존재한다면) 하나님의 입장"이 가장 이상적인 입장이라고 대답할 것이다. 이것을 이해하기 위한 한 가지 방법은 두 가지 다른 입장에서 내려진 결정을 비교해보는 것이다. 첫 번째, 우리가 이용할 수 있는 모든 정보를 실제로 갖고 있다면 우리가 무엇을 선택할지를 생각해보는 입장이다. 두 번째, 우리가 충분한 정보를 갖고 있다면 우리가 어떤 것을 선택할지 생각해보는 입장이다. 우리가 지금 이용할 수 없는 중요한 정보가 있을 가능성이 있기에, 대부분의 사람은 첫 번째 입장보다 두 번째 입장을 선택할 것이다. 그러나 하나님만이 필요한 완전한 정보를 가지실 수 있다. 하나님이 존재하신다면 말이다.

이와 연관된 두 번째 문제가 있다. 로사는 중고차 판매자가 자동차의 상태를 속일 가능성에 대해서도 알 필요가 있다. 지금 그녀는 자동차 부품의 결함보다는 인간의 본성에 대해 알아야 한다. 그녀는 사람이 잘 알지 못하는 값비싼 물건을 구입하도록 설득하는 직업을 가진 아주 평범한 사람들도 감염시킬 수 있는 타락에 대해 알아야 한다. 먼저 여기서도 앞의 사례에서와 똑같이 충분하게 정보를 알아야 한다는 어려운 문제가 있다. 하지만 여기서는 두 번째의 추가적 어려움이 존재한다. 이런 종류의 정보는 사람의 마음속을 들여다보아야만 알 수 있는 것이다. 어떤 사람들은 다른 사람들보다 타인의 인격을 더 잘 파악한다. 하지만 우리 모두는 자신의 행동을 유발하는 내면의 근본적 동기조차 잘 파악하지 못한다. 나아가 우리가 그 동기를 알더라도 그것은 오히려 우리에게 해가 될 수 있다. 나는 사람들이 다른 사람의 생각을 모르는 게 은혜라고 생각한다. 만일 사람들이 다른 사람의 생각을 항상 안다면, 삶은 견디기 어려운 것이 될 것이다.

세 번째 어려움은 인간의 마음은 정보가 자신들에게 주어지는 순서와 그것이 형성되는 방법에 의해 영향을 받는다는 것이다. 심리학적 연구들은 이런 일이 발생한다는 것을 보여준다. 예를 들어 시민들이 선거에서 투표할 때 그들은 언론의 영향을 많이 받는다. 환자들은 수술이 실패할 확률이 30%라는 말보다 성공할 확률이 70%라는 말을 들었을 때 더 쉽게 수술을 선택한다. 그러나 이상적인 상황은 이런 식의 영향을 배제한 채 결정을 내리는 것이다. 또한 우리는 우리에게 정보를 전달해주는 언어에 의해서도 영향을 받는다. 나는 뉴욕 대학교 철학과 교수인 J. 데이비드 벨레만(J. David Velleman)이 말했던 예를 사용해서 이것을 생각해보고자 한다. 우리가 심장 절개 수술을 고려한다면, 우리는 의사의 설명에 영향을 받는다. 곧 의사가 우리에게 **절개, 봉합, 응고, 출혈**과 같은 의료 전문 용어나 **잘라내다, 꿰매다, 덩어리, 피가 솟구치다**와 같은 일상 용어로 설명할 때, 그의 설명은 우리가 수술을 고려하는 데 큰 차이를 낳는다. 또한 의사가 수술에 관한 정보를 말로 설명하는 것과 컬러 화면을 연속으로 보여주며 설명하는 것도 우리가 수술을 고려하는 데 큰 차이를 낳는다. 우리는 매사에 매우 생생함을 원하지만, 평정심을 유지하기 위해 충분한 정서적 거리감을 두기를 원한다. 이런 균형을 정확히 맞춰 정보를 제시하는 것은 아마도 불가능할 것이다. 이런 사례들은 인간의 마음은 의사 결정 과정에서 우리가 최대한 근접하려고 시도하는 이상적 상태를 성취할 수 있는 구조를 갖고 있지 않다는 사실을 다른 방식으로 보여준다.

네 번째 어려움이 정보 획득에서 가장 현저한 어려움이다. 인간은 정보를 얻기 위해 비용을 치러야 한다. 직설적으로 말하자면 이것은 돈을 주고 교과서를 구입하거나, 시간과 노력을 들여 전문가의 자문을 구하는 문제다. 그러나 경제학자들이 "기회비용"이라고 부르는 것도 있다. 우리가 정보를 얻으려고 노력하는 중이라면, 그것은 그 시간에 그 밖의 다른 것은 하지 않고 있다는 뜻이고, 따라서 뭔가 다른 가치 있는 것을 희생하고 있다는 것이다. 로사는 자신이 원하는 완벽한 자동차를 구하기 위해 여러 자동차 판매상들을 돌아보지만, 어떤 시점에 이르러서는 자신의 생활로 돌아와야 한다. 만일 그녀가 더 많은 지역을 돌아다녀 본다면 자신이 원하는 차를 찾을 수도 있겠지만, 그녀는 무한정 시간을 투자할 수 없다. 이것은 분명 인간의 조건에 내재된 한계다. 우리는 이런 식으로 제한되지 않는 이상적 입장을 생각하고 있다. 이런 이상은 우리가 정보 비용을 지불하고 최대한 더 완전한 정보의 핵심에 가까이 접근하려는 우리의 노력을 이해할 수 있게 해준다. 하지만 우리의 삶은 한 가지 이상의 많은 결정을 포함하고 있고, 우리는 단 한 가지의 결정에서도 관련된 모든 정보를 얻기 위한 필요한 비용을 감당할 수가 없다는 사실을 안다. 따라서 우리는 우리가 내리는 결정이 가치가 있다고 생각할 때, 이 결정에 대한 정보를 찾는 데 많은 노력을 기울이면서 절충한다.

공정성의 한계

지금까지 우리는 정보 획득 과정에서 생기는 한계를 다뤘다. 이와 똑같은 심각한 한계가 공정성을 유지하려는 우리의 태도에도 존재한다. 앞 단락에서 살펴본 이성의 네 가지 한계는 모든 사람이 자신들에게 최선의 결정을 내리는 것과 관련이 있다. 그러나 도덕은 제1장에서 설명했던 것처럼 사람들이 자신들의 행동에 영향을 받을 수 있는 다른 사람들보다 자기 자신을 더 중요하게 생각하지 않도록 한다. 모든 사람은 한 사람으로 간주되고, 어느 누구도 한 사람 이상으로 간주되지 않는다. 우리는 제1장에서 도덕적인 사람은 동일한 가치를 가진 다른 모든 사람의 행복에 관심을 가진다고 말했다. 그런데 문제는 우리가 사람들에게 이와 같은 동일한 가치를 부여하는 일이 거의 없다는 데 있다.

이 문제는 부분적으로 다시 정보의 제한성과 관계된다. 우리가 다른 사람을 우리와 동등한 가치를 가진 사람으로 대하려면, 우리는 그가 가진 도덕적으로 허용되는 목적(또는 목표)을 공유하고 그것을 나의 것으로 삼아야 한다. 하지만 우리는 대부분의 경우에 다른 사람의 목적이 무엇인지 모른다. 그래서 우리는 그것을 공유할 수 없다. 실제로 상황은 이보다 더 심각하다. 우리는 그 목적을 모를 뿐만 아니라, 흔히 다른 사람들의 목적이 내 것과 비슷하거나 내가 가진 고정 관념과 같다고 추정하면서 다른 사람들에게 내가 갖고 있는 목적을 부과한다. 다음과 같은 것이 첫 번째 경우의 예다. 내가 사생활에 지나치게 집착하는 사람이라면, 구내식당의 테이블에 혼자 앉아 있는 사람을 봤을 때 그가 방해받지 않고 혼자 있고 싶어 한다고 추정할 것이다. 그래서 나는 비어 있는 다른 테이블에 앉을 것이다. 반면에 내가 유별나게 사교적인 사람이라면, 그 사람의 모습이 동석자를 원하는 것이라고 생각해서 그 사람 곁에 앉을 것이다. 어쩌면 그 사람 자신은 이쪽도 저쪽도 아닌 태도, 즉 대화에 흥미를 보이지도 않지만 거절하지도 않는 중립적인 태도를 지닌 사람이었을 수 있다. 그런데도 나는 마치 그 사람이 나 자신을 반사하는 거울인 것처럼 내 생각을 그에게 투영하고 있다. 고정 관념은 다른 사람에게 내가 가진 기존의 어떤 인상을 투영하면서 각각 다른 방식으로 작용한다. 나는 옆에 앉아 있는 여성이 성공회 신자라는 사실을 알게 되면, 왠지 그녀가 벨비타 치즈와 피클이 들어간 내 싸구려 샌드위치를 나눠 먹고 싶어 하지 않을 것이라고 생각한다.

나는 어떤 사람이 품고 있는 목적을 알고 그것을 나의 것으로 삼기 위해서는 그 사람의 마음을 간파할 수 있어야 한다. 그렇게 할 수 있는 위치에 있는 유일한 존재는 하나님이시다. 하나님이 존재하신다면 말이다. 따라서 도덕의 문제는 부분적으로 우리가 다른 사람을 충분히 잘 알지 못한다는 데 있다. 그런데 내가 대략적으로 다른 사람이 가진 목적을 안다고 가정해보자. 그러면 다른 한 가지 문제가 생긴다. 나는 그 사람의 목적을 나 자신의 목적과 똑같이 중요한 것으로 여겨야 한다.

로사는 버스 옆자리에 앉은 남자가 배가 고프다는 것을 꽤 분명하게 알았다. 그녀가 여행 가방에서 벨비타 샌드위치를 꺼냈을 때, 그가 몹시 먹고 싶다는 눈빛으로 쳐다봤다. 이제 문제는 그녀가 샌드위치의 절반을 그 사람에게 나눠줄 것인가 하는 것이다. 로사 자신도 몹시 배가 고프기에 샌드위치를 나눠주기란 쉽지 않다. 그렇지만 그녀는 제1장에서 열거했던 덕들을 갖고 있어서 자신의 샌드위치를 기꺼이 옆 사람과 나눌 수 있다. 그녀가 샌드위치를 옆 사람에게 나눠줄 때, 그녀는 기분이 좋다(물론 기분이 좋기 위해 그렇게 한 것은 아니다). 그러나 시내버스 터미널에 도착했을 때, 그녀는 도움을 필요로 하는 훨씬 더 많은 사람을 만난다. 그녀는 버스를 갈아타려고 터미널에서 내려 대합실에서 다른 버스를 기다리고 있었다. 그녀 옆에 앉은 사람은 그곳에서 밤을 샜거나 며칠째 그곳에 있었던 것처럼 보인다. 그 사람도 굶주린 상태다. 그 사람을 휴게실로 데려가 아침 식사를 사줘야 하지 않을까 하는 생각이 그녀에게 떠오른다. 하지만 그녀의 주변에 도움을 필요로 하는 사람은 그 사람 혼자만이 아니다. 맞은편 의자에 앉은 여자는 계속해서 깊은 한숨을 쉬고 있다. 로사는 그녀에게 다가가 이야기를 들어줘야 하지 않을까 생각해본다. 그녀는 남의 일에 개입하고 싶지는 않지만, 그 여자가 손에 들고 계속해서 만지작거리는 편지에 적힌 사연이 무엇인지 궁금하다. 그 여자는 친절하게 얘기를 들어줄 누군가를 필요로 하는 게 아닐까?

이제 문제 전체를 한마디로 요약하면 이렇다. 로사는 길고 피곤한 장거리 여행 도중에 잠시 조용히 쉬고 싶은 자신의 욕구를 어느 정도까지 중요하게 여겨야 할까? 정말로 자기 자신과 자신의 필요를 다른 사람들의 것보다 더 중요하게 생각해서는 안 되는 것일까? 나는 이 경우에 균형이 어디에 있는지 아는 척하고 싶지 않다. 하지만 내가 주장하려는 핵심은 그녀가 많은 덕을 가졌음에도 불구하고 그녀 역시 자신의 필요와 다른 사람의 필요 중 어느 것을 중요하게 생각해야 하는지 알지 못한다는 사실이다. 그녀는 자신을 포함해 자신과 관계를 맺는 모든 사람이 똑같이 사랑받는 것을 상상한다. 그러나 이것은 그녀가 실제로 취할 수 있는 입장이 아니다. 그것은 오직 하나님만이 취하실 수 있는 입장이다. 하나님이 존재하신다면 말이다. 그녀는 하나님은 그녀가 어떻게 행동하기를 원하시는가 하는 것을 알고 싶다. 이것은 그녀가 중고차를 고를 때도 적용되는 문제다. 그녀가 중고 자동차를 선택할 때 필요한 많은 옵션 중 어느 정도를 고려하는 것이 정말로 옳은 일일까? 그냥 단순한 기본형이면 충분할까? 아니면 에어컨이나 선루프가 꼭 필요할까? 이에 대한 대답은 부분적으로는 자동차를 운전할 그녀가 자신의 편안함을 얼마나 중요하게 생각하는가에 달려 있다.

우리는 제1장에서 도덕적 간극이 두 가지 구성 요소, 곧 도덕적 요구와 우리의 (불완전한) 자연적 능력을 가진 것으로 설명했다. 많은 사람이 이 두 가지 요소에 세 번째 요소를 도입하는데, 그것은 도덕적 요구의 근거로 여겨지는 어떤 가능한 거룩한 존재다. 이제 우리는 왜 이성이 그런 세 번째 요소를 요구하는지를 알 수 있다.

목적들의 조화

지금까지 이성이 추구한 이상은 단지 이상으로, 곧 그것은 우리가 최대한 근접해야 할 일종의 기준으로 상상하는 하나의 가능한 입장이다. 그러나 이성은 우리에게 단순한 이상 그 이상의 것을 제공한다. 제4장에서 이런 주장에 대한 몇 가지 배경을 이미 다뤘다. 우리가 계속해서 도덕적인 삶을 살고자 한다면, 이성은 우리가 추구하는 목적들이 일관성을 가진 것으로 믿을 것을 요구한다. 이 일관성은 우리가 실재라고 상상하는 것뿐만 아니라 실재라고 믿는 것에 대해서도 제약을 가한다.

로사의 삶은 서로 일관되지 않는 여러 목적을 갖고 있다. 그런 목적들은 본질적으로 일관성이 없는 것이 아니라 그녀가 처한 상황 때문에 일관성이 없다. 그녀의 친구가 첼로 연주회에서 바흐의 곡을 연주할 때 자신이 아주 싫어하는 낭만주의적 장식음을 조금 삽입했다. 그녀는 연주회가 끝난 후 그 친구에게 이 점에 대해 말해야 할까? 대답은 예와 아니오 둘 다다. 그녀는 자신의 친구를 격려하고 싶고 연주가 훌륭했다고 말해주고 싶다. 다른 한편으로는 그 친구는 자기 취향을 선택해서 곡을 바르게 연주하지 않았고, 이 잘못은 쉽게 간과되어서는 안 된다. 로사는 진실함을 매우 소중하게 생각하고, 진실을 왜곡하여 조금이라도 타협해야 하는 상황에 처할 때마다 불편함을 느낀다. 그녀의 이런 목적들은 서로 모순된다. 그녀는 이 두 가지 목적을 전부 만족시킬 수 없고, 둘 중 하나를 선택해야 하는 처지에 놓였기 때문이다.

이런 일은 그녀가 다른 사람들의 목적들을 공유할 때도 일어난다. 그녀는 친한 친구 몇 명으로 이루어진 모임을 무척 소중하게 생각하지만, 그것이 배타적인 집단처럼 될까 봐 염려한다. 그녀에게는 베스(Beth)라는 좀 특이한 성격의 친구가 있다. 베스는 로사의 친구들의 모임에 참여하고 싶어 하지만, 다른 친구들과 잘 어울릴 수 없을 것 같다. 로사는 자신의 친구들이 가진 도덕적으로 허용된 목적들을 공유하길 원하고, 이것은 그 목적들을 그녀 자신의 목적으로 삼아야 한다는 것을 의미한다. 그러나 그녀는 베스가 원하는 것과 자기 친구들이 원하는 것을 알고 난 뒤에 진퇴양난에 빠진다. 어떻게 로사는 베스가 그 모임에 참여하는 것과 베스가 그 모임에 참여하지 않는 것 두 가지를 자신의 목적으로 삼을 수 있을까?

이성은 사람들이 가졌던 최초의 목적들 혹은 목표들의 일관성을 요구한 것이 아니라, 사람들이 자신들이 추구하기로 결정한 최종 목적들의 일관성을 믿을 것을 요구한다. 우리가 어떤 선한 일을 추구하려고 결정할 때, 우리는 그 선을 성취할 수 있다고 믿어야 한다(반드시 우리 자신의 능력으로 성취하는 것은 아니다). 우리는 일반적으로 고립된 하나의 선을 추구하지 않고, 다른 선들을 고려해서 그 하나의 선을 함께 추구한다. 우리가 첫 번째 선을 추구하는 것에 의미를 부여하는 것은 종종 이런 다른 선들이다. 이 다른 선들이 첫 번째 선에 전체 의미를 부여한다.

로사는 자신의 친구인 그 첼로 연주자를 격려하고 싶다. 이러한 바람은 그녀가 가진 여러 가지 가치를 고려하면서 의미를 갖는다. 우리는 이런 가치들을 제1장에서 제시했고, 이후의 장들에서 더 자세하게 설명했다. 그녀는 첼로 연주자 친구가 연주 중에 장식음을 넣은 것에 대해서도 뭔가 얘기를 해야겠다고 마음먹는다. 왜냐하면 그녀는 우정을 소중하게 여겨 진실을 이야기할 수 없지만, 음악에 대해서도 부정직한 태도를 보일 수 없기 때문이다. 두 사람 모두 음악을 사랑하고, 음악은 두 사람이 서로 교제하며 누리는 기쁨의 원천 중 하나다.

로사와 친구의 사례에는 도덕적 선들의 패턴이나 관계가 있고, 우정과 음악에 대한 사랑 그리고 진실이 그런 패턴에서 밀접하게 연결되어 있다. 우정은 이런 패턴을 벗어나서는 의미가 없다. 우정은 그 자체로 추구되는 고립된 선이 아니고 또 그렇게 그 자체로 추구되는 선도 될 수 없다. 우정은 언제나 그것 너머에 있는 어떤 것의 가치를 공유한다. 삶의 의미나 의의는 이와 같은 선들의 패턴에 의해 주어진다. 가치들은 모두 의미를 부여하는 똑같은 힘을 갖고 있지 않다. 좋은 음악의 가치처럼 이런 힘을 더 많이 가진 가치들은 적게 가진 가치들에게 의미를 부여한다. 종종 어떤 사람이 속한 공동체와 그가 중요한 관계를 맺는 사람이 더 큰 힘을 가진 가치들을 공유할 것이다. 로사가 어떤 행동을 하려고 결심할 때, 그녀는 이미 그 행동에 의미를 부여하는 선들의 패턴을 승인하고 있다. 이런 경우에 그녀는 그 선들의 패턴이 함께 성취될 수 있다는 의미에서(반드시 그녀 자신의 능력으로 성취되는 것은 아니다) 그 패턴이 일관성이 있음을 믿어야 한다.

모든 사람이 자신들의 욕구와 관련해서 같은 수준의 통합성을 갖고 있지는 않지만, 통합성은 한 사람의 성숙도를 나타낸다. 나는 나의 『도덕의 간극』에서 (『곰돌이 푸』에 나오는 호랑이) "티거"(Tigger) 같은 사람과 (같은 책에 나오는 늙은 당나귀) "이요르"(Eeyore) 같은 사람을 구분했다. 티거 유형의 사람들은 개별적으로 볼 때 아주 강렬한 욕구를 갖고 있지만, 그 욕구들의 통합성은 떨어진다. 반면에 이요르 유형의 사람들은 고차원적인 통합성을 갖고 있지만, 각각의 개별적 욕구의 강도는 떨어진다. 나는 『도덕의 간극』에서 사춘기부터 중년에 이르는 어떤 전형적인 발달 과정이 존재하고, 티거 유형의 욕구들은 격렬함이 무뎌질 때까지 이 과정에서 (마치 날카로운 돌들이 연삭기에 연마되듯이) 서로를 마모시킨다고 주장했다. 50세에 접어든 중년의 인물은 예전보다 자신에 대해 더 잘 알고, 자신이 가치 있게 여기는 것을 성취하는 데 여러 가지 방법이 있다는 것을 안다. 그는 그러한 방법 중 하나의 방법이 좌절될 때 사춘기 청소년처럼 곧바로 당황하거나 흥분하지 않는다.

통합성은 전체 욕구들의 위계질서와 같은 것이 아니다. 19세기의 철학자 프리드리히 니체(Friedrich Nietzsche)는 오늘날의 일부 철학자들

처럼 우리가 가진 가치들을 판단할 수 있는 어떤 초월적인 관점의 필요
성을 부정했고, 아침마다 핫초코 한 잔을 마시며 행복에 젖었다. 니체의
삶이나 우주 전체에 담긴 도덕적 목적에 관한 거대 담론이 핫초코 한 잔
의 행복이라는 작은 선에 의미를 부여한 게 아니다. 그러나 (사춘기 청소
년처럼) 니체도 자신의 궁극적 목적들이, 비록 그것들이 본질적으로 다
르지만, 대부분의 경우 서로 일치한다는 것을 믿어야 한다. 우리의 실천
적인 삶을 망쳐놓고 즐거워하는 악마가 있다고 생각해보자. 그 악마는
우리가 어떤 선한 일을 의도할 때마다 우리가 좋아하는 선한 일이 일어
나게 하는 것보다 훨씬 더 심한 정도로 우리가 싫어하는 악한 일이 우리
에게 일어나게 만든다. 니체가 좋아하는 핫초코 한 잔을 마시려고 앉아
있을 때마다 그 악마가 따분한 형이상학자의 모습으로 변장하고 니체
에게 나타나 자기와 20분간 대화하지 않으면 가지 않겠다고 고집부리
는 장면을 생각해보자. 니체는 이렇게 말한다. "유감스럽게도, 이제 여유
롭게 핫초코를 마시는 타임은 끝났군!" 그 악마는 니체의 의도를 망쳐버
리는 그런 일을 항상 행하는 것이 아니라 자주 혹은 두 번에 한 번 정도
행한다고 생각해보자! 이것은 (제7장에서 말했던) 어떤 정신 나간 교수가
무작위로 두 번에 한 번 정도는 자기가 진리라고 생각하는 것을 가르치
고, 나머지 한 번은 거짓이라고 생각하는 것을 가르치는 경우와 같다. 학
생들은 그의 강의에서 아무것도 배울 수 없을 것이다. 우리가 그 악마에
게 지배당하는 희생자라면, 그 교수에게 배우는 학생들과 같을 것이다.
이 경우에 우리는 무엇을 해야 할지에 대해 도무지 심사숙고할 수 없는
운명에 처할 것이다. 심사숙고하는 것 자체가 별 의미가 없을 것이다.

　니체의 핫초코처럼 가치들의 더 큰 패턴으로부터 상대적으로 고

립되어 있는 좋은 것들도 있지만, 그것들은 사람들이 그것들을 통해 자신들의 삶에 관심을 지속해서 갖게 하는 힘을 갖고 있지 않을 것이다. 이것이 쇠렌 키에르케고르(Søren Kierkegaard)가 『이것이냐 저것이냐』 (*Either/Or*)에서 묘사했던 역설, 곧 심미주의자의 삶에 있는 역설이다. 키에르케고르는 파도가 갑판을 때릴 때 배의 돛대 꼭대기에서 바다를 내려다보는 사람으로 자신을 상상한다. 배는 삶에 대한 은유다. 위에서 내려다보는 갑판은 흥미롭지만, 그는 그것에 관여하지 않으며, 관여하고 싶은 생각도 없다. 하지만 배의 조타수는 폭풍우에 어떻게 맞설 것인지 결정해야 한다. 심미주의자가 처한 역설은 그가 현실에 참여하지 않고서는 자신의 흥미를 유지할 수 없다는 것이다. 심미주의자의 삶을 흥미롭게 하는 것들은 다양하다. 그것들은 그가 지금 향유하는 것보다 훨씬 더 많으며, 그에게 선택과 헌신을 요구한다. 그에게 선택과 헌신을 요구하는 결혼이나 보람을 주는 직업과 같은 것들 말이다. 심미주의자는 현실에서 벗어나 초연한 채 자신이 가진 심미적 즐거움들을 한 번에 하나씩 즐기고 싶어 하고 그 즐거움들의 의미를 이해할 수 있도록 해주는 어떤 더 큰 담론은 거부한다. 키에르케고르가 말하고자 하는 핵심은, 심미주의자의 삶은 결국 공허함에 빠질 것이라는 것이다.

우리가 다른 사람에게서 취한 목적을 우리의 목적과 합치는 것을 고려할 때, 우리는 우리가 가진 목적들의 일관성을 유지하기가 더 어려워진다. 이것은 로사의 친한 친구 모임과 베스 사이에 벌어진 문제다. 로사는 고통스럽기는 해도 다시 한번 진실을 선택한다. 그녀가 그 친구 모임을 통해 나누는 우정은 열린 마음과 감수성에 근거하지만, 그녀의 친구들은 그것들을 충실히 따르지 않는다. 로사는 다른 친구들이 베스를 받아들인다면 아마 시간이 좀 걸리긴 해도 베스가 잘 적응해서 그 모임의 소중한 멤버가 될 것이라고 생각한다. 실제로 베스가 모임의 소중한 멤버가 되지 않을 수도 있지만, 그 친구들이 최소한 베스를 모임에 받아들이는 시도는 해봐야 한다. 그래서 로사는 친구들에게 그들이 계속해서 베스를 거부하면 자신도 그 모임을 떠나겠다고 말한다. 그녀는 (비록 그 모임의 모습이 아마도 조금은 바뀔 수 있지만) 그 친구 모임이 베스를 새로운 멤버로 받아들이고 계속해서 즐겁게 우정을 나누는 새로운 세상을 마음에 그리고 있다. 하지만 로사가 이런 비전에 따라 행동하려고 결심할 때, 그녀는 그런 세상이 실제로 이루어질 수 있다고 믿어야 한다.

이제 그녀가 살아가고 있는 삶의 더 큰 영역을 생각해보자. 그녀는 운전하고 쇼핑하며 학생들을 가르치면서 수백 명의 사람들에게 영향을 미친다. 그녀는 자신의 목적의 실현이 다른 사람들이 그들의 목적을 실현하는 것과 (그것들이 도덕적으로 금지된 것이 아니라면) 조화를 이룰 수 있다는 것을 믿어야 한다. 세상은 대부분의 사람이 불행해야만 일부의 사람이 행복할 수 있거나, 다른 사람들이 불행해야만 로사가 행복해질 수 있는 장소일 수도 있다. 그러나 로사는 세상이 그렇지 않다는 것을 믿어야 한다. 우리는 제4장에서 살펴본 것처럼, "그녀가 ~해야만 한다"는 주장은 그녀가 일관된 관점을 갖기 원한다면, 그녀는 그것을 반드시 해야만 한다는 것을 의미한다. 아마도 많은 사람이 이 사실을 생각조차 하지 않겠지만, 그럼에도 이런 믿음은 대부분의 사람이 삶을 살아가는 방식에 함축되어 있다.

우리가 어떻게 사람들의 행복이 서로 조화를 이룰 수 있을까를 생

각할 때, 우리는 거대한 협력의 문제를 다음과 같이 질문한다. 로사는
단지 머릿속에서 상상한 이상이 아니라 사람들의 목적들이 실제로 조화
를 이룰 수 있다는 것을 믿어야 한다. 무엇으로 이런 조화를 설명할 수
있을까? 이 질문은 우주(cosmos) 전체의 질서에 관한 도덕적 차원의 질
문이다. **코스모스**(Cosmos)는 "조화"로 번역될 수 있는 그리스어 단어다.
우리는 다음과 같이 질문할 수 있다. 우주적 질서를 설명할 수 있는 것
이 무엇일까? 어떤 사람들은 다음과 같이 대답할 것이다. "글쎄, 그건 그
냥 존재하는 것이고, 그것에 대한 설명은 굳이 필요하지 않아." 하지만
문제는 이 우주의 존재와 생존에 대한 설명을 어렵게 만드는 자연의 힘
과 구성 요소들에 대한 수많은 물리적 증거가 존재한다는 것이다. 우리
가 우주가 어떻게 만들어졌고 계속해서 존재할 수 있는지를 설명하려
고 할 때, 우리는 어떤 다른 존재, 즉 우리가 이해할 수 없는 어떤 존재
가 있어야 한다고 느낀다. 도덕적 영역에 있어서도 마찬가지다. 어떤 사
람들은 목적들의 조화란 그냥 존재한다고 말할 것이다. 그러나 우리는
조화를 깨는 힘이 개인과 사회에 있는 것을 본다. 기독교 교리는 그것을
일괄하여 "죄"라고 부른다. 우리는 이 힘에 맞서고 우리 안에 선을 고무
시켜 조화를 향해 나아가게 하는 것에 대한 설명을 필요로 한다.

우리는 제4장에서 도덕적 형식으로 설명한 섭리 교리가 그런 역할
을 맡는다고 제안했다. 우리는 섭리를 "우주에 도덕적 의미를 부여하는
우주의 배후 혹은 우주의 내부에 존재하는 도덕적 질서"라고 정의했다.
이 질서는 하나님이 반드시 행하셔야 하는 것은 아니다. 비록 기독교 전
통은 이 질서를 부여하는 역할이 하나님에게 있다고 말하고 하나님은
과학적 영역과 도덕적 영역에서 이 일을 하신다고 주장하지만 말이다.

아브라함 카이퍼(Abraham Kuyper)는 이렇게 말했다. "사물들의 조화로움은 그것들이 본래 하나님과 맺는 관계를 반영한다." 우리는 제4장에서 이 질서가 우리가 경험하는 비극적 사건들과도 조화를 이룬다고 주장했다. 세상에는 악이 너무 많다. 그래서 종종 우리는 선을 선택하지 못하고 오직 나쁜 선택만 할 때가 있다. 사람들이 가진 목적들이 동시에 성취될 수 없는 경우들이 종종 실제로 존재한다. 예를 들어 한 집단이 다른 집단의 사람들을 최대한 많이 죽이기를 원할 때처럼 말이다. 그럼에도 섭리에 대한 믿음은 비극적 사건이 우리의 삶을 이루는 전부가 아니라는 것을 믿는 믿음이다. 그리고 그것은 세상에 있는 선이 악보다 더욱 기초를 이루는 것이고 마지막에는 선이 승리할 것이라는 것을 믿는 믿음이다. 나는 우리가 비극이 우리 삶의 전부라고 믿는다면, 우리는 도덕적인 삶을 지속할 수 없을 것이라고 생각한다.

섭리가 어떤 것인지에 대해 서로 다른 몇 가지 설명이 있다. 나는 섭리를 하나님과 관계시키는 세 가지 방식을 간략하게 설명하고자 한다. 우선 우리가 섭리를 꼭 믿어야 한다는 열망이 적은 설명에서 시작하겠다. 첫 번째 설명은 하나님이 전적으로 사람(혹은 다른 생명체들) 안에서 활동하신다고 주장한다. 두 번째 설명은 하나님이 우주 안에서 활동하시고, 사람들(혹은 다른 생명체들)의 안에서만이 아니라 밖에서 그것들에게 작용을 가하는 힘으로도 활동하신다고 주장한다. 세 번째 설명은 하나님이 단지 우주 안에서만 활동하시는 것만이 아니라 우주 자체에 작용을 가하는 작용인으로도 활동하신다고 주장한다.

먼저 우리는 하나님이 인류 전체를 하나로 결속해주는 정신처럼, 곧 일종의 "성령"처럼 인류 전체에 존재하신다고 생각할 수 있다. 각각의 인간은 대체할 수 없는 자신만의 가치를 갖고 있고, 우리가 이런 가치를 인정하는 정도로 우리는 성령이 우리 안에서 활동하게 하고 성령이 상대방 안에서 활동하도록 서로를 격려한다. 이 설명에서 하나님은 초월적인 존재가 아니시다. 그럼에도 그분은 각각의 개인보다 더 크고, 나아가 모든 사람을 합친 것보다 더 크신 존재다. 왜냐하면 하나님은 우리 모두가 대체 불가능한 이웃의 가치를 인정하는 삶을 향해서 실제로 살아가는 방법에 이르게 하시는 영이기 때문이다. 우리는 여기서 섭리를 도덕적 연대성을 향해 나아가게 하는 일종의 추진력이라고 생각할 수 있는데, 그 힘은 우리의 삶으로부터 나와서 우리가 도덕적으로 올바르게 살도록 이끌어준다. 우리가 세상에는 다른 생명체들도 존재하고 이 세상을 그것들이 살기에 좋은 곳으로 생각한다면, 우리는 섭리가 인간뿐만 아니라 다른 생명체들과도 관련이 있다고 생각할 수 있다. 그렇지만 이 설명은 우주 안에 존재하는 모든 생명이 종말을 맞을 때, 하나님도 종말을 맞이한다고 주장한다.

둘째, 우리는 하나님이 단순하게 생명체들의 내부에서만이 아니라 사랑처럼 그것들에게 작용을 가하는 힘으로 여전히 우주 안에 있는 것으로 생각할 수 있다. 어쩌면 이러한 힘이 맨 먼저 생명을 출현시켰을 수 있다. 우리는 제2장의 마지막 단락에서 이런 가능성에 대해 논했다. 거대한 은행에서 통화가 들어오고 나가는 유통이 이것을 이해하는 데 도움을 주는 비유가 될 것이다. 입금액은 은행으로 들어가고 출금액은 은행으로부터 나오지만, 우리의 경우에 통화는 돈이 아니라 사랑이다. 사랑은 사랑받는 사람뿐만 아니라 사랑하는 사람도 변화시키는 힘을 갖고 있다. 이 두 번째 설명에서 섭리는 첫 번째 설명보다 훨씬 더 능동적이다. 방금 예로 든 은행의 비유로 말하자면, 섭리는 통화의 보관과 이동을 안전하게 한다. 이 은행에서, 한 사람은 입금을 하고 다른 사람은 (어느 정도) 그 돈을 출금할 수 있다. 은행의 서로 다른 이용자들의 여러 가지 목적이 이런 방식으로 서로 조정화를 이룬다. 이 설명에서 하나님은 일종의 초월성을 갖고 계신다. 그분은 생명을 가진 존재들 안에 갇혀 있지 않고, 외부에서 그들에게 영향을 끼치신다. 그렇지만 이 설명에 따르면, 우주가 종말을 고한다면, 하나님도 우주와 함께 사라질 것이다.

마지막으로 우리는 우주를 넘어선 배후에서 우주 자체에 대해 작용을 가하는 작용인으로 하나님을 생각할 수 있다. 이 견해는 하나님을 주로 왕이나 주권자의 이미지로 표현한다. 현대인(특히 미국인)들이 왕이 있다는 것이 어떤 것인지 상상하는 것은 쉽지 않다. 그러나 우리는 로사가 자신의 교실-왕국에서 입법권, 행정권, 사법권이라는 삼권을 가진 것으로 묘사해 볼 수 있다. 그녀는 독재자는 아니지만 학생들을 위에서 내려다보는 위치에서 그들의 교육을 감독한다. 이런 설명에서 섭리란 교사가 교육 과정(입법권)을 "제공"하고, 매일매일 그것을 시행하면서 각각의 학생이 개인적으로 필요로 하는 것을 돌봐주고(행정권), 그에 따라 적절하게 상과 벌을 주는 것(사법권)이라고 말할 수 있다. 로사는 이렇게 하면서 학생들의 목적들(처음에는 서로 다르고 상충했던 목적들)을 통제해서 모든 학생에게 유익한 학습 환경을 조성한다. 하지만 로사의 존재가 학생들의 존재에 의존하지는 않는다. 그녀는 그들의 교사가 되기 전에도 완벽하게 잘 살고 있었다.

기독교는 이 세 가지 설명에 담긴 모든 요소를 갖고 있다. 하나님은 우리 안에 계시면서, 그리고 우리에게 영향을 주시면서, 우주 안에 계시고 우주 너머에 계신다. 이 세 가지 묘사에 공통적인 것은 다음과 같은 것이다. 곧 우리가 속한 "나라"의 개별 구성원들이 일관성 있는 완전체를 이루기 위해서는 우리보다도 더 크신 어떤 존재의 도움을 받아야 한다는 사실이다. "섭리"란 바로 그 존재를 가리키는 이름이다. 우리의 이성은 우리에게 우리보다 더 크신 존재가 우리의 삶을 돌보신다는 것, 곧 하나님의 섭리를 단순히 이상으로 상상하지 말고, 실제로 적절한 것으로 그것을 믿으라고 말한다. 비록 우리의 이성 자체가 우리에게 이런 믿음을 제공하는 능력을 갖고 있지는 않지만 말이다.

이성과 개별성

마지막으로 우리는 제5장에서 제기된 이성의 한계의 문제에 대해 다룰 수 있다. 제5장은 도덕이 그 어떤 것으로도 환원될 수 없는 고유한 것이라고 제안했고, 이를 위해 로사와 루시의 잃어버린 신발의 예를 살펴보았다. 어떤 철학자들은 이성이 오로지 보편적인 것, 즉 다른 대상과 다른 시공간에 공통된 것 또는 공통될 수 있는 것만 다룬다고 생각한다. 내가 유리창에 돌멩이를 던진다고 가정해보자. 과학적 이성은 일정한 질량과 속도를 가진 투사물이 일정한 파괴 한도를 가진 물체의 표면에 던져졌을 때 가해지는 충격의 계산과 같은 보편적 법칙에 관여한다. 우리는 아마도 우리를 흠칫 놀라게 하는 특정한 돌멩이나 특정한 창문을 들여다보거나 만져볼 것이다. 하지만 우리가 유리창에 가해진 충격에 대해 추론할 때, 우리는 더욱 추상적인 차원으로 나아가 특정한 대상들은 더 이상 언급하지 않고 단지 법칙만을 다룬다. 그 법칙은 관련된 같은 종류의 모든 물체에게 보편적으로 적용된다. 의심할 여지 없이 과학은 이것보다 더 많은 것을 한다. 그러나 이것이 이성이 어떤 것인지를 설명하는 우리의 모델이라면, 그렇다면 이성은 도덕 전체를 포괄하지 못한다. 물론 이성은 법칙과 규칙을 설명하는 도덕의 일부 영역을 다룬다. 하지만 이런 구분에 따라 말한다면, 보고 만지는 것에 더 가까운 도덕적 영역도 존재한다. 로사는 딸 루시와 도덕적 관계를 맺고 있고, 이것은 본질적으로 루시와 관련이 있다. 이 도덕적 관계는 다음과 같은 의무에 관한 진술, 곧 루시에 대한 언급을 중단하고 이 언급을 자신의 딸이 누구인지에 대한 신상 설명, 곧 지금 그녀는 7살이고 엄마한테 혼나서 위축되어 있는 상태 등등을 언급하는 진술로 포착될 수 없다. 그 도덕적 관계는 루시가 가진 고유한 본질과 로사를 연결한다. 비록 로사는 루시의 본질을 부분적이고 단편적으로만 알지만 말이다.

셰익스피어의 유명한 한 편의 소네트는 이렇게 시작된다.

> 진실로 사랑하는 사람들의 결혼을
> 방해하지 말지니,
> 변할 거리가 생겼을 때
> 변하는 것은 사랑이 아니지.
> 혹은 평계가 있을 때 사라지는 것도
> 사랑이 아니지.

이 소네트는 진실한 사랑에 대해 매우 높은 이상을 제시한다. 오늘날의 일부 비평가들은 이런 이상을 "어리석은 것", "과장된 것" 혹은 그저 관습적인 경건 정도로 여긴다. 아니면 그들은 이 소네트의 저자가 우리 모두가 다 아는 사실, 곧 실제 사랑은 전혀 그렇지 않다는 것을 자신은 애써 모르는 척 하고 있다는 해석을 제시한다. 그러나 셰익스피어가 따랐던 기독교 전통은 다음과 같이, 곧 우리는 상대방이 변할 때도 변치 않고 상대방이 떠날 때도 떠나지 않는 무조건적인 사랑을 하나님의 도우심에 힘입어 행할 수 있다고 가르친다. 따라서 셰익스피어의 시는 "부유할 때나 가난할 때나, 아플 때나 건강할 때나"라는 서약과 함께 결혼 예식에서 종종 낭송된다.

하지만 무엇이 그런 사랑의 **대상**이 될 수 있을지를 말하는 것은 어려운 일이다. 나는 오로지 그녀만을 진실되게 정말로 사랑하는가? 나는 어떻게 대답하든 어려움에 처한다. 나는 그녀의 특성들 때문에 그녀를 사랑한다고 대답한다면, 나는 그녀의 고유한 개성을 무시하는 것으로 보일 수 있다. 그녀는 "당신은 단지 나의 까만 머릿결 때문에 나를 사랑하는군요"라고 불평할 수 있다. 다른 한편으로 내가 "나는 당신의 특성들을 사랑하는 게 아니라 오로지 당신 자체를 사랑해요"라고 말했다고 해보자. 이것은 그녀가 가진 모든 특징, 즉 내게 가장 친근하고 사랑스러우며 그녀의 존재와 가장 밀접하게 결합되어 있는 모든 특성에서 그녀가 가진 "그녀 자체"(yousness)를 분리시키는 것이다. 만일 위에서 말한 무조건적 사랑이 실제로 존재한다면, 그 사랑의 대상은 본질적이면서도 동시에 최소한도로 어렴풋이 인지될 수 있는 어떤 것이어야 하는데, 개인적 본질이 가장 완벽한 후보일 것 같다. 내가 사랑하는 여인이 항암 치료 때문에 까만 머릿결을 모두 잃어버리고 또한 그녀가 친절한 성격과 훌륭한 인격을 모두 잃어버려도 나는 이런 무조건적인 사랑을 가지고 그녀를 계속 사랑할 수 있다. 만일 어떤 변화가 생겨서 우리는 같은 집에 함께 살 수 없을지도 모른다. 그렇다면 이상적인 사랑은 "변하지 않는" 사랑이라는 말은 잘못된 표현인 것 같다. 나는 이제 그녀와 다른 방식으로 관계를 맺어야 하겠지만, 여전히 그녀를 사랑할 수 있다.

내가 교회의 장로로서 우리 교회의 교인인 할머니가 머무는 요양원을 방문했을 때, 그녀는 나를 포함해 다른 누구도 알아보지 못했다. 그때 나는 위의 질문과 마주쳤다. 나는 누구를 사랑해야 할까? 침대에 누워 있는 이 사람이 내가 알던 그녀인가? 하지만 나는 인정해야 한다. 나는 그녀의 개인적 본질에 대해 단지 부분적으로만 알고 있고, 오로지 하나님만이 그녀의 본질을 완전히 알고 계신다. 그렇다면 나는 그녀가 더이상 여기 존재하지 않는다고 생각할 수 없다.

내가 사랑하는 대상에 대해 이해하지 못한다면, 나는 어떻게 사랑을 할 수 있을까? 우리가 지금 하나님에 대한 사랑을 생각해본다면 그것은 우리에게 도움을 줄 것이다. 우리는 하나님의 본질에 대해 완전히 알거나 이해하지 못하면서, 어떻게 하나님을 사랑할 수 있을까? 우리는 하나님의 본질에 대해 얼마간은 알고 있다. 즉 하나님은 필연적으로 전지전능하시고, 사랑이시다. 그러나 우리는 무엇이 하나님의 그런 속성들을 삼위일체 하나님의 단일한 본성과 결합하는지 이해하지 못한다. 어쨌든 우리는 우리가 이해하지 못하는 것도 사랑할 수 있다. 이것은 사람들과의 관계에도 해당한다. 우리는 사람들의 개인적 본질을 완전히 알지 못해도, 그들을 사랑할 수 있다. 이런 식으로 생각하는 철학자들은 사유 작용을 하는 지성보다는 사랑을 실천하는 의지를 더 강조하는 경향이 있다. 의지와 지성의 차이를 드러내는 한 가지 방법은 우리가 지향하는 궁극적인 상태가 하나님을 사랑하는 것인지, 아니면 하나님을 아는 것인지를 물어보는 것이다. 물론 의심할 바 없이 우리의 궁극적 상태는 이 두 가지를 지향하지만, 우리가 이 두 가지 중 어느 것을 강조하느냐에 따라 차이가 생긴다. 나는 아는 것이 사랑하는 것을 위한 예비 단계라고 생각한다. 이 관점에 따르면 우리가 누군가를 사랑할 때, 우리는 그 사람의 유익을 추구한다. 그러나 그 사람의 본질을 완전히 알고 있는 사람만이 그 유익이 무엇인지를 알 수 있다. 하나님은 이것을 완전하게 알고 계시지만, 우리는 그렇지 않다. 그래도 우리는 그 사람을 사랑할 수 있을 만큼은 알 수 있다.

우리는 의미 있는 삶을 살기를 원한다. 우리의 이성이 우리에게 이 의미를 제공할까? 혹은 우리가 의미를 갖고 있다는 믿음의 근거를 제공할 수 있을까? 우리는 이번 장의 세 번째 단락에서 다음과 같은 것을 제안했다. 곧 우리 삶의 의미는, 우리가 추구하는 목적들이 다른 이들이 추구하는 목적들 및 우리의 삶에 의미를 부여하는 가치들과 전반적으로 조화를 이루는 방식에서 우리가 살아갈 때 생긴다. 우리가 속한 공동체와 우리가 소중하게 관심을 갖고 관계를 맺는 사람들이 이런 가치들을 공유할 때 이것은 특별히 타당하다. 우리가 이렇게 생각할 때 우리는 로사가 음악을 사랑하는 것과, 그녀가 감성적인 첼리스트 친구와 우정을 지속해서 나누는 것을 이해할 수 있다. 그렇게 조화를 이루는 방식이 있다는 것을 알기 위해서는 전체를 보는 관점, 곧 우리 자신의 제한된 관점과 다르게 정보를 획득하는 데 한계가 없고 공정성의 능력에도 한계가 없는 관점이 요구된다. 우리의 이성은 이런 종류의 의미를 갈망하지만, 실제로 우리 삶이 그런 방식의 의미를 갖고 있다고 믿게 하는 근거는 되지 못한다. 임마누엘 칸트는 이 문제를 이렇게 표현했다. 인간의 이성은 어떤 종류의 인식에 대해서는 특별한 운명을 갖고 있다. 그것은 스스로 거부할 수도 없고 대답할 수도 없는 어떤 문제에 대해서 괴로워 하는 운명을 갖고 있다. 따라서 우리는 믿음, 곧 우리의 삶이 의미가 있다고 긍정할 수 있는 믿음을 가져야 한다. 비록 지금은 우리와 다른 사람들이 추구하는 모든 다양한 목적이 어떻게 서로 조화되는지를 이해할 수 없지만 말이다. 하나님을 믿는 믿음은 하나님의 뜻에 그런 조화를 두면서 긍정적 믿음의 근거가 된다.

이번 장의 마지막 부분은 새로운 점을 추가한다. 우리는 각 사람의 정체성을 구성하는 개별적 본질에 대해 단편적으로만 안다. 앞의 제7장은 인간으로 창조된 우리의 본성은 우리를 어떤 적합한 삶으로 이끌어 간다고 말했다. 나는 이것이 개별적 본성에도 해당한다고 생각한다. 우리 각자에게 고유한 이름을 주실 하나님은 우리 각자에게 고유한 방향을 제시하고 계신다. 우리가 인간의 이성은 보편적인 것 혹은 서로 다른 것들에 잠재적으로 공통적인 것과 필연적으로 관련을 맺는다고 생각한다면, 그렇다면 이성은 개별적 본질이나 각 개인의 고유한 방향에 접근할 수 없을 것이다. 비록 이성은 각 개인에게 고유한 것을 아주 부분적으로 혹은 단편적으로 접근하는 것을 허용한다고 할지라도, 우리는 믿음이 여전히 필요하다. 이 믿음은, 우리가 추구하는 것이 우리 자신을 포함해서 우리의 행동이 영향을 미치는 모든 사람의 행복을 실현하는 것과 조화를 이룬다는 믿음이다. 이 믿음은 우리의 도덕적 삶을 향한 부르심을 우리 각 사람의 본질을 알고 그 본질을 사랑하는 인격적 존재의 의지에 두면서 도움을 받는다.

제9장

공동체

우리는 제8장에서 인간의 이성이 도덕적 권위의 근거를 제공하지 못한다고 주장했다. 그러나 우리의 이성은 우리의 삶에서 특별히 중요한 의미를 향하도록 열망을 주고, 하나님을 믿는 믿음은 우리가 그 의미를 발견하도록 돕는다. 이번 장에서는 도덕적 권위의 근거로 제시될 수 있는 마지막 다른 후보를 살펴보며, 이성에 대해 논했던 것과 같은 주장을 할 것이다. 그 후보는 공동체다. 어떤 이들은 공동체가 도덕적 권위의 근거가 되기 위한 적합한 후보라고 생각한다. 도덕적 요구는 흔히 우리가 속해 있는 공동체를 통해 오기 때문이다. 우리가 공동체의 기준에 순응할 때, 우리는 우리가 소중히 생각하는 사람들과 함께 같은 곳에 속해 있다는 소속감을 갖는다. 도덕을 통해 얻고자 하는 성과 중 하나는 이와 같이 서로 간에 도움을 주는 삶에서 우리를 하나로 결속하는 것이다.

　　또한 공동체는 우리가 앞서 살펴보았던 필요들, 곧 초월, 성취, 의미를 통합하기에 적절한 후보로 여겨진다. 공동체는 이 세 가지 필요를 충

족시키는 긍정적인 역할을 하지만, 이 역할이 과장될 수 있다. 이번 장
에서는 공동체 그 자체는 도덕의 토대를 제공할 수 없고, 따라서 우리는
우리의 공동체를 넘어서는 근원에서 그 토대를 찾아야 한다고 주장할
것이다. 우리는 공동체 그 자체가 도덕의 토대 역할을 한다고 가정할 때
우리가 처하는 여러 가지 문제점을 먼저 살펴보고자 한다.

우리는 제6장에서 우리가 가치 평가하면서 반응하는 우리 외부에
놓인 "자력 중심"이라는 개념과 함께 초월이라는 주제를 다뤘다. 공동체
도 개별 구성원들의 삶을 초월한다. 우리는 전쟁이 일어났을 때나 도시
의 비상사태에서 이런 초월을 본다. 사람들은 이런 위기의 시기에 자신
의 개인적인 목적을 공동체 전체의 선을 위해 대폭적으로 양보한다. 이
관점을 조금 과장해서 표현하면, 각 개인은 마치 우리 몸의 개별 기관들
이 몸 전체에 속하는 부분인 것처럼 공동체에 속한 하나의 유기적 부분
에 불과한 것으로 여겨질 수 있다. 이러한 유기체적 관점을 그 자체로만
본다면, 그것은 각 개인이 가진 고유한 특성을 간과한다. 그럼에도 공동
체는 우리가 우리 자신의 생각에 고착되지 못하게 막는다는 것도 사실
이다. 우리가 우리 곁에 있는 다른 사람들의 필요를 채워주고 그들은 우
리의 필요를 채워주는 것을 볼 때, 우리는 우리 중 누구보다도 더 큰 어
떤 것에 함께 속해 있음을 안다. 충성은 우리가 우리 자신의 이익보다
우리 외부의 가치가 더 우선하다고 느낄 때 이 외부 가치에 대한 반응
이다.

우리는 제7장에서 도덕을 인간 본성에서 도출하는 개념을 다루는
것과 함께 성취에 중점을 뒀다. 공동체의 일부분인 인간은 사회적 동물
로서 자신의 본성을 충족시킨다. 이 관점도 과장해서 표현될 수 있다.

아리스토텔레스는 우리가 우리 자신보다 공동체에 우선권을 부여한다면, 우리는 언제나 우리의 본성을 충족시킬 수 있다는 식으로 말한다. 그러나 바로 이런 식의 "자기-폐기"가 때때로 우리를 좌절시킨다. 우리는 우리가 속한 공동체와 대조되는 우리 자신의 가치를 볼 수 있어야 한다. 그 결과 우리는 공동체의 요구가 너무 억압적일 때 그것을 거부할 수 있다. 하지만 공동체가 우리의 사회적 본성을 충분히 실현할 수 있게 해준다는 것은 사실이다. 사막에 홀로 은둔한 수도자조차도 기도를 통해 동굴 바깥에 있는 사람들과 연결된다. 도덕적 덕들은 전부 다른 사람들과의 상호 관계 안에서 이루어지고, 그것들이 발휘되기 위해서는 공동체가 필요하다. 우리가 다른 사람들과 맺는 친밀한 관계가 우리의 삶을 상당 부분 살 만한 가치 있는 것으로 만든다.

우리는 제8장에서 의미를 다뤘다. 거기서 우리는 각 개인이 가진 목적들이 그보다 더 큰 전체에 통합되면서 그것들에 주어지는 의미를 검토했다. 공동체는 우리 삶의 의미를 둘 수 있는 더 큰 이야기를 우리에게 준다. 예를 들어 기독교는 죄와 구속에 관한 이야기에서 삶의 의미를 찾을 수 있다고 말하고, 마르크스주의는 노동자 계급의 승리에 대한 이야기에서 삶의 의미를 찾을 수 있다고 말한다. 이러한 이야기들은 우리에게 일어나는 우리 자신의 성공과 실패를 이해할 수 있는 맥락을 제공한다. 이 점을 조금 더 과장해서 표현하자면, 더 큰 사회적 맥락에서 주어지는 이야기는 우리 삶에 의미를 부여하기에 충분하다고 여겨진다. 마치 우리가 해야 할 모든 일은 좋은 이야기를 가진 공동체에 속하는 것인 것처럼 말이다. 그러나 삶 속에 담긴 의미는 (대부분의 다른 의미처럼) 일반적인 것을 개별적인 것에 적용하면서 주어진다. 그래서 우리는 우리 자신의 선택과 결정을 통해 우리의 개인적인 이야기들을 형성해야한다. 그럼에도 공동체가 우리가 이런 방식으로 적용하고 형성할 재료를 우리에게 주고, 우리는 공동체 없이 우리의 삶에 의미를 만드는 작업을 진행할 수 없다는 것은 사실이다.

우리가 공동체에 속할 때 얻게 되는 이런 모든 중요한 유익들을 생각할 때, 우리는 하나님을 믿지 않는 사람들이 어떻게 공동체를 도덕의토대로 생각하는지 알 수 있다. 그러나 공동체를 도덕적 권위의 근거로삼는 것은 상대주의와 배타성으로 이어진다. 이번 장의 두 단락은 이 두가지 문제를 각각 살펴볼 것이다. 우리가 몇 가지 신학적 전제들을 배경으로 공동체를 생각한다면, 우리는 공동체가 가진 진정한 도덕적 가치를 인정할 수 있다. 우리가 이번 장에서 결론으로 제시하는 핵심 견해는 다음과 같은 것이다. 곧 우리가 공동체를 섭리 가운데 주어진 선물로이해한다면, 공동체는 올바른 도덕적 역할을 수행할 수 있다. 이 믿음은우리가 공동체에 지나치게 예속되거나 혹은 지나치게 무관심하게 되는우리의 성향(나는 대부분의 사람들이 이 두 가지 모두를 느끼고 있을 것이라고 생각한다)을 극복할 수 있게 해준다.

상대주의

공동체의 과대평가에 따르는 첫 번째 문제는 이미 제5장에서 언급했다.우리가 공동체를 도덕적 권위의 근거라고 말한다면, 우리는 그 공동체가 무슨 공동체인지를 밝혀야 한다. 나는 이 책의 앞부분에서 호메로스,베르길리우스, 『베오울프』의 저자, 그리고 밀턴이 순차적으로 약 8세기 정도의 간격을 두고 살았던 세계들이 서로 어떻게 다른지를 설명했다. 같은 내용이 지리적 거리의 관점에서 미시건의 그랜드래피즈에 사는 사람들과 남부 잠비아의 마을인 엔졸라에 사는 사람들이 살아가는 서로 다른 삶의 모습에 대해 말해질 수 있다. 엔졸라의 각 가정은 자신들이 재배한 음식을 먹는다. 내가 그랜드래피즈에서 키위를 먹을 때, 그것은 캘리포니아에서 약 320km에 걸쳐 설치된 수로를 통해 공급된 물로 재배되고, 거대한 화학 비료 분사 장치에 의해 영양분을 공급받으며, 이주 노동자들이 그것을 수확해서 창고로 보내 종이나 비닐로 포장한 후 스티커를 붙여 상자에 포장하고, 물류 회사가 트럭으로 약 3,210km의 거리를 수송하며, 어떤 마트 점원이 키위를 마트에 진열하고 내가 그것을 구입하면, 점원이 그것을 종이나 비닐 봉지에 담고, 마침내 승용차로 우리 집까지 온다.

상대주의의 한 가지 표현은 다음과 같은 속담으로 말해진다. "로마에 가면 로마법을 따르라!" 우선 지적할 것은 이런 종류의 상대주의는 규범적 주장이며, 단순한 기술적 주장이 아니라는 점이다. 우리는 제1장에서 "도덕이란 무엇일까?"라는 질문과 관련해 서로 다른 이해 방법으로 이 두 가지를 구분했다. 그 질문을 이해하는 규범적 방식은 "우리는 어떤 규범을 따라 **살아야만** 하는가?" 혹은 "어떤 규범들이 도덕적으로 허용되는가?"라고 묻는 것이다. 기술적 방식은 "우리는 어떤 규범을 따라 **살고** 있는가?"라고 묻는다. 우리는 다른 문화에 대해서도 기술적으로 질문할 수 있다. "그들은 어떤 규범을 따라 살고 있는가?" 기술주의적인 종류의 상대주의가 있다. 그것은 서로 다른 문화들은 서로 다른 규범들을 따라 **살고** 있다고 단순하게 주장한다. 나는 이런 단순한 기술적인 주장이 참이라고 생각한다. 이것이 호메로스와 밀턴, 그리고 그랜드래퍼즈와 엔졸라에 관한 나의 주장의 요점이었다. 그러나 내가 "로마에 가면 로마법을 따르라"고 말한다면, 나는 누군가에게 어떻게 행동해야 하는지를 말하고 있는 것이다. 이때 나는 일어나고 있는 일을 묘사하는 것이 아니라, 해야 할 일을 규정하고 있다. 예를 들어 호메로스의 서사시는 그리스인들이 트로이를 점령한 후에 도시를 불태워 잿더미로 만들고, 전쟁에 나갈 수 있는 나이의 모든 남자를 죽이며, 여자와 아이들은 노예로 팔아넘겼다고 기록한다. 상대주의가 규범적으로 이해된다면, 이 기록은 그리스인들이 행한 모든 일이 도덕적으로 허용된다는 것을 의미한다. 그런 관점에 따르면 한 사회의 가치가 그 사회가 하는 일들을 정당화하거나 옳은 것으로 만들기 때문이다.

우리가 살고 있는 사회도 마찬가지일 것이다. 상대주의가 규범적으로 이해된다면, 그것은 우리 사회의 편리성과 접근성에 대한 가치 평가가 내가 키위를 얻는 데 필요한 모든 자원의 이용을 정당화하는 것을 의미한다. 하지만 어떤 사회의 지배적인 생각이 도덕적 정당성을 부여한다고 생각할 이유는 없다. 한 사회의 지배적 규범이 권력을 갖고 있을 수 있지만, 그 권력이 도덕적 권위와 같지는 않다. 마찬가지로 정치 권력도 힘을 가질 수 있고 무차별적인 억압을 통해 그 힘을 유지할 수는 있다. 하지만 이것은 그 정권이 자기가 억압하는 국민들에게 복종을 요구할 도덕적 권리가 있다는 것을 의미하지는 않는다.

규범적 상대주의가 매력적으로 보이게 만드는 가짜 이유들이 있다. 그중 세 가지를 살펴보자. 첫 번째 가짜 이유는 그것이 관용적인 태도로 이어진다는 것이다. 나의 학생 중 이런 관점을 가진 학생들이 있었다.

그들은 사람들이 자기 견해를 다른 사람들에게 강요하는 일종의 제국주의적 태도를 혐오한다. 이것은 18세기와 19세기에 유럽인이 정복하고 "문명화"시킨 다른 민족들에게 유럽인 자신들의 세계관을 강요했던 방식과 같다. 그 학생들은 각 민족들이 자신들의 방식대로 살아가도록 내버려둬야 한다고 대답하며, 이러한 관용적 태도가 규범적 상대주의로부터 온다고 생각한다. 그러나 규범적 상대주의는 관용적인 태도로 이어지지 않는다. 그것은 관용을 다른 모든 규범과 동일하게 취급한다. 그 규범이 옳은지 그른지는 당신이 어떤 사회에 속해 있는지에 달려 있다. 고대 그리스인들은 현대적 의미에서는 결코 관용적이지 않았다. 그들은 **야만인**(barbarian)이라는 단어를 만들었다. 이 단어는 글자 그대로 말할 때 "바…바…바"처럼 알아들을 수 없는 말을 하는 사람들을 뜻한다. 다시 말해 그것은 그리스어를 사용할 줄 모르는 사람들을 의미한다. 그리스인들은 그런 사람들을 정복한 후 노예로 삼았다. 규범적 상대주의의 관점에서 볼 때, 그리스인들의 그런 행위에는 그 어떤 잘못도 없다.

규범적 상대주의를 매력적으로 보이게 하는 두 번째 가짜 이유는 어떤 행동이 잘못된 것인가 하는 질문과 우리가 그 행동을 막기 위해 강제로 개입해야 하는가의 질문을 혼동하는 것이다. 물론 우리가 개입해야만 하는 경우도 있을 것이다. 예를 들어 우리는 인종 학살을 막기 위해 개입해야만 한다. 반면에 제국주의자들은 자신들의 행동이 도덕적으로 정당화될 수 없었고 그저 자신들의 상업적 이익을 추구했을 때 "문명화"라는 가치를 명목으로 다른 나라에 개입했다. 그러나 그러한 개입이 옳지 않았다는 사실이 다음과 같은 것을 보여주지 않는다. 곧 정복되었던 민족들의 관습적 행동들(예를 들어 여아 살해나 과부를 산채로 화형시키는 것 등)이 도덕적으로 허용된다는 것을 뜻하는 것은 아니다.

세 번째 가짜 이유는 어떤 이들은 많은 다양한 사회적 규범이 존재한다는 사실 자체가 그 모든 규범을 도덕적으로 허용한다는 것을 의미한다고 생각하는 것이다. 그러나 어떻게 그럴 수 있는가? 역사 속에서 서로 다른 시대마다 신봉되었던 각각의 다양한 과학적 관점들을 비교해 보라. 예를 들어 아리스토텔레스는 태양이 지구 주위를 돈다고 믿었고, 그가 그 시대를 대표하는 사람이었다. 그러나 과학의 역사 동안 수많은 서로 다른 과학적 믿음들이 있었다는 사실에서 이런 모든 믿음이 참이라는 결론을 이끌어낼 수는 없다. 이와 마찬가지로 인간의 장구한 역사 동안 다양한 사회적 규범이 존재했다는 사실에서 그 모든 규범이 도덕적으로 허용될 수 있다는 결론을 이끌어낼 수도 없다. 누군가는 과학이 윤리와 다르다는 것을 보여줄 수 있다. 그래서 그는 과학에서의 진리는 객관적이지만, 윤리에서의 진리는 그렇지 않다고 말할 것이다. 예를 들어 어떤 이는 과학은 윤리와 다른 방식으로 일치된 결론을 향해 수렴해가는 과정을 갖는다고 주장할 수 있다. 그러나 서구의 윤리 사상들은 서구 과학의 확산과 매우 유사한 주목할 만한 확산을 보여왔다. 어느 경우든 하나로 수렴된다는 사실만으로 진리를 입증할 수는 없다. 왜냐하면 그 수렴은 본질적인 권위로부터 일어날 수도 있지만 권력에 기인할 수도 있기 때문이다. 핵심은 이렇다. 과학과 윤리는 모두 다양성과 수렴의 모든 경우에서 객관적으로 참된 믿음과 조화를 이루기도 하지만, 또한 거짓된 믿음과 조화되기도 한다. 그러므로 사회적 규범들의 다양성이 **규범적** 상대주의의 참됨을 입증하는 것은 아니다.

우리가 도덕적 판단을 내릴 때, 우리는 보통의 경우에 어떤 것을 향한 끌림이나 혐오를 승인하거나 거부하는 경우가 있다. 우리는 제6장에서 플라톤이 예시했던 호메로스의 서사시를 연기하는 낭송자의 예를 제시했다. 그 낭송자는 시에서 표현되는 슬픔을 연기하여 관객들에게 전달하는 도중에 자기 마음속으로는 웃고 있었다. 종종 끌림은 우리가 문화에서 습득한 언어나 개념의 표현으로 다가온다. 도덕적 판단은 우리가 자란 문화와 우리 자신을 떨어뜨려 놓는 비판적 기능을 수행할 수 있다. 나의 유모는 신사란 구두의 뒤축까지 닦아야 한다고 말했고, 나의 청소 고용인은 신사란 자신의 방을 언제나 잘 정돈하고 있어야 한다고 말했다. 신사는 머리를 잘 손질해서 항상 단정한 모습을 하고 있어야 했기 때문에, 나는 학교에서 머리를 빗지 않고 아침 식사를 하러 내려갔다가 반장에게 한 대 얻어맞은 적도 있었다.

지금 나는 구두 뒤축을 잘 닦지 않고, 내 방은 정돈되어 있지 않으며, 대부분의 경우 나의 머리는 손질되어 있지 않다. 지금 나는 이 모든 것이 내가 성장했던 나라에서 가졌던 것과 같은 의미의 상징적 가치를 가져서는 안 된다고 판단한다. 나는 단순히 반항하는 게 아니다(그것도 한 부분이라고 생각하기는 한다). 그보다 나는 제1장에서 설명했던 선별 절차를 사용하고 있다. 나는 이렇게 생각한다. 사회를 신사(숙녀)와 그 밖의 사람으로 나눈 뒤에 신사(숙녀)에게 큰 특혜를 주는 체제는 모든 인간을 고유하며 동등한 가치를 지닌 존재로 대하는 것이 아니다. 이 결론은 복잡한 논증을 필요로 하지만, 여기서 다루지는 않겠다. 핵심은 도덕적 판단이 비판적 기능을 갖고 있기 때문에, 어떤 사람이 태어난 공동체는 도덕적 권위의 근거가 아니라는 것이다.

사람들은 이 문제에 대해 아마도 다음과 같이 내게 반대할 것이다.

"당신이 호소했던 인간 평등이라는 이상 그 자체가 문화적 산물이며, 당신이 반대해왔던 계급 제도도 문화적 산물의 일부입니다. 당신이 제1장에서 말했던 것처럼 모든 문화가 다 그런 이상을 가지고 있지는 않습니다. 호메로스 시대의 문화에는 그런 이상이 없었지요. 따라서 당신이 계급적 우월 의식과 관련해서 당신의 문화를 비난할 때, 당신 자신은 실제로 그 문화에서 벗어나 있지 않습니다. 사실을 말하자면 당신은 당신이 속한 문화의 한 가지 요소를 가지고 다른 요소를 비판하고 있는 것입니다."

나는 이런 비판에 대해 부분적으로 동의한다. 제1장에서 설명했던 도덕적 선별 절차는 내가 만든 것이 아니다. 그것은 나의 부모, 스승들, 내가 읽은 책들, 그리고 내가 다니는 교회와 같은 문화적 원천들을 통해 내게 전해진 것이다. 심지어 독창적인 사상도 이와 같은 방식으로 문화를 통해 우리에게 유입되고, 기존에 이미 있었던 요소들이 대부분 결합된 것들이다. 아마도 하나님은 특정한 사람들에게 계시를 통해 어떤 생각이나 "말씀"을 주실 수 있고, 그들의 언어나 문화에 대한 그들의 사전 이해에 의존하지 않고서도 그들이 그 말씀을 이해할 수 있도록 하실 수도 있다. 하지만 나는 실제로 그런 일이 일어났는지 혹은 일어나지 않았는지 모른다. 모든 인간이 동등한 존엄성을 갖는다는 내 생각은 그런 식으로 일어나지는 않았다. 그것은 내가 접했던 문화적 영향들을 통해 나에게 전해진 것이다.

하지만 이러한 사실로부터 나의 그러한 생각이 단지 문화적 산물에 불과하다는 결론이 도출되는 것은 아니다. 제6장은 도덕적 평가란 언제나 투사에 불과하다는 견해에 대해 반박했다. 데스피나가 가난한 사람들에 대한 자신의 경멸을 그들에게 투사하는 것처럼, 우리는 우리가 삶 속에서 따르는 가치관을 먼저 만든 다음에 그것을 세상에 투사한다는 견해는 잘못된 것이다. 우리가 가진 모든 생각은 우리 자신이 만든 것이라는 견해도 비슷한 오류를 범한다. 우리는 그런 생각 중 일부의 생각에 도달한다. 그런 생각들이 우리의 경험에 부합하기 때문이다. 비록 우리는 우리의 해석에 의해 이런 유입된 생각들을 어떻게 수정했는지를 철저하게 분류할 수 없지만 말이다. 예를 들어 같은 언어로 표현되고 같은 문화적 전통에 속한다고 해도, 어떤 과학적 믿음은 참된 것이고 다른 믿음들은 거짓일 수 있다. 내 생각은 이렇다. 과학자들은 자신들이 만든 참된 이론이 단순히 자신들이 고안해낸 것이라고 여기지 않으며, 오히려 그 이론들은 그것들이 관련된 세상의 어떤 사물들과 특정한 방식으로 일치한다고 가정한다.

우리는 어떤 규범들은 옳고 다른 규범들은 옳지 않다는 것을 어떻게 알 수 있을까? 우리는 제1장에서 도덕적 선별 과정을 제안했다. 하지만 우리는 어떤 선별 절차가 옳은 것인지 어떻게 구별할 수 있을까? 우리가 시도해볼 수 있는 한 가지 방법은 제6장에서 설명했던 두 종류의 중심, 즉 내부 중심과 외부 중심에 대한 적합성을 살펴보는 것이다. 내적 적합성은 한 사람의 의지에서 일어난다. 이런 적합성은 어떤 사람이 자신만의 것이라고 계속해서 확인해줄 수 있는 욕구와 목적들을 성공적으로 선별하는 것에서 나타난다. 흔히 이것은 긴장된 순간에 분명히 드러난다. 예를 들어 로사는 자기 친구들이 베스를 거부하지 말아야 한다고 주장했고, 첼리스트 친구에게 바흐의 작품을 왜곡해서 연주했다는 것을 지적했으며, 딸 루시에게는 신발 문제에 대해 사과했다. 이런 순간에 그녀는 자신이 원하는 서로 다른 것들 사이에서 갈등을 느꼈고, 그것을 해결해야만 했다. 그녀가 자신의 결정을 되돌아봤을 때, 자신의 선별절차로 인해 정말 중요한 문제들을 고수하게 했다는 것을 알 수 있다면, 이것은 그 선별 절차가 잘 작동했다는 표시다. 하지만 이런 종류의 심리적 만족이 선별 절차의 올바름을 완전히 증명해주는 것은 아니다. 그녀의 도덕적 감각도 낡은 의자의 느슨해진 스프링처럼 녹슬 수 있고, 그녀가 만족해야만 하는 도덕적 기준보다 낮은 도덕적 기준에 만족할 수도있기 때문이다. 그래도 이것은 여전히 긍정적인 증거라고 말할 수 있다.

외적 적합성은 우리 외부에 존재하는 자력의 중심과 같은 힘과의 관계를 의미한다. 선별 과정은 우리 외부에 놓인 그 중심에서 오는 신호들을 유지하고, 그렇지 않은 신호들은 제외하는 것을 목표로 한다. 우리가 선별 과정에서 거부하는 가치들을 지금 받아들이고 있다는 것을 깨닫는다면, 우리는 그 과정을 의심할 것이다. 우리가 다른 문화에 속한사람들이 우리의 것과 똑같은 선별 과정을 사용하고 있다는 것을 본다면, 우리는 그 과정을 신뢰할 것이다. 예를 들어 어떤 사람이 자신이 속한 계급 의식의 문화에 결함이 있다고 판단하고, 그는 자신의 문화를 통해 배웠던 선별 과정을 적용하는 데 있어서 북미 문화가 (비록 다른 측면에서는 열등할 수도 있지만) 덜 속물적이고 더 평등하다는 사실을 알 수있다. 이것은 계급 구조와 연관되어 있다고 해서 선별 과정이 반드시 왜곡되는 것은 아니라는 사실을 의미한다. 다시 한번 강조하지만 이것은선별 과정의 올바름을 완전히 증명하는 게 아니다. 오류는 진리가 공유되는 만큼 서로 다른 문화 사이에서 공유될 수 있기 때문이다. 우리는잘못된 선별 과정을 가지고 있을 수 있다는 가능성을 겸손하게 인정해야 한다. 그렇다고 해도 그와 같은 공유는 여전히 긍정적인 증거라고 말할 수 있다.

　우리가 지금 논의하는 도덕적 선별은 역사적으로는 기독교적 맥락에 자리를 잡고 있다. 지난 2백 년 동안 기독교적 맥락에서 도덕적 선별을 분리하려는 시도가 있었다. 이것은 지금 상황에서 우리가 기독교적 맥락을 유지할 것인지 아니면 버릴 것인지의 선택에 직면해 있다는 것을 의미한다. 누군가 서로 대립하는 세계관에 직면했을 때, 그는 이렇게 질문할 수 있다. 각각의 세계관은 대립하는 다른 세계관을 이해하고 그것의 실패와 결점을 설명해줄 수 있는 능력이 있는가? 그렇지 못한 경우도 자주 있다. 예를 들어 (제4장에서 말했던 복잡한 변천 과정을 단순하게 표현하면) 우리는 고대 그리스의 도시 국가들에서 어떻게 호메로스의 세계관이 더 민주적인 정부 형태에 굴복했고, 다시 이것이 어떻게 베르길리우스의 서사시에 나오는 아이네아스라는 인물에게서 애국심을 불러일으켰는지를 역사적으로 관찰할 수 있다. 호메로스의 시들이 쓰인 시대로부터 약 백년 후에 활동했던 보수적 시인이었던 테오그니스(Theognis)는 계급 구조가 붕괴된 것에 대해 다음과 같은 노래로 한탄했다. 그는 새로운 질서로 바뀌는 변화를 거부했고, 그에 따라 서로 대립하던 세력들에 대한 내부적 시각을 우리에게 제공해준다.

장벽은 변하지 않았는데, 오, 인간은 얼마나 변했는가!
예전에 법도 모르고 무엇이 옳은지도 모르던 천한 사람들,
염소 가죽으로 옷을 지어 입고 그저 사슴처럼 살았던 사람들이
지금은 귀족이 되었다. 그리고 오, 비참한 처지여!

귀족들은 모든 사람의 눈에 비천한 자들이 되었다.

귀족이 아니었던 사람들은 새로운 질서를 갖춘 사회적 현실을 통해 자신들의 가치를 새롭게 이해하는 기회를 가졌으나, 전통적인 관점을 유지했던 사람들은 그것을 납득할 수 없었다. 새로운 질서의 상황은 사람들이 받았던 이전의 억압을 아주 잘 이해할 수 있었다.

모든 문화적 변천이 이성적으로 진행되는 것은 아니다. 흔히 변화는 설득보다는 무력을 통해 초래된다. 우리가 대립하는 세계관 중 하나의 세계관이 다른 세계관을 이해하는 데 있어서 더 낫다는 것을 안다면, 대립하는 세계관을 선택하는 일은 상대주의적이지 않은 근거를 가질 수 있다. 새로운 것이 항상 유리한 것은 아니다. 이 책은 우리에게 익숙한 도덕적 선별이 그것이 원래 속했던 기독교적 맥락을 배경으로 할 때, 더 잘 이해된다고 주장한다. 우리는 지난 2세기 동안 도덕에 관해 많은 것을 배웠다. 예를 들어 우리는 이전에 도덕적으로 정당하다고 생각되던 전통적인 제도 안에서 노예와 여성들이 어떻게 억압을 받아왔는지에 대해 배웠다. 하지만 우리가 도덕적 선별 과정을 원래의 신학적 맥락에서 분리한다면, 우리는 도덕적으로 선한 삶이 어떻게 성취될 수 있고 또 도덕적 삶이 어떻게 우리에게 권위를 가지는지를 더 이상 설명할 수 없을 것이다. 맥락을 유지하는 세계관이 도덕에 대해 더 잘 설명하는 능력을 갖고 있고, 이런 이유로 그런 세계관이 선호되어야 한다.

이번 단락은 공동체는 많은 유익을 갖고 있지만, 그것이 도덕적 권위의 근거로 취해진다면, 그것은 상대주의로 이어진다는 사실을 보여주려고 했다. 우리는 기술적 상대주의를 규범적 상대주의로부터 구분한 이후에 후자를 논박했다. 규범적 상대주의를 거부해야 하는 가장 큰 이유는, 우리가 때때로 우리 문화에 도덕적으로 비판적인 태도를 취할 필요가 있기 때문이다. 마지막으로 우리는 하나의 도덕적 선별 과정을 다른 도덕적 선별 과정보다 선호하는 근거를 어느 정도까지 제시할 수 있는지에 대해 논의했다.

배타성

우리의 공동체를 과대평가할 때 뒤따라오는 두 번째 위험은 그 평가가 우리의 공동체에 속하지 않은 사람들을 배제하는 것으로 이어지는 것이다. 우리가 공동체를 초월하는 관점에서 공동체의 규범들을 승인할 필요가 있다는 사실을 이해하지 못한다면, 이런 일이 일어날 수 있다. 어떤 철학자들은 이와 같은 승인은 불가능하다고 생각한다. 그들은 공동체가 우리에게 정체성을 주고 이것 때문에 우리는 우리의 정체성을 형성하거나 선택하기보다는 그것을 찾아내거나 발견한다고 주장한다. 곧 우리가 공동체 외부에서 채택해야 할 견해는 없다. 소크라테스는 자신의 아테네 시민권이 이와 같은 방식으로 자신의 정체성을 형성했다고 생각했다. 그가 부당하게 사형 언도를 받았을 때, 그는 감옥을 탈출해 다른 도시로 가서 사는 것이 실제로 가능한 일이라고 여기지 않았다. 그는 자신의 정체성에 충실하기 위해 아테네에 머물러야만 했다. 마이클 샌델(Michael Sandel)은 공동체에 속한 시민들에 대해 이렇게 말한다. "공동체는 시민들이 동료 시민들로서 공동으로 갖는 것만이 아니라 그들의 존재를 나타낸다. 시민들의 존재는 그들이 선택하는 관계(예를 들어 자발적으로 참여하는 단체 안에서의 관계)만이 아니라 그 안에서 그들이 찾는 애착을 나타내고, 그들 자신의 정체성의 특성만이 아니라 그 정체성의 본질적 구성 요소를 나타낸다." 나는 우리가 어떤 국가의 시민으로서의 정체성 혹은 그것보다 더 확장해서 어떤 공동체의 구성원으로서의 정체성을 "발견"할 수 있다는 것은 사실이라고 생각한다. 그러나 마이클 샌델의 주장은 경험과는 일치하지 않는 "이쪽 아니면 저쪽"의 양자택일에 의존하고 있다. 물론 우리는 정체성을 발견할 수는 있지만, 또한 우리는 그것을 선택해야 한다.

인도의 경제학자인 아마르티아 센(Amartya Sen)은 마하트마 간디(Mahatma Gandhi)의 사례를 우리에게 제시한다. 간디는 "영국의 사법 정의를 추구하는 동료 변호사들과 공유하는 자신의 정체성보다 영국의 지배로부터 독립을 요구하는 인도인들과 공유하는 자신의 정체성을 우선시하기로 신중히 결정해야 했다." 그는 자신의 정체성을 발견해야 했을 뿐만 아니라 또한 선택해야 했다. 의미는 본질적으로 사적인 것이 아니라 공적인 것이기 때문에 우리가 처음부터 고안하거나 창작해낼 수 있는 것이 아니라는 것은 사실이다. 우리는 아리스토텔레스가 말한 것처럼 사회적 동물이기 때문에, 우리가 삶을 이해하기 위해 사용하는 ("영국인", "철학 교수", "엘비스 프레슬리 모방자" 같은) 범주들은 우리 자신보다 더 큰 사회적 준거(social reference)를 가져야 한다. 그러나 어떤 사람이 자신은 (조국을 위해 싸워야 한다거나 가르쳐야 한다거나 혹은 파란색 스웨이드 가죽 신발을 신어야 한다는) 그런 정체성을 따라 행동해야 한다고 생각할 때, 그는 그런 정체성을 승인하거나 혹은 채택해야 한다. 이런 의미에서 비록 그가 자기 정체성을 만든 것은 아니지만, 그는 그것을 **자신의**

것으로 간주한다.

　　호메로스가 최초의 올림픽 경기에 사용되었던 고대 그리스의 원형 경기장에 대해 묘사한 것에 의하면, 선수들은 출발선을 떠나 반환점을 돈 후 다시 그 자리로 돌아와야 했다. 심판들은 누가 경기에서 이겼는지를 판정하기 위해 출발선에 앉지만, 관중들이 가장 원하는 자리는 반환점 바로 맞은편이었다. 그 자리는 경주에 참가한 전차들이 반환점을 가장 가깝게 돌기 위해 서로 다투다 목숨을 잃는 사고가 생겼을 때 그 광경을 가장 잘 볼 수 있는 곳이다. 도덕적 삶에 적용되는 이 비유는 사람들이 결국 자신들의 문화가 부여하는 것과 똑같은 정체성을 가진다는 것을 의미한다. 하지만 그들이 도덕적으로 성숙하고자 한다면, 그들은 반드시 반환점을 돌아와야 한다. 이것은 자신의 정체성을 구성하는 도덕적 삶의 비전을 자신의 것으로 만든다는 것을 의미한다. 모든 정체성은 그런 비전을 반드시 가져야 한다. 어떤 사람이 평생에 걸쳐 자신의 정체성을 충실히 유지하게 하려면 말이다. 그것은 어떤 좋은 일이 더 중요하고 다른 좋은 일이 덜 중요한지 순서를 정할 수 있는 방식을 가져야 한다. 그래서 그 정체성에 따라 사는 사람이 무엇을 추구하고 무엇을 피할지에 대해 올바른 선택을 내릴 수 있도록 해야 한다.

　　반환점은 무엇을 의미할까? 나는 이 책에서 도덕적 선별 과정을 역설했다. 도덕적 선별 과정은 우리가 공동체에서 받아들이는 정체성과 선한 삶의 비전을 도덕적 책임 아래서 승인하거나 자기 것으로 수용하게 한다. 그것은 모든 사람이 우리 공동체에 속했는지 여부와 관계없이 모든 사람을 동등한 가치를 가진 존재로 대하도록 하기 때문에 배타성을 방지한다. 어떤 공동체들은 자신들이 전달하는 문화 안에 이런 동등한 가치라는 도덕적 준거점을 갖고 있다. 그러나 어떤 공동체는—호메로스가 속한 공동체처럼—그것을 갖고 있지 않다. 그런 문화에 사는 사람들은 자신들의 문화에서 받아들인 선한 삶에 대한 비전을 사용하면서 배타적일 수 있다. 도덕적 관계가 모든 인간에게로 확장되어야 한다는 사고에 익숙한 문화, 곧 지금 우리가 속한 문화에 사는 어떤 철학자들조차도 그런 도덕적 준거점을 부정한다. 우리가 그것을 부정한다면, 우리는 배타적인 사람들이 될 것이다.

내가 생각하는 배타성은 다음과 같은 것, 곧 우리는 우리에게 정체성을 부여하는 공동체를 구성하는 특정한 사람들과만 도덕적 관계를 맺는다는 것을 의미한다. 우리는 짜인 옷감과 관련해서 이것을 생각할 수 있다. 배타적 관점은 이렇게 표현된다. "우리의 정체성은 이 옷감의 한 부분이 되는 것이고, 우리의 도덕적 관계는 이 옷감을 이루는 다른 실들과 그것들이 함께 그 옷감을 형성하는 패턴에 의해 주어진다. 옷감은 직물에 의해 하나로 짜인 것이다. 이것은 공동체의 구성원들이 서로를 돌보는 것을 의미한다. 돌봄은 공감과 동일화를 통한 풍성한 관계를 말하며, 그것은 비교적 소수의 사람들과의 관계 속에서만 가능하다. 미국의 미시건주 그랜드래피즈에 살고 있는 우리가 잠비아에 사는 굶주린 아이들을 돌볼 수는 없다. 왜냐하면 우리는 그들이 누구인지조차 알지 못하기 때문이다." 그러나 이런 견해는 여러 가지 이유에서 논박될 수 있다. 그 가운데 세 가지 이유를 생각해보자.

첫째, 이러한 배타성은 공동체의 본토라고 여기는 공동체 내부에서 구성원들 간의 관계를 부패시킨다. 우리는 가장 작은 규모의 공동체, 즉 가정에서 좋은 예를 발견할 수 있다. 정서적·육체적·성적 학대와 같은 다양한 종류의 학대가 일어나고 충분한 돌봄이 없을 때 가정은 역기능을 초래한다. 하지만 가족들이 서로를 지나치게 신경쓰거나, 적어도 불균형을 이루는 때도 있다. 가족과 같이 특별 관계에 있는 사람들은 서로를 특별한 호의의 대상으로만 간주하는 게 아니라 다른 사람들처럼 동등한 가치를 지닌 사람으로 서로를 간주해야 한다.

로사는 자신의 자녀인 네드와 루시를 사랑한다. 그러나 그녀는 자기 자신도 그들과 똑같이 소중한 존재로서 대해야 한다. 이것은 그녀 자신을 위해서만이 아니라 자기 자녀들을 위해서도 중요하다. 만일 자녀들을 돌보는 것이 그녀에게 너무 힘든 부담을 준다면, 그녀는 자기 자신을 품위 있는 사람으로 대접하는 일을 뒤로 미룰 수는 있다. 그녀는 자신이 마땅히 취해야 하는 권리를 희생할 수도 있다. 하지만 그녀가 자신을 존중해야만 하는 최소한의 기준선이 있다. 누군가 이 선을 넘어선다면, 그녀는 그에게 자신을 헌신할 수 없다. 말하자면 그녀는 자신이 돌봐야 하는 사람들의 필요를 채워주느라 소진되고 고갈되어 더 이상 줄 수 있는 것이 없다. 이것이 로사가 처한 위험이다.

네드와 루시에 대한 위험도 있다. 엄마의 무조건적인 사랑이 그들 자신에 대한 잘못된 인상을 그들에게 심어줄 수 있다. 로사는 네드와 겪었던 일을 특별히 생생하게 기억한다. 그들은 크리스마스 선물을 사기 위해 쇼핑을 하고 있었다. 네드가 갖고 싶어 했던 레고 장난감 세트가 있었는데, 마침 딱 하나가 진열대에 남아 있었다. 그런데 다른 가족이 한 발 먼저 그것을 집어 들었다. 네드는 레고 장난감을 잡기 위해 달려들려고 했지만, 로사가 그를 붙들었다. 네드는 엄마가 자기 편이 되어 한바탕 싸워줄 것으로 생각했다. 그러나 로사는 다른 가족도 네드만큼 그 레고를 갖고 싶어 했고, 그들이 먼저 왔다는 것을 설명해줬다. 네드는 이 사건을 통해 교훈를 얻었는데, 그 가운데 특별히 소중한 부분은 그가 엄마를 통해 그것을 얻었다는 사실이다. 왜냐하면 네드는 지금까지의 경험을 통해 엄마가 자기를 얼마나 끔찍이 사랑하는지를 알고 있었기 때문이다. 네드는 이 일을 통해 자신이 가족들과 맺는 관계와 다른 사람들과의 관계를 통합하는 법을 배우기 시작했다. 이제 네드는 18살이 되었고, 인간을 존중한다는 것이 무엇인지, 즉 한 사람이 가진 보편적인 가치와 고유한 가치를 함께 존중하는 것이 무엇인지를 안다. 그는 엄마 역시 한 인간이라는 사실도 안다. 이러한 사실을 인정하는 것은 그들의 특별한 가족 관계가 도덕적으로 건강해지기 위해 꼭 필요한 과정이다. 우리가 이것을 가장 일반적으로 표현한다면, 이렇게 표현할 수 있다. 정의와 돌봄은 사적 관계와 공적 관계 모두에서 필요하다.

배타성을 거부하고 공평한 도덕적 선별을 주장하는 두 번째 이유는 우리가 발견하는 공동체적 정체성이 도덕적으로 악한 것일 수 있다는 데 있다. 지난 몇 십 년 동안의 국제 관계의 사태는 이에 대한 많은 증거를 제시했다. 종족 정체성이란 "타자"를 적대시하고 "우리"에게만 충성하는 것이다. 배타성은 "우리"가 "타자"를 대하는 방식에 제약을 가하는 것과 관련해 아무런 정의(justice)의 기준도 갖고 있지 않다. 고대 그리스 시대에 살았던 플라톤은 소크라테스와 그가 만났던 몇몇 사람이 나눈 대화를 듣고 이런 견해를 기록했다. 그 몇몇 사람 중 폴레마르코스(Polemarchus)는 『국가』(Republic)에서 이렇게 말한다. "정의란 친구들에게는 이익을 주고, 원수들에게는 해악을 주는 것입니다." 특히 두 종족이 같은 지역이나 인접한 지역에 살고 있다면, 각 종족의 구성원들이 개인적으로 느끼는 모든 욕구 불만은 마치 더러워진 물이 하수구로 배출되듯이 상대 종족을 향한 적대감으로 분출될 수 있다. 정치 지도자들은 수사학적 표현을 동원해서 그런 적대감을 증폭시켜 자신들의 이익을 도모하고, 그들을 추종하는 사람들은 자신들의 욕구 불만을 해소하고 더 나은 삶을 얻기 위한 방편으로 상대 종족을 무찔러 파괴하고 싶은 마음을 갖기 시작한다. 그 결과 전쟁이 일어나고, 극단적인 경우에는 종족 학살이 벌어진다. 국수주의는 애국심과 같은 것이 아니다. 만일 내가 내 나라를 사랑한다면, 바로 그 애국심 때문에 다른 나라들에게도 동일한 도덕적 기준을 적용해야 한다. 그러나 국수주의는 "내 나라가 옳든 그르든 나는 내 나라 편이다"라고 말한다.

마지막으로 배타성을 거부하는 세 번째 이유는, 배타성이 만연한다면, 세상의 나머지 지역에서 고통받는 사람들의 필요가 충족될 수 없다는 데 있다. 오늘날 세상에서 벌어지는 전쟁이나 기아, 허리케인으로 고통을 받는 사람들의 소식을 들은 수십만의 사람들이 있고, 이들은 희생자들을 도와야 한다고 생각한다. 희생자들이 고통을 겪고 있고 도움을 필요로 하는 사람들이기 때문이다. 만일 우리가 공동체 바깥에 있는 사람들에 대한 이러한 의무감을 상실한다면, 곤경에 처한 많은 사람이 도움을 받지 못할 것이다. 이것은 단지 친절을 베푸는 문제가 아니라 의무 혹은 순종의 문제다. 이러한 의무감은 공동체가 어떻게 이방인과 낯선 사람을 돌봐야 하는지를 규정하는 신명기의 율법 조항들(예를 들어 신 15:4-11)의 연장선상에 있다. 이스라엘 백성들은 하나님과의 언약 관계 안에 있는데, 바로 그 언약에 의하면 하나님은 그들이 자신들이 복을 받은 것처럼 다른 사람들을 축복할 것을 원하신다.

우리는 이스라엘 백성과는 달리 대중 매체를 통해 지구촌 도처에 거하는 낯선 사람들의 필요를 모두 다 알 수 있는 세상에 태어나 살고 있다. 문제는 우리가 선한 사마리아인이 강도를 만나 상처 입고 길가에 버려진 사람을 대했던 것처럼 그렇게 모든 사람을 대할 수 없다는 데 있다. 우리는 시간이나 돈이나 재능 면에서 충분한 자원을 갖고 있지 않기에 그렇게 할 수 없다. 우리는 제2장에서 섭리적 근접성의 원리라는 측면에서 이 문제를 논했다. 우리는 두 부류의 의무를 서로 구분해야 한다. 때때로 우리는 누구를 돕고 언제 도울 것인지에 대한 전략적인 자유와 재량을 갖는다. 우리가 모든 사람을 항상 도울 수는 없기 때문이다. 그러나 자유로운 재량을 가질 수 없는 경우도 있다. 톰이 맹장염 때문에 루시를 급히 병원으로 데려가야 한다면, 그는 네드의 숙제를 도와줄 수 없다. 기아로 고통받는 알지 못하는 사람들을 도와야 하는 의무는 첫 번째 부류에 속한다. 다행스럽게도 우리가 살고 있는 공동체는 (제2장에서 설명한 것처럼) 세계의 다른 지역으로 자신을 확장할 수 있다. 그렇게 할 때 우리는 그 확장을 통해 낯선 사람들의 필요를 충족시킬 수 있다. 말하자면 잠비아에 있는 한 특정한 마을이 우리 마을이 된다. 이것은 더 이상 배타성이 아니다. 오히려 우리는 특정한 마을로 향하는 그러한 확장이 곤경에 처한 사람들에 대한 우리의 보편적 의무를 이행하도록 하기 위해 섭리가 우리를 이끄는 것으로 본다. 신적 섭리가 우리를 통해 그들의 필요를 충족시키는 것이다.

공동체와 섭리

제1장은 도덕을 이렇게 정의했다. 도덕은 사회적 행동을 위한 일군의 규범 체계들이며, 우리가 소중히 여기고 중심적 지침을 통해 체계화하는 가치들을 표현하거나 지지하는 것이다. 하지만 사람들은 이러한 규범들과 지침을 내면화하는 방법에 있어 서로 다른 방향으로 나아간다. 한 가지 형태에서 한 사람은 자신에게 정체성을 주고 안전을 보장하는 관계망 안에서 시작하고, 그의 도덕적 과제는 그 관계망에서 구별되는 자신의 정체성을 발전시키는 것이다. 그와 다른 형태에서 그 사람은 자신의 고유성과 개성에 대한 자각에서 시작하며, 그의 과제는 자신의 정체성을 합칠 수 있고 고립된 자족성으로부터 벗어나는 공동체를 찾는 것이다. 나는 이번 단락에서 첫 번째 형태와 관련해서는 여성 대명사를 사용하고, 두 번째 형태에서는 남성 대명사를 사용할 것이다. 나는 캐럴 길리건(Carol Gilligan)의 『다른 목소리로』(*In a Different Voice*)를 이용해서 설명하기 때문이다. 그녀는 이 책에서 이 두 가지 궤적이 여성과 남성의 도덕 발달에 각각 전형적으로 나타난다는 이론을 전개한다. 나는 제3장에서 야이로와 혈루증 앓던 여인을 언급했다. 그들의 이야기는 이러한 두 가지 궤적을 잘 보여준다. 비록 그것이 그들 자신에게 특유한 것이기는 하지만 말이다. 예수는 자신의 독단성을 내려놓도록 야이로를 부르셨고, 여인에게는 군중 속에서 나와 자기 자신의 모습으로 서도록 부르셨다. 그렇지만 나는 이 구분을 남녀의 차이와 과도하게 결부시키고 싶지 않다. 경험적 연구가 남녀의 차이를 확증해주든 확증해주지 않든 관계없이 그 구분에는 중요한 특징이 있기 때문이다. 이러한 두 가지의 발

전 형태는 성취되기가 무척 어렵다. 두 가지 모두 인간의 좋은 삶에 대한 서로 다른 이상의 긴장을 수반하기 때문이다.

로사의 남편 톰은 지금 거주하는 곳에 뿌리를 내리고 살기보다는 언제든지 떠날 준비를 하며 산다. 그는 다른 곳으로 옮기도록 부름을 받을 수도 있다는 사실에 항상 마음이 열려 있다. 로사의 관점에서 남편은 좀이 쑤셔 한 곳에 오래 있지 못하고, "자신이 심겨진 곳에서 꽃을 피우는" 법을 배우지 못한 것으로 보인다. 하지만 언제든지 옮길 준비가 되어 있다는 것은 하나님의 부르심에 따라 본토를 떠났던 아브라함의 이야기와 잘 맞는다. "(그는) 이방의 땅에 있는 것 같이 약속의 땅에 거류하여…장막에 거하였으니, 이는 그가 하나님의 계획하시고 지으실 터가 있는 성을 바랐음이라"(히 11:9-10). 그는 하늘의 도성, 곧 이 땅의 어떤 공동체가 아니라 영원한 도성에 충성하는 사람이었다. 톰 역시 체질적으로 나그네이며 외국인이다.

이러한 관점은 어떤 점에서는 매력적이지만, 다른 한편으로는 반발심을 불러일으킨다. 매력적인 점은 톰이 이 땅의 도성과 같이 무한한 가치를 지니지 않은 것에 무조건적으로 헌신하지 않는다는 사실, 그리고 그가 어떤 것에 헌신하려고 할 때 그것은 전적으로 그 자신의 결단으로부터 나온다는 사실이다. 이 점을 스펀지와 같은 사람과 비교해보자. 오스카 와일드(Oscar Wilde)는 이렇게 말했다. "대부분의 사람은 다른 사람이야. 그들의 생각은 다른 누군가의 의견이고, 그들의 삶은 모방이며, 그들의 열정은 인용일 뿐이지." 우리가 우리 자신을 깊이 살펴볼 때, 우리는 우리의 생각과 느낌 가운데 많은 부분이 다른 사람들에게서 온 것을 발견하고 당황하게 된다. 우리의 머릿속에 떠오르는 문구들은 대부분 진부한 것들이고, 우리 자신은 텔레비전이나 영화에서 봤던 장면들을 반복하고 있으며, 우리의 생각들이란 그렇게 사고하도록 배운 것들이다. 나는 예전에 인도에서 강의할 기회가 있었을 때 이것을 경험했다. 그리고 나는 내 머릿속으로 들어오고 나가는 생각들을 자각하는 훈련인 명상 기술을 배우려고 노력했다. 이 훈련은 그다지 성공적이지는 못했는데, 내게는 그런 정신 수련 시간 동안 몸이 적응해야 했던 가부좌 자세가 아무리 해도 편하게 느껴지지 않았기 때문이었다. 대부분의 시간 동안 나는 내 몸이 고통스럽다는 생각에 사로잡혀 있었다. 그렇지만 나는 나의 정신 활동의 내용 중 많은 것이 남의 생각에서 왔다는 것을 깨달았다. 자신이 속한 공동체로부터 얻은 2차적인 생각이 자신과 결부되는 것을 거부하는 사람에게는 뭔가 위대하고 숭고한 느낌을 주는 특성이 있다. 그는 먼저 자기의 믿음들을 반성하고, 그다음에 그것이 그 반성을 통과하면 그때 그것을 자신의 생각이라고 주장한다.

이런 사람이 매력적으로 보이는 것은 사실이지만, 또한 거부감을 주는 측면도 있다. 우리는 우리가 속한 공동체에 충실한 사람들과 더불어 살기를 원하고, 여행자처럼 공동체를 그냥 스쳐 지나가는 사람들과는 더불어 살기를 원치 않는다. 공동체는 그 구성원들이 그 안에 깊이 뿌리를 내리지 않으면 번영할 수 없다. 왜냐하면 공동체의 번영은 구성원들의 희생을 필요로 하고, 희생에는 장기적인 헌신이 요구되기 때문이다. 이와 달리 톰이 추구하는 반성하는 삶이라는 이상은 분리를 전제한다. 우리의 사상과 충성의 근원을 철저하게 반성할 수 있는 유일한 방법은 그것의 근원을 파헤쳐 철저히 살펴보는 것이다. 이것은 우리가 우리의 책무로부터 우리 자신을 분리하지 않고서는 불가능하다. 그러나 근원들이 우리를 유지시킨다면, 우리는 그것들의 많은 부분의 일을 반성하지 않고서도 그것들을 믿어야 한다.

다른 한편으로 로사는 한곳에 정착하고 싶어 한다. 그녀는 자신의 친구들, 교회, 현악 사중주단, 그리고 학교와 같은 다양한 공동체에 전심으로 소속되기를 원하며, 그 소속감을 발전시키는 데는 시간이 걸린다는 것을 알고 있다. 시간이 걸리는 것은 신뢰가 자라고 무르익는 것이 오래 걸리기 때문이다. 그녀는 자신이 신뢰하는 사람들이 그녀 자신과 자신이 하는 일을 존중해주는 구실이 필요하다는 것을 알고 있다. 그녀의 가치는 그녀가 다른 이들과 맺는 관계들로부터 온다. 그녀가 주변 사람들의 가치를 비판하며 거리를 둔다는 것은 정말 어려운 일이다. 사실 그녀에게 정말로 중요한 것은 "가치"와 같은 어떤 추상적인 것이 아니라 그들과의 관계 그 자체다. 그녀는 몸에 속한 지체와 같이 자신이 속해 있는 공동체의 삶을 너무나 편하게 느끼고 있고, 그런 삶 속에서 하나님을 발견한다. 몸의 비유는 그리스도 안에 있는 우리의 상호의존성에 대해 바울이 말한 것과 잘 맞는다. 바울은 이렇게 말했다. "우리 많은 사람이 그리스도 안에서 한 몸이 되어 서로 지체가 되었느니라"(롬 12:5).

우리는 로사의 관점을 "도덕적 특수화"의 관점에서 설명할 수 있다. 우리는 제라드 맨리 홉킨스의 시에 따라서 각각 자신이라고, 곧 우리 자신에게 고유하게 적합한 존재가 되도록 부름을 받았다. 그러나 우리 각자에게 어울리는 이런 최선의 삶은 다른 사람들이 그들 자신에게 최선인 다른 모습의 삶을 갖고 있기 때문에 가능하다. "도덕적 특수화"라는 것은 다음과 같은 것을 의미한다. 곧 우리는 우리 모두를 위한 최선의 삶을 **함께** 만들어갈 수 있다. 우리가 공동체를 몸으로 생각한다면, 우리 모두는 그 몸의 서로 다른 지체들이며, 몸의 삶은 모든 지체들에게 효과적인 기능을 요구한다. 여기서 핵심은 사람들이 가장 완전하게 자기 자신이 될 때 다른 사람들에게 가장 도움이 된다는 사실이다. (우리가 제6장에서 연구에 몰두하는 톰의 집중력에 대해 말했던, 어떤 사람이 자기 자신이 되어 그것을 사용하는 방식에도 좋은 점과 나쁜 점이 있을 수 있다.) 그런 특수화는 다른 사람들이 무엇을 매우 잘하고 그들이 행한 어떤 일에 대해 신뢰할 수 있는지를 우리 각자가 알고 있을 때만 가능하다. 그리고 이와 같은 신뢰가 자라는 데는 오랜 시간이 걸린다.

이처럼 공동체에 소속되는 것에는 뭔가 매력적인 것이 있지만, 거부감도 있다. 만일 우리가 한 몸에 속한 지체라는 유기체의 은유를 지나치게 강조하면, 우리는 각각의 지체들에게 합당한 자유를 주지 못할 것이다. 고대 사회는 사람들이 자신을 국가와 상당히 동일시했다는 점에서 우리의 사회와 달랐다. 이와 대조적으로 각각의 사람이 그저 하나의 몸에 속한 지체들로 자신을 생각하는 것이 아니라, 자신들이 마음속에서 하나님의 부르심에 책임 있게 반응한다고 생각하는 것에는 중요한 점이 있다. 이것은 하나님과 우리의 관계만이 아니라 우리와 다른 이들과의 관계에서도 사실이다. 우리의 가치는 공동체 안에서의 우리의 지위에 의해 결정되어서는 안 된다. 우리는 누에고치 안에 너무 단단히 갇혀 있어서는 안 된다.

우리는 인간의 좋은 삶이라는 위와 같은 두 가지 서로 다른 이상을 함께 결합해서 하나의 조화된 삶으로 통합하는 방법이 필요하다. 통합의 구체적인 방법은 아마도 "도덕적 특수화"의 문제로서 사람마다 다를 것이다. 그러나 그 둘을 효과적으로 함께 결합할 수 있는 한 가지 방법이 있다. 그것은 우리가 속한 공동체가 섭리에 의한 것이라고 믿는 것이다. 하지만 이 믿음에도 위험이 따른다. 왜냐하면 현재 우리가 있는 곳이 우리에게 항상 적합한 곳이 아니고, 때때로 옮기는 것이 옳은 것처럼 보이기 때문이다. 지금 나는 영국에서 미국으로 이민을 온 사람으로서 그렇게 말하고 있다. 이런 어려움을 해결하는 데 도움을 주는 설명은 제8장에서 간략하게 보여준 로사의 학급으로 묘사해서 설명한 것이다.

로사는 자신의 학급을 협동적 학습 그룹으로 나눈다. 그녀는 모든 학생의 성격과 재능에 대해 알고 있으며 그것에 따라 학생들을 선별해서 여러 그룹으로 분류한다. 어떤 학생들은 이해가 빠르고, 어떤 학생들은 사회성이 발달했으며, 다른 어떤 학생들은 가르치기가 아주 어렵다(비록 그녀가 모든 학생을 똑같이 사랑한다고 강조하지만 말이다). 그녀는 교과 과정을 유연하게 운영해서 각 그룹에 적절한 과제를 할당하고, 각각의 그룹 안에서도 학생에 따라 과제를 다르게 배분한다. 그러나 그룹이 정해지고 나서 그대로 고정되는 것은 아니다. 로사는 그룹을 통해서만이 아니라 개별 학생들과 직접적인 관계를 맺는다. 그래서 그녀가 일이 제대로 돌아가지 않는다는 것을 알았을 때는 필요에 따라 학생을 다른 그룹으로 보낼 수 있다. 때로는 학생이 스스로 그런 변화의 필요성을 말하기도 하고, 때로는 로사 자신이 그렇게 판단하기도 한다. 어떤 경우든 그녀가 이 일을 바르게 처리한다면, 모든 학생이 그만큼 더 나은 학습 결과를 얻을 것이다.

이러한 학습 그룹이 로사가 학생들을 위해 마련한 선물인 것처럼, 우리가 우리를 어떤 공동체로 이끄는 섭리가 하나의 선물이라는 것을 안다면, 우리는 톰과 로사의 예에서 드러난 문제를 적어도 이론상으로는 극복할 수 있다. 톰의 예에서 제시된 문제는 그가 공동체로부터 지나치게 분리되어 있는 것으로 보인다는 것이다. 그러나 그가 하나님이 자신을 어떤 공동체에 두셨다고 믿는다면, 그의 순전한 신앙적 이상이 그로 하여금 공동체에 애착을 갖도록 요구한다. 이것은 마치 천상의 도성이 그에게 그가 자라고 번성할 지상의 도성을 발견할 것을 요구하고, 그래서 그가 지상의 도성에 충실하지 않으면 천상의 도성에도 신실할 수 없는 결과가 되도록 하는 것과 같다. 이것은 길리건이 도덕적 성숙에 이르는 남성적인 형태라고 부르는 것이다. 곧 그는 공동체를 향해 발전해간다.

로사의 예가 보여준 문제는 그녀가 여러 공동체에 지나치게 매여 있는 듯이 보인다는 것이다. 그러나 그녀가 하나님을 찾는 곳이 정말로 공동체라면, 공동체에 대한 그녀의 충성심은 그녀로 하여금 공동체를 넘어서 그녀를 거기에 두신 하나님에게 신실할 것을 요구한다. 그녀는 하나님에게 신실하지 않고서는 공동체에도 충실할 수 없다. 이것은 길리건이 도덕 발달에 대한 여성적 형태라고 부르는 것이다. 그녀는 인격적 통합을 향해 발전해간다. 톰과 로사의 두 경우 모두에서 개인을 도덕적 성숙으로 발전시키는 것은 공동체와 섭리의 연결이다. 이 연결이 공동체에 대한 소속감과 자신에 대한 온전한 의미를 결합한다. 우리가 우리 자신이 속한 공동체와 바르게 연결되기 위해서는 먼저 공동체를 초월한 어떤 존재와 연결되어야 한다.

우리는 이번 장에서 공동체가 도덕적 권위의 근거가 될 수 없다고 주장했다. 공동체를 도덕적 권위의 근거로 간주하는 것은 기독교가 말하는 것처럼 공동체를 우상으로 만드는 것이다. 이번 장은 그런 우상숭

배로부터 유래하는 상대주의와 배타성의 위험을 추적했다. 마지막으로 제안했던 것은 만일 우리가 공동체 그 자체를 선물로 이해한다면, 공동체는 선의 탁월한 원천이 될 수 있다는 사실이었다. 앞선 세 장에서 논증했던 세 가지 도덕적 권위의 근거들은 기독교 신앙의 맥락에 위치할 때 각각 합당한 가치를 가질 수 있다. 하지만 이번 장에서 지금까지 논의한 공동체의 경우는 그와 다르다. 나는 공동체가 오로지 기독교적 맥락에서만 합당한 가치를 갖는다고 주장하지 않았다. 그러나 다른 어떤 맥락이 그 역할을 하려면, 그것은 기독교 신앙과 같은 특성을 가져야만 할 것이다. 다시 말해 그것은 공동체를 초월한 존재가 공동체에 소속되는 가치를 부여할 수 있어야 한다.

제10장

자율성

우리는 앞선 네 장에서 도덕적 인식, 인간의 본성, 인간의 이성 및 공동체는 "왜 나는 도덕적이어야 하는가?"라는 질문에 충분한 답을 줄 수 없다고 주장했다. "도덕은 우리를 향한 하나님의 부르심이다"라는 믿음은 각각의 경우마다 우리에게 다음과 같은 좋은 것들이 지닌 온전한 가치를 볼 수 있는 맥락을 제공한다. 곧 하나님을 믿는 믿음은 도덕적 가치가 어떻게 우리의 외부에서 오는지, 우리가 어떻게 도덕적 삶을 통해 우리 자신을 실현할 수 있는지, 어떻게 도덕적 삶이 의미를 가지는지, 그리고 우리가 어떻게 도덕에서 온전한 소속감을 얻는지를 설명해준다.

이번 마지막 장에서는 하나님의 부르심에 대한 우리의 응답과 그것에 관련된 우리의 자유를 살펴볼 것이다. 이에 대한 우리의 과제는 인간의 자율성이 갖는 적절한 한계를 이해하는 것이다. 우리는 이번 장에서 자율성을 이해하는 좋은 방법, 곧 전유(appropriation)로서의 자율을 탐구할 것이다. 그리고 우리는 이런 종류의 자유가 어떻게 견고한 도덕적 특성과 관련을 맺는지를 설명할 것이다. 그리고 이번 장은 우리가 이 땅에서 도덕적 삶을 사는 데 지속적으로 영향을 미치는 불안을 살펴보면서 마무리될 것이다.

자율성(autonomy)은 두 개의 그리스 단어가 결합된 단어다. 아우토스(*autos*)는 "자아"를 의미하고, 노모스(*nomos*)는 "법"을 의미한다. 자율성의 기본 의미는 임마누엘 칸트가 표현하는 것처럼 우리 자신이 스스로 도덕법을 만들어야 한다는 것이다. 우리가 이것을 이해하려 할 때, 칸트 자신이 말한 방식이 우리에게 유용하다. 유용하지 않은 다른 방식도 있는데, 그것은 칸트의 후계자 중 많은 사람에게서 전형적으로 나타난다. 그들은 종종 자신의 견해를 칸트의 사상인 것처럼 말한다. (지금 나는 칸트에 관한 책을 쓰는 것이 아니기에 내 주장을 더 이상 변론하지는 않겠다.)

자율성을 이해하려 할 때 유용한 방식은 그것을 전유, 즉 도덕법을 우리 자신의 것으로 만드는 것으로 생각하는 것이다. 이것은 우리가 도덕법을 고안하거나 창조하는 것이 아니라 우리의 의지를 도덕법에 일치시키면서 그것을 우리의 것으로 만든다는 것을 함의한다. 칸트는 이런 식으로 말했다. 우리는 우리의 의무들을 하나님의 계명으로 인식해야 하고, 하나님은 존재하시며 우리에게 이런 계명들을 주신다는 사실을 믿어야 한다. 비록 하나님이 인간 이성의 한계를 초월해 계신다고 해도 말이다.

유용하지 않은 방식은 하나님을 믿는 사람들에게 다음과 같은 도전을 가한다. "우리가 자율적이고 우리 스스로 우리에게 도덕 법칙을 부과한다면, 우리는 모든 외부의 권위로부터 독립적이어야 한다. 그것이 인간적 권위든지 신적 권위든지 관계없이 인간은 외부의 권위로부터 독립적이어야 한다. 우리의 자유는 창조의 제8일째 되는 날을 위한 것이다. 우리는 이 날에 우리 자신을 창조하고 더 이상 높은 곳에 있는 신적 존재의 지도 아래 머물지 않는다. 우리는 더 이상 어린아이가 아닌 성인이 되었다. 아마도 보편적 교육과 근대 과학의 탄생 이전에는 도덕적 권위의 근거로서 종교는 필요했을 것이다. 그러나 지금 우리는 미신적인 두려움과 전통에서 우리 자신을 해방하고 인류가 더 나은 삶을 향한 길을 스스로 찾아갈 수 있는 위치에 있다."

자율성에 대한 두 번째 관점은 우리의 지성사 안에 나타난 어떤 견해와 관련이 있다. 존스홉킨스 대학교의 철학 교수인 J. B. 슈니윈드(J. B. Schneewind)는 이렇게 말한다. "하나님의 감독과 활동이 줄어들수록 인간의 책임이 증가한다." 여기서 그는 자신이 "하나님의 회사"라고 부른 것을 풍자로 묘사한다. 이것은 딜버트(Dilbert)라는 주인공이 회사원으로 등장하는 연재만화 속의 회사와 비슷하다. 하나님의 회사에 근무하는 평사원들은 서로의 업무나 회사 전체의 목적에 대해 거의 알지 못한다. 그들은 "왼쪽이나 오른쪽은 쳐다보지 않고" 오로지 자신들의 의무만 엄격하게 수행하고서 급여를 받는다. 그들이 자신의 사소한 업무에서 실수를 저지르면 다른 누군가가 뒤처리를 해줄 것이고, 그들 자신은 그런 수습에 대해 책임을 느끼지 않는다. 슈니윈드에 의하면 이것이 하나님이 회사의 대표로 있는 하나님 나라에 대한 전통적·기독교적 설명이다. 그는 이렇게 생각한다. 자율성을 향한 진보는 윤리학의 역사에서 그런 조건들이 약화되면서 나타난다. 이 과정에서 우리는 인류의 행복을 증진시켜야 하는 책임이 우리에게 있다는 사실을 알게 되고, 그 책임은 우리가 서로 협력하는 가운데 수행된다. 우리는 다른 사람들이 기여하는 바를 이해하고 우리가 빠뜨린 일들을 가능한 한 스스로 보충해나간다.

그다음에 슈니윈드는 유럽의 도덕 철학의 역사에서 일어난 그러한 진보를 중세부터 18세기의 임마누엘 칸트까지 추적한다. 나는 그가 칸트를 잘못 해석한다고 생각하지만, 칸트 이후의 도덕 철학자들이 슈니윈드가 묘사하는 과정을 어느 정도 받아들였다는 사실만은 부인하고 싶지 않다. 하지만 이것이 정말로 **진보**였는지의 질문은 아직 해결되어야 할 문제다. 제1장의 설명에 따르면 이것은 단지 기술적 문제가 아니라 규범적 문제다. 다시 말해 변화는 더 나은 것으로 향할 때만 진보라고 말할 수 있다. 철학적인 방식의 변화는 진보와 퇴보의 혼합물일 수 있다. 나는 이런 일이 적어도 인간의 자유에 대한 우리의 이해가 변화하는 과정에서 일어났을 수 있다고 생각한다.

자율성에 관한 유용하지 않은 관점에 따르면, 도덕적으로 성공한 인간의 삶이란 인간이 자신의 목적을 정의하고 자신의 능력만을 사용해서 그 목적을 달성한 삶일 것이다. 우리는 우리 자신의 능력으로 도달할 수 없는 지나치게 높은 목표에 도달하기 위해 신에게 도움을 호소할 필요가 없다. 우리가 제3장에서 설명했던 교리들은 전적으로 불필요하다. 그러나 이런 관점이 진보인지 아닌지는 우리가 이 책에서 논의했던 것처럼 우리를 부르시고 그것을 따르기 위해 필요한 것들을 우리에게 공급해주시는 하나님이 존재하는지 아닌지에 달려 있다. 만일 그러한 하나님이 존재하고 그런 부르심과 도움이 실재한다면, 그리고 어떤 사람이 이것을 느끼지만 인정하기를 거부한다면, 그렇다면 이 사람과 하나님의 존재를 믿지 않는 사람이야말로 어린아이와 같은 사람이다.

로사의 딸 루시는 피아노를 배우고 있다. 피아노 선생님은 루시의 새로운 곡의 악보에 기호를 적는다. 그것은 루시가 더 표현력 있고 또 쉽게 연주하도록 하기 위한 손가락 번호다. 그런데 루시는 그런 운지법이 왜 필요한지를 이해하지 못해서 그걸 불편하게 여기고 배우지 않으려 한다. 루시는 자기가 목표를 정하고, 그것을 자신의 용어로 정의해서 자기가 가진 역량을 사용하겠다고 고집한다. 그 소녀는 자율성을 주장한다. 그 결과 루시는 자기가 할 수 있는 최선의 연주를 하지 못한다. 어떤 악절에서는 항상 실수를 하고, 그 부분을 더 열심히 연습할수록 그녀의 손가락은 잘못된 방법에 익숙해져서 그것의 교정은 점점 어려워진다. 결과적으로 루시의 연주가 루시 자신뿐만 아니라 그 밖의 누구에게도 즐거움을 주지 못하자 그녀는 마침내 연주를 포기한다. 루시의 선생님의 관점에서 보면, 이것은 자율성이 아니라 재능을 소모하는 안타까운 일이다.

하나님과 관계된 우리의 상황은 조금 다르다. 왜냐하면 루시와 피아노 선생님의 관계와 달리 우리는 육안으로 하나님을 볼 수 없기 때문이다. 이것은 하나님이 불완전하다는 것을 의미하는 게 아니라 하나님의 본성이 영이라는 사실을 의미한다. 하나님을 믿지 않았던 20세기의 철학자 버트런드 러셀(Bertrand Russell)은 자신이 죽음 이후 최후의 심판대 앞에 섰을 때, 하나님이 왜 자기에게 충분한 증거를 보여주지 않았는지에 대해 불평하는 상상을 했다. 그러나 하나님을 믿지 않는 사람이 자신의 능력으로 도달할 수 없는 그와 같은 더 높은 차원의 부르심을 느끼고, 그리고 신적 도우심의 가능성에 대해서도 느낀다면, 관건은 그가 그 느낌을 어떻게 처리했느냐 하는 것이다. 키에르케고르는 이것을 "자유의 현기증"이라고 부른다. 러셀의 삶을 살펴보면 그가 그런 일을 분명 주기적으로 느꼈지만, 그것을 망상으로 거부했다는 증거가 있다. 믿는 자의 관점에서 볼 때 하나님의 도우심이 주어진다는 분명한 증거는 오로지 그 사람이 부르심을 따르기 시작했을 때 주어진다. 불행히도 우리는 이와 같은 보장을 미리 앞서 얻을 수 없다. 따라서 제4장에서 살펴본 "도덕적 믿음"이라고 부른 것이 우리에게 필요하다. 그것은 반대되는 증거들에도 불구하고 우리가 변화될 수 있으며, 도덕적으로 선한 삶을 살려는 노력을 굽히지 않고서도 행복할 수 있다는 믿음이다.

로사의 아들 네드는 어렸을 때 나무에 올라간 적이 있었다. 그러나 나무에서 내려오려고 할 때 땅을 내려다보고서는 그만 겁을 먹었다. 그는 붙잡고 있는 나뭇가지에서 손을 놓을 자신이 없었고 순간적으로 공포에 빠졌다. 하마터면 그는 소방관들이 사다리를 가지고 도착할 때까지 꼼짝없이 거기 매달려 있을 뻔했다. 하지만 그는 바로 밑의 가지로 살짝 뛰어내렸는데, 그것이 그를 지탱해줬다. 그가 일시적 마비 상태에서 벗어나기 위해, 그에게 필요했던 것은 더 많은 증거가 아니라 더 큰 용기였다. 용기는 지성적 차원의 덕이라기보다는 주로 의지에서 유래하는 덕이다.

전유

우리가 하나님의 부르심을 따르는 것이 우리를 도덕적으로 성공한 삶으로 이끈다는 완전한 증거를 미리 가질 수 없다면, 우리는 어떻게 그 부르심이 임의적인 것이 아니라는 사실을 알 수 있을까? 여기서 우리는 잘못된 딜레마에 빠지기 쉽다. 우리는 다음과 같은 두 가지 그림 중 하나를 선택해야 한다고 생각할 수 있다. 첫 번째 그림에서 도덕적 선별 절차는 어떤 행동이 옳은지 아닌지를 보여주는 길잡이며, 우리는 하나님의 부르심이라고 생각했던 것을 포함해 모든 것을 그 선별 절차를 통해 검토한다. 문제는 이것이 하나님보다 선별 작업의 주체인 우리 자신과 그 절차를 최종 권위자로 만드는 것처럼 보인다는 사실이다. 두 번째 그림에서 우리는 하나님의 부르심이라고 생각했던 것이 선별 절차의 검증을 통과하지 못한다고 해도 우리는 그 부르심을 따라야만 한다고 생각한다. 하지만 그렇게 되면 우리는 온갖 종류의 끔찍한 일들을 당할 수 있다. 우리의 왜곡된 상상력이 우리를 속일 수 있다는 사실(혹은 그와 관련해서 심술궂은 악마가 우리를 속일 수 있다는 사실)을 생각할 때 그렇다.

네드는 대학에서 공부하며 룸메이트와 방을 같이 쓰는데, 어느 날 밤에 하나님이 자기에게 그 룸메이트를 죽이라고 말씀한다는 생각이 들어 한밤중에 깨어났다. 그는 하나님이 그런 일을 시키실 리가 없으니, 이건 하나님일 수 없다고 스스로 생각한다. 그렇지만 그는 아브라함과 이삭의 이야기를 떠올린다. 아브라함이 실제로 그의 아들을 죽일 필요가 없었다는 것은 사실이다. 하나님이 마지막 순간에 제사드릴 숫양을 예비해주셨기 때문이다. 하지만 아브라함은 아들을 죽일 준비가 되어 있었고, 성서에 따르면 하나님은 실제로 그에게 그런 명령을 내리셨다. 네드는 다음과 같은 해석, 곧 아브라함은 하나님이 이삭을 다시 살려주실 것으로 믿었다는 해석을 알고 있다. 아브라함은 이삭을 통해 그의 자손을 바닷가의 모래 그리고 하늘의 별과 같이 많게 하겠다는 하나님의 약속을 신뢰했기 때문이다. 네드는 이것이 하나님이 자신의 룸메이트를 다시 살려주실 것이라고 믿어야 한다는 것을 의미하지 않을까라고 생각해본다. 아니면 이건 그냥 미친 것일까? 그는 그것이 단지 이상한 꿈이었다고 결론을 내리고, 잠시 기도를 드린 후 다시 뒤척이며 잠을 청했다.

여기서의 실수는 우리가 도덕적 선별 절차가 지니는 권위와, 하나님의 부르심의 권위 사이에서 선택해야 한다고 생각하는 것이다. 그러나 이 두 가지 권위는 믿는 사람들의 현실 속에서 복잡하고 풍부하게 얽혀 있다. 로버트 아담스(Robert Adams)는 그 얽힘을 이렇게 설명한다. "[믿는 사람은] 자신의 도덕적 원칙들을 하나님이 자신에게 주신 것으로 여긴다. 그리고 그는 하나님을 향한 사랑이나 신실함 때문에 그것들을 충실히 고수하지만, 그는 그 원칙들을 그 자체로도 존중한다. 그 결과 그런 원칙들은 그가 자신에게 **자발적으로** 부여할 수 있는 원칙들이다. 만일 그가 자신에게 도덕법을 부여할 수 있다면 말이다. 그가 옳다고 하는 한, 그는 도덕적으로 행동한다. 그는 하나님을 사랑하고 하나님이 사랑하시는 것을 사랑하기 때문이다." 하나님과 우리는 우리 자신이 우리의 최종 목적, 곧 하나님과 서로 사랑하는 동반자 관계에 이르는 것을 원한다. 우리는 이 목적에 이르는 것이 어떤 것인지를 아직 잘 알지 못한다. 거기에 이미 도달해 있는 믿음의 조상들은 (정말 거기에 도달했다면) 다시 돌아와 우리에게 그 상태에 대해 말해준 적이 없다. 그러나 제1장에서 설명했던 구성적 지침의 세 가지 특성이 그런 최종 상태의 특성들을 묘사할 수 있다. 그 상태에 이르면 우리는 창조물 전체를 지금보다 훨씬 더 가까운 관계 속에서 볼 것이며, 그것을 전체로서 온전히 사랑할 것이다. 우리는 각 사람의 모습 속에서 그리스도를 더욱 명확히 볼 것이고, 각 사람은 그리스도에 대한 사랑을 통해 서로를 존중할 것이며, 그래서 우리는 이 땅에서 가졌던 과도한 자기애로부터 벗어날 것이다. 우리는 우리 자신의 개인적 본질(우리의 고유한 이름이 새겨진 흰 돌을 받을 것이며)과 다른 사람들의 고유성을 더욱 분명히 알게 될 것이다. 우리가 그렇게 사랑하게 될 방식은 "(우리를) 창조하신 자의 형상을 좇아 지식에까지 새롭게 하심을 받는 자"(골 3:10)로 우리를 향한 하나님의 사랑을 본받는 방식이다. 하나님은 모든 것을 보시고, 그리스도 안에서 우리를 보시며 우리의 고유한 특성도 보신다. 우리가 이런 방식으로 서로를 사랑할 때, 우리는 하나님과 같은 목적을 공유한다.

예를 들어 살인과 거짓말을 금지하는 도덕적 규범들은 그 목적을 성취하는 것으로 나아가는 경로이며, 인간 본성에서 연역되지 않는다. 하나님은 이 목적을 성취하는 데 있어서 각 인간에게 서로 다른 경로를 부여하실 수 있고, 어쩌면 이것이 하나님께서 아브라함에게 행하신 일일 것이다. 그러나 우리가 하나님이 우리에게 주신 경로를 따라갈 때, 우리는 하나님이 그것을 우리에게 부여하셨기 때문에 따르고, 또한 그것이 우리와 하나님이 공유하는 목적을 성취하는 것으로 나아가는 경로이기 때문에 따른다.

하나님이 아브라함에게 죄 없는 아들을 죽이라는 명령을 내리셨다고 생각해보자. 이것은 우리가 하나님이 우리에게 그와 똑같은 종류의 일을 행하라고 말씀하실지를 염려해야 한다는 것을 의미할까? 물론 우리는 어떤 일이 우리의 최종 목적과 어떻게 일치하는지를 이해하지 못할 때도 하나님이 그것을 행하라고 우리를 부르실 수 있다는 사실을 인정해야 한다. 그러나 이것은 우리가 부여받은 경로와 모순되는 것을 행하라는 명령과 같지 않다. 하나님은 그런 모순되는 것도 자유롭게 명령하실 수 있고, 초기 기독교인들은 하나님이 희생제사와 식사 규정에 관한 구약의 율법과 관련해서 실제로 그렇게 명령하셨다고 주장했다. 그러나 우리는 도덕법의 경우 도덕법에 순종한 사람들에게 복이 주어진다는 증거들을 보았다. 비록 우리가 이해할 수 없을 때도 순종해야만 하지만, 이것은 우리가 돌아다니면서 죄 없는 사람들을 죽여도 된다는 것을 뜻하지는 않는다. 우리는 도덕이 어떻게 인간 본성에 적합한지, 그리고 우리가 그것을 지킬 때는 번성하고 위반할 때는 쇠퇴하는지를 살펴봤다. 하지만 아브라함은 경로에 대한 계시도, 그것을 따른 자에게 주어지는 복의 계시도 아직 받지 못했다(물론 우리는 경로에 대한 어느 정도의 지식은 모든 인간에게 주어졌다고 주장할 수도 있다). 지금 우리는 그 두 가지 계시를 다 받았다. 따라서 우리의 태도는 주기도에 나오는 "우리로 시험에 빠지지 않게 하시고…"와 같은 것이 되어야 한다. 이것은 하나님이 우리를 유혹하지 말라는 이상한 기도가 아니다. 오히려 우리는 하나님이 아브라함을 시험하신 것처럼 우리를 그런 시련의 시기로 이끌지 말게 해달라고 기도하는 것이다.

로사의 남편 톰은 어떤 직장에 지원하라는 권유를 받고 있고, 그 권유 속에서 부르심을 느낀다. 그것은 현재 일하는 직장을 그만두고, 자신과 로사의 친인척들을 떠나 아는 사람이 전혀 없는 먼 도시의, 한 번도 들어본 적이 없는 교단에 속한 학교로 옮기라는 부르심이다. 톰과 로사는 도덕적 믿음을 가지고 있다. 이 부르심이 그들의 가족과 일에 대해 어떤 복으로 이어질지 지금은 이해할 수 없지만, 그래도 이 부르심이 그들에게 어떤 변덕스런 것으로 보이지는 않는다. 그들은 전에도 이런 식의 부르심에 순종해서 복을 받았던 경험이 있다. 그들은 왜 하나님이 그 일을 행하라고 하셨는지 순종하기 전에는 이해하지 못했지만, 그 후에는 이해할 수 있었다. 하지만 그들은 그런 부르심에 대해 잘못 생각할 수도 있는 가능성 역시 알고 있다. 그것은 단지 톰의 성격이 좀이 쑤셔서 한 곳에 오래 있지 못한다는 것 이상의 아무것도 아닐 수 있다. 그는 늦가을에 철새들이 머리 위로 날아가는 것을 볼 때마다, 자기도 다른 곳으로 옮기는 생각을 하곤 한다. 톰과 로사는 최선을 다해 그 부르심을 검토해야 한다는 것을 알고 있다. 그것은 그들의 도덕적 선별 절차를 통한 것일 뿐만이 아니라, 그들이 신뢰하는 사람들의 충고, 성서, 그들의 신앙적 전통에 따른 성서 해석을 모두 동원해서 검토하는 것이다.

여기서 한 가지 질문이 제기된다. 이 문제는 따로 한 장을 (혹은 책 한 권을) 할애해서 논할 가치가 있지만 여기서는 짧게 다루겠다. 우리가 도덕 규범 중 하나의 규범을 범하는 것이 반드시 필요한 상황이 있을 수 있을까? 제2차 세계대전 중에 네덜란드의 어떤 가정의 가장이 자기 집 다락방에 유대인을 숨겨주고 있는데, 나치 장교가 찾아와 그 집에 유대인이 있는지 묻는다. 그는 그 유대인의 생명을 구하기 위해 거짓말을 해야 할까? 제1장에서 제시했던 관점에 따르면 구성적 지침은 도덕 규범들을 대체하는 것이 아니라 그것들을 통합적으로 구성한다. 따라서 우리는 사랑이나 동정이란 명목 하에 정직성의 규범을 무시할 수는 없다. 나치 장교에게 거짓말을 하는 것은 다락방에 숨어 있는 유대인을 사랑하는 행동일 수 있지만, 그 나치 장교를 사랑하는 행동은 아니다. 이런 비극적인 상황 속에서 두 사람 모두를 사랑할 수 있는 방법은 없다. 그리고 이것은 도덕적 선별이 어떤 행동을 완전히 승인할 수 있는 방법이 없다는 것을 의미한다. 그럼에도 거짓말을 하는 것이 한 생명을 죽음에 넘기는 것보다는 덜 나쁜 것처럼 보인다. 여기서 "그중 덜 나쁜 것"이라는 범주가 필요한데, 이것이 "도덕적으로 허용됨" 혹은 "옳음"이라는 뜻은 아니다. 때때로 우리는 그중 덜 나쁜 행동을 선택해야만 하는데, 그것이 우리가 완전히 사랑하는 행동이 아닐지라도 그렇게 해야 한다.

톰과 로사가 먼 도시로 이주하라는 부르심을 받아들인다면, 그들은 부르심에 순종하는 것이다. 하지만 앞서 두 가지로 구분했던 자율성의 첫 번째 견해에 따르면, 그들은 자율적으로 행동하고 있다. 그들은 하나님의 부르심이라고 믿는 것을 그들 자신의 의지로 만드는 것이다. 그들은 자율적이다. 그들은 부르심을 전유하기 때문이다. 전유하다(appropriate)라는 동사는 두 개의 라틴어 단어, 즉 "~로 (가져오다)"라는 뜻의 *ad*와 "자기 자신의 것"이라는 뜻의 *proprium*에서 파생한 것이다. 톰과 로사는 그 부르심을 그들 자신의 의지로 가져오고 있거나 그들의 의지를 그 부르심과 일치시키고 있다. 그들은 자신들이 자발적으로 행동하기를 원하시는 하나님의 의지를 자신들의 의지에서 재현하려고 애쓰고 있다. 그런데 우리는 매우 다른 정도의 명확성과 충만함으로 다른 사람의 의지를 재현할 수 있다.

로사는 아들 네드가 여자 친구와 잠자리를 가지기 시작할까 봐 걱정한다. 네드가 엄마의 바람을 따를 때, 그는 여러 가지 마음의 자세를 가질 수 있다. 그는 엄마가 원하는 것을 따를 수 있다. 그는 엄마를 사랑하고 엄마의 마음을 아프게 하고 싶지 않기 때문이다. 그러나 그는 오로지 영적으로 하나가 된 상태에서만 적절한 성관계가 가능하다는 엄마의 이상을 이해하거나 공유하지는 않을 수 있다. 혹은 그는 엄마를 사랑하지 않지만 엄마를 실망시킨 후 엄마와 불화하는 것이 싫어서 그렇게 할 수도 있다. 실제로 네드는 엄마의 입장을 전부는 아니라고 해도 어느 정도까지는 공유하고 있다. 그는 엄마처럼 확신을 갖고 있지 못하고 다른 견해를 가진 자신의 많은 친구 및 지인들과 불편한 관계를 맺고 싶지도 않다. 그는 성서가 가르치는 것이 엄마의 생각처럼 흑백 논리는 아니라고 생각한다. 네드의 여자 친구도 이 문제에 관해서는 네드만큼이나 불확실한 생각을 하고 있다. 그녀가 당장 성관계를 원했다면, 네드는 아마도 그렇게 했을 것이다. 더구나 네드는 엄마의 입장이 어떤 것인지 명확히는 알지 못한다. 로사는 네드에게 자신의 염려에 대해 말했고, 그리고 네드가 자신의 삶에 대해 많이 알고 있다는 점과 그의 판단을 존중한다고 강조했다. 이 모든 것은 네드로 하여금 엄마가 자신의 생각을 바꿀 의향을 갖고 있는지 궁금하게 만들었다.

우리는 다른 사람들이 가진 목적들을 더 밀접하게 혹은 조금 느슨하게 공유할 수 있다. 이것은 우리와 하나님의 관계에서도 마찬가지다. 아마도 우리는 우리가 하나님과 공유하는 목적들 및 하나님이 우리에게 부여하신 경로에 대해 아주 명확하거나 완전히 이해할 수는 없다. 우리가 하나님을 얼마나 잘 알고 또 우리 자신을 얼마나 알고 있는지에 따라, 우리는 이것에 다양한 정도로 근접할 수는 있다. 그러나 우리는 하나님이 우리에게 보여주신 하나님의 뜻을 단지 제한적으로만 접근할 수 있다. 따라서 우리는 최선의 것을 이끌어내고, 자기기만이라는 위험에 빠질 수 있다는 사실을 명심하고서 우리에게 주어진 지침들을 기억하며 우리 자신의 생각에 도움을 줘야 한다.

견실성

둔스 스코투스는 두 가지 형태의 자유에 대해 설명했다. 우리는 인간과 아르마딜로를 비교하면서 첫 번째 형태의 자유를 이해할 수 있다. 아르마딜로는 개미를 찾다가 발견하면 먹는다. 아르마딜로는 몸의 운동을 수행하는 내적인 원인을 갖고 있지만, 자유를 갖고 있지는 않다. 스코투스는 이렇게 말한다. 우리가 행복을 추구하는 동기만 갖고 있다면, 우리는 아르마딜로와 같은 존재일 수 있다(비록 우리의 행복 추구가 아르마딜로보다 훨씬 복잡한 과정이라고 해도 그렇다). 그렇지만 우리가 제4장에서 설명한 것처럼, 스코투스는 우리가 우리 자신의 행복과 관계없는 선함 그 자체를 추구하는 동기도 가지고 있고 이것이 우리로 하여금 행복에 대한 자연적 목적을 초월하게 만든다고 생각한다. 우리는 두 가지 형태의 동기를 가지고 있기 때문에, 이 두 가지 동기의 우선순위를 어떻게 정할 것인가 하는 질문이 제기된다. 그리고 이런 질문을 제기할 수 있다는 것에서 우리는 첫 번째 형태의 자유에 도달한다. 우리는 우리의 의지가 원하는 것에 따라 두 방향, 곧 그 자체로서 선한 것을 우선시할 것인가, 아니면 우리의 행복을 우선시할 것인가 하는 방향으로 나아갈 수 있다.

우리는 이것을 넘어 두 번째 형태의 자유를 가질 수 있는데, 스코투스는 그것을 "견실성"(firmness)이라고 부른다. 이것은 하나님이 갖고 계신 자유다. 만일 우리가 하나님이 죄를 지을 수 있으신가?라고 묻는다면, 우리는 두 가지 딜레마에 봉착한다. 우리가 하나님은 죄를 지을 수 없다고 대답하면, 우리는 하나님의 전능성과 자유를 분명히 제한하는 것이다. 확실히 하나님은 모든 것을 하실 수 있다. 우리가 하나님은 죄를 지을 수 있다고 대답하면, 우리는 하나님이 자신의 신적 본성과 모순될 수 있다고 주장하는 것이다. 그래서 스코투스는 하나님의 자유가 그런 두 가지 방향의 가능성을 초월하는 것이라고 제안한다. 우리는 하나님과는 다르게 첫 번째 종류의 자유를 통해 견실성에 도달한다. 선한 것 자체를 추구하는 동기는 본성을 초월해서 움직이는 것이고, 견실성은 바로 그 방향으로 더욱 나아가는 것이다. 견실성은 우리가 선을 지속적으로 선택하면서 선에 대한 우리의 사랑이 우리의 내면을 점점 더 가득 채워서 우리 안에 심각한 결함이 더 이상 없도록 만드는 것이다. 우리는 천국에서는 죄를 지을 수 없을 것이다. 그러나 그것은 우리가 천국에서 땅에 있을 때보다 자유를 적게 누리기 때문이 아니라 오히려 더 큰 자유를 갖게 될 것이기 때문이다. 우리가 하나님이 되는 것은 아니지만, 하나님과 사랑으로 연합하면서 이런 면에서는 하나님처럼 되는 것이다.

이것은 땅에서 살아가는 우리의 자유에 관해서는 무엇을 의미할까? 우리는 불확실성을 점점 줄이고 견실성이 점점 더 커지는 방향으로 나아가기를 소망할 수 있다. 우리는 제1장과 제3장에서 성화를 끌림과 강제가 서로 조화되는 상태로 나아가는 움직임으로 설명했다. 우리가 그 상태에 도달하면, 우리가 하고 싶어 하는 일은 우리가 마땅히 해야 하는 일과 우아하게 일치할 것이다. 그래서 우리의 성향과 의무가 일치하는지를 시시때때로 확인할 필요가 없을 것이다. 이것은 마음이 편안해지는 것과 같지 않다. 마음이 편안하다는 것은 단지 나이가 들면서 자연스럽게 나타나는 것일 수 있다. 사람들은 마치 오래 신은 신발에 익숙해지듯이 자신들의 전반적인 의무들에 대해 점점 편안해질 수 있다.

그러나 이런 편안함은 단순히 도덕적 게으름에 불과할 것이다. 말과 행동의 불일치에 대해 더 이상 주의를 기울이지 않는다면 말이다. 우리는 견실성과 그런 편안함을 어떻게 구별할 수 있을까?

인생사 전반에 걸쳐 있는 의무들을 생각할 때, 그 가운데는 우리가 제재라고 느낄 수도 있는 어떤 강제적 수단들도 있다. 우리는 초기 조건을 활성화할 것인지 활성화하지 않을 것인지를 통제할 수 있다. 그러나 일단 활성화한 후에는 어떤 방지책을 추가로 투입하지 않는 이상 반드시 그것의 결과가 뒤따라온다. 예를 들어 근육을 지나치게 사용하거나 너무 적게 사용하면 몸에 통증이 생긴다. 인간의 본성과 개별자의 본성이 무한한 적응성을 갖고 있는 것은 아니다. 우리가 이런 본성에 적합한 경로를 따르지 않는 쪽을 선택하면, 우리는 다양한 형태로 나타나는 안팎의 문제와 부닥치기 시작한다. 우리는 어느 정도 우리 자신과 다른 사람들 안에서 그런 결과들이 일어나는 것을 볼 수 있다. 그러나 우리가 그런 결과들을 보지 못한다면, 이것은 우리와 다른 사람들이 지속적으로 성장하며 앞으로 나아가고 있다는 사실을 일정 부분 확인해주는 것이다.

제7장은 진실함의 사례를 다뤘다. 우리가 진실을 가치 있게 여기지 않는다면, 우리를 끌어당기는 힘들을 결합해서 통합하는 외부 중심(자력과 비슷한 힘)과의 관계에 문제가 생긴다. 진실함은 우리가 그런 외부의 신호를 수용하기 위해서는 반드시 필요하다. 그 신호에 주의를 집중하는 것은 종종 힘든 일이다. 우리는 익숙하지 않은 신호들이 통과하는 것을 막기 위해 우리의 자아 주위에 딱딱한 껍질을 형성하려는 유혹을 받는다. 우리가 우리 자신의 도덕적 실패를 거울에 비쳐 보여주는 것

과 같은 사람들의 생생한 사례들을 볼 때, 우리는 내부 중심(의지)에서 인정과 회개의 과정을 진실하게 거듭 검토해야 한다. 우리는 자신을 속이는 성향이 있으며, 그래서 우리 자신에 대한 어떤 솔직한 평가가 주어졌을 때 그것이 우리의 진짜 모습이 아니라고 확신할 때가 많다. 우리가 변화를 요청하는 메시지를 더 이상 듣지 않거나 인정하지 않을 때, 우리는 도덕적으로 쇠퇴한다. 여기에 그와 같은 신호가 있다. 우리가 변화를 지시하는 지속적인 부르심을 더 이상 듣지 않으려 할 때, 우리는 너무 편안해지고 있다.

진실함에 대한 이런 사례는 부르심의 한 부분에서의 실패가 더 일반적인 쇠퇴로 이어진다는 것을 보여주는 한 가지 경우에 불과하다. 또 다른 사례는 부모와의 잘못된 관계다. 이것은 어떤 사람이 자신의 심리 상태에서 일어나는 다양하고 복잡한 착각으로 인해 마침내 전체 생애에 대한 그의 비전을 왜곡한다. 또한 이웃의 소유를 탐내는 것도 우리로 하여금 그 이웃 사람의 선함을 볼 수 없게 만들고 그의 결점을 과장하게 만든다. 우리는 그 사람이 그것들을 소유할 자격이 없다고 여기기 시작한다. 하지만 그와 동시에 우리 자신은 우리의 소유에 대한 자격이 있는지와 관련해서 스스로를 속이기 시작한다. 우리가 복을 받을 만큼 노력해서 복을 받았다는 주장은 도덕적으로 부패했다는 또 다른 신호다. 우리에게 고유한 본성과 관련된 결과로서 생기는 문제들도 있다. 우리는 종종 부르심을 듣고서도 우리의 의지가 그것을 따르지 않는다. 이것은 우리의 삶과 우리가 만나는 사람들의 삶에서 나타날 것이다. 우리는 부르심의 원천에서 멀어지고 있고 그리고 소외감이 점점 더 커지는 것을 느낄 것이다. 삶은 우리에게 중립적인 위치를 허락하지 않는다. 우리가 변화를 원치 않아도, 우리는 항상 진보하거나 쇠퇴한다. 왜냐하면 부르심은 항상 우리에게 주어지고 있고, 우리는 그것을 향해 나아가거나 혹은 그것으로부터 멀어지고 있기 때문이다.

그러므로 더 큰 견실성을 향해 나아간다는 것은 우리가 우리의 의무들에 대해 마치 오래 신은 신발처럼 단순히 편해진다는 뜻이 아니다. 오히려 우리는 도덕적인 성숙과 부패의 형태들을 구별할 수 있고, 이러한 형태들은 우리의 자율성이 움직이는 틀이다. 그것들은 우리의 삶이 성장해갈 수 있는 좋은 모형을 제공해준다. 우리는 "우리 자신의 본질적 모습으로 성장할 때" 더욱 단단해지고 견고해진다. 우리는 제7장에서 이와 같은 역설적인 표현에 대해 논했다. 그것의 핵심은 우리 안에 있는 보편적 인간 본성과 우리에게 고유한 본성이 모두 방향을 제시하고 있고, 우리가 이 방향을 따를 때 우리는 우리 자신의 본성을 성취한다는 사실이다. 견실성 혹은 확고부동이란 루터처럼 이렇게 말하는 것이다. "여기, 제가 서 있습니다. 제게 다른 길은 없습니다."

불안

견실성이 성숙에 관한 전부는 아니다. 왜 하나님은 우리를 지금 단번에 견실하게 만들지 않으셨을까? 만일 우리가 악에 저항할 수 있는 더 강한 본래적 성향(아마도 에덴동산에서 사탄의 유혹을 물리칠 수 있을 만큼 강한 본성)을 얻었다면, 우리는 더 좋은 삶을 살지 않았을까? 조지 허버트(George Herbert)의 시 "도르래"(The Pulley)가 이 질문에 대답의 단초를 제공한다.

하나님이 처음 사람을 만드실 때

온갖 축복이 가득한 잔을 곁에 두시고

말씀하셨네. "그에게 줄 수 있는 모든 것을 부어주자.

온 세상에 흩어져 널려 있는 보물들을

한데 모아주자."

그래서 먼저 강건함이 부어졌고,

뒤이어 아름다움이, 지혜가, 명예와 쾌락이 부어졌네.

잔이 거의 다 비워져갈 때, 하나님은 멈칫하셨네.

모든 보물 중에서 단 하나 안식만이

바닥에 남은 것을 보고

말씀하셨네.

"내가 이 보물마저

내 피조물에게 주어버린다면

그는 나보다 내 선물을 더 사랑하고

자연을 지은 하나님이 아니라 자연 안에 안식하리니

그러면 피차 손해가 되리라.

그러니 그에게 그 나머지만 갖게 하자!

다른 모든 것은 갖되 안식을 모르고 갈망하게 하여

비록 부요하나 고단하게 하자. 그러면 적어도

선량함이 그를 인도하지 못하더라도

　　고단함이 그를 내 품으로 끌어올리리라.”

　　이 시에서 허버트는 판도라의 상자에 관한 전통적인 이야기를 반대로 표현한다. 그리스 신화 중 한 버전에 따르면 (인간인) 에피메테우스(Epimetheus)가 판도라의 상자를 열자, 희망을 제외한, 그 안에 있던 신들의 모든 축복이 빠져나와 사라졌다. 그 결과 인간은 다른 축복은 잃었지만, 그는 사라진 것들을 적어도 희망할 수 있다. 허버트의 이야기는 반대로 진행된다. 하나님은 진귀한 요소들로 가득한 잔을 가지고 새로운 물질을 만들어내는 연금술사로 그려진다. 새로운 물질은 이 세상에서 가장 좋은 것들을 축소한 모형이다. 그 결과 우리 인간은 그 모든 축복(힘, 아름다움, 지혜, 명예, 즐거움)을 갖지만, 하나님이 우리에게 주지 않고 남겨 놓으신 것 한 가지, 즉 안식은 갖지 못한다.

　　왜 하나님은 안식을 주지 않으실까? 만일 그분이 그것을 우리에게 주신다면, 우리는 하나님이 아니라 축복을 섬기고 자연을 우상화하기 시작할 것이기 때문이다. 허버트의 시에서 하나님은 말씀하신다. “그러면 피차 손해가 되리라.” 이것이 내가 제5장의 끝부분에서 설명했던 하나님의 자기 제한이다. 하나님이 우리를 창조하고 사랑하셨을 때, 그분 자신은 우리가 내리는 선택에 의해 상처를 입을 수 있다. 허버트는 그 다음에 언어유희를 하는데, 이것은 단순한 말장난에 그치지 않는다. 시에서 하나님은 “다른 모든 것(the rest)은 갖되 안식을 모르고 갈망하게 하여”라고 말씀하신다(안식을 모르고[restlessness]라는 단어는 우리가 불편함을 느끼도록 운율을 길게 끈다). 이것은 언어유희이지만(rest의 두 가지 의미는 각각 고대 독일어와 라틴어라는 전혀 다른 어원에서 유래한다) 단순한 언어유희가 아니다(다른 모든 축복에는 불완전한 안식이 있기 때문이다). 우리를 고단함에 빠지도록 운명 짓게 만드신 하나님은 잔인하신 분인가? 허버트는 여기서 아우구스티누스를 연상시킨다. 아우구스티누스는 『고백록』의 서두에서 이렇게 기도했다. "당신이 우리를 지으실 때, 당신을 향하여 살도록 창조하셨으므로, 우리가 당신 안에서 안식을 얻을 때까지 안식할 수 없습니다." 우리 안에 있는 이런 종류의 결핍은 우리가 너무 일찍 안식을 얻지 못하도록 막고, 폭풍우에 떠밀려 뭍으로 내던져진 난파선의 화물처럼 결국 하나님의 품으로 우리를 떠밀어간다. 이와 같이 안식을 찾지 못한 불안은 사랑의 하나님이 우리에게 규정하신 경로의 일부분이다.

이 불안은 무엇일까? 우리는 현존하지 않는 것뿐만 아니라 현존하는 것에 대해서도 불안을 느낀다. 전도서 3:11에 따르면 하나님은 우리 마음에 영원을 사모하는 마음을 주셨지만, 그분은 자신이 하시는 일의 전체 과정을 우리가 측량할 수 없게 하셨다. 우리는 우리에게 가능한 일들에 대해 확신하고, 더불어 우리에게 가능하지 않은 일들로 인해 불만족을 느낀다. 이런 조합은 우리가 이해하는 데 큰 역할을 하는 우리의 지성과, 우리가 사랑하는 데 큰 역할을 하는 우리의 의지에 영향을 미친다. 칸트는 자신의 『순수이성비판』의 첫 번째 문장에서 이성의 불만족에 대해 서술한다. 인간의 이성은 어떤 종류의 인식에 대해서는 특별한 운명을 갖고 있다. 인간의 이성은 스스로 거부할 수도 없고 대답할 수도 없는 어떤 문제에 대해서 괴로워하는 운명을 갖고 있다. 이성이 거부할 수 없는 것은 이성이 이성의 자연적인 본성 자체로부터 주어져 있기 때문이며, 대답할 수 없다는 것은 문제가 인간 이성의 모든 능력 밖에 있기 때문이다. 우리는 우리의 이해를 넘어선 실재, 곧 우리의 이해를 벗어나서 우리에게 오라고 손짓하는 실재가 있다고 확신한다. 이것이 인간 이성의 불안이다. 우리는 그 상태를 벗어날 수 없다. 그러나 그것은 우리에게 주어진 선물이다. 우리는 한계들에 부닥치면서 인간 이성의 한계를 배우고, 우리가 아직 이해하지 못하는 것을 믿어야 하는 방법도 배운다.

우리는 우리 자신의 능력으로는 결코 실행할 수 없는 종류의 사랑에 대한 열망을 갖고 있다. 우리는 제1장에서 말했다. 도덕은 약속을 지켜야 한다와 같은 다양한 규범들로 이루어져 있을 뿐만 아니라 그 규범들을 통합적으로 구성하는 지침도 갖고 있다. 이런 지침에 대한 기독교적 배경은 우리의 이웃을 우리 자신처럼 사랑하라는 계명이다. 그러나 우리가 이런 식으로 서로를 사랑하는 것은 우리가 우리 자신의 의지로 실행하기에는 너무 높은 요구라는 것이 드러난다. 여기에 의지의 불만족이 있다. 하지만 하나님은 이러한 긴장, 곧 우리의 불완전한 사랑과 우리가 양자 됨에 의해 그리스도의 사랑과 연합되었다는 확신 사이의 긴장을 우리 안에 주시면서 우리를 자유롭게 하신다. 양자 됨은 제3장에서 다뤘던 주제 중 하나다. 우리는 우리의 나약한 시도들과, 이미 완전하며 우리를 가까이 오라고 부르는 그 사랑 사이의 간극을 느낀다. 우리가 이 문제를 해결하기 위해 하나님의 도우심에 의지한다면, 이 긴장은 마침내 우리를 하나님과의 더 완벽한 연합으로 나아가게 할 것이다. 우리는 너무 일찍 안식하는 것, 곧 자연을 만드신 하나님이 아니라 자연에서 안식하는 것을 피해야 한다. 우리가 이 점에 주의를 기울인다면, 불안은 우리로 하여금 그런 잘못된 안식에 빠지지 않게 할 것이다. 그것은 우리에게 주어진 선물들이 가진 선함을 넘어서서 그 선물을 주신 분의 선함으로 우리를 이끌어갈 것이다.

그렇다면 도덕과 하나님의 관계는 무엇일까? 마지막으로 언급할 가장 좋은 말은 언약(covenant)이다. 언약은 여러 가지 측면에서 형식적인 법률 계약(contract)과 다르다. 결혼과 같은 언약을 생각해보라. 배우자들은 자신들이 예측할 수 있는 범위를 넘어서서, 그리고 무엇을 위한 언약인지를 정확히 이해하지 못한 채 헌신을 다짐하는데, 파트너의 필요, 또는 파트너에게 주어지는 것은 언약을 파기하지 않고서도 변경될 여지가 있다. 우리가 제8장에서 인용했던 셰익스피어의 단편 시는 이와 같은 사랑의 개념을 노래했다. "변할 거리가 생겼을 때 변하는 것은 사랑이 아니지." 믿는 자는 하나님과의 언약 관계 안에 있는데, 언약은 (결혼 관계와 같이) 연합을 통해 같은 목적을 공유한다. 언약의 일부, 예를 들어 십계명의 두 번째 돌판에 주어진 계명들은 다른 사람들과의 관계를 규정한다. 그 계명들은 "이웃을 네 몸처럼 사랑하라"는 계명으로 요약되고, 그것은 이전의 규범들을 포함할 뿐만 아니라 또한 넘어선다. 우리가 하나님과 단지 형식적인 법률 계약 관계를 맺고 있다면, 우리가 계약 조건을 이행하지 못하는 것은 이 계약 관계를 말소시킬 것이다. 그러나 우리는 하나님과의 언약 관계 안에 있다. 그렇기에 우리가 요구할 때 하나님은 우리에게 필요한 도움을 선사하신다.

나는 이 책에서 그 도우심이 어떤 것인지 설명하려고 했다. 책의 전반부(제1장-제4장)에서는 속죄, 칭의, 성화, 섭리의 교리들을 논했다. 그리고 후반부(제5장-제10장)는 언약 관계 안에서 하나님의 주도권이 초월, 성취, 의미, 소속을 향한 우리의 욕구에 어떤 변화를 초래하는지에 대해 논했다. 우리가 이 모든 것을 종합해볼 때, 우리는 언약 관계의 맥락이 제거된 윤리와 비슷하면서도 다른 윤리를 갖는다. 하나님을 상정하지 않는 도덕적 요구는 많은 점에서 서로 동일하다. 우리는 여전히 약속을 지켜야 하고, 은혜를 베푼 사람에게 감사할 줄 알아야 하며, 무엇보다도 우리가 속해 있는 공동체 전체에 관심을 갖고 사람들의 평등성과 고유성을 존중해야 한다. 그렇지만 하나님을 상정하지 않는 도덕적 요구는 크게 두 가지 점에서 문제가 발생한다. 규범을 따르는 우리의 능력이란 측면과 그 규범적 요구가 근거하는 권위란 측면에서 문제가 있다. 능력의 측면에서 생각할 때, 우리가 언약 관계라는 상황을 잃어버리면 우리가 정말로 도덕적으로 **살 수 있을지**가 확실치 않다. 우리는 더 이상 우리 안에 있는 그리스도의 생명, 그분의 교회 혹은 그의 용서와 같은 역량들을 갖지 못하기 때문이다. 규범적 요구의 측면과 관련해서는 그 요구와 관련된 권위의 근거는 무엇인가? 우리는 왜 그렇게 **살아야만** 하는가라는 질문이 제기된다. 우리가 이런 질문에 대한 대답을 찾지 못하면, 우리는 일관성을 잃어버릴 위험에 처하고 도덕적 삶은 처음의 상황과 달라진다. 우리의 삶은 절망적이거나 또는 암울하거나 혹은 위험에 빠진다. 나는 그런 삶의 결과들과 관련해서 몇 가지를 설명했다. 곧 우리는 우리 자신의 실제 모습보다 더 나은 척하거나, 도덕적 요구는 단지 이상일 뿐이고 실제로 책임져야 하는 것은 아니라고 가장한다. 혹은 우리는 매력적인 다양한 대안들, 자기실현 계획들, 합리적 제도들, 공동체적 헌신을 통해 도덕의 간극을 메우려고 시도한다. 하지만 그 어떤 것도 (만일 나의 논증이 맞다면) 제대로 그 일을 해내지 못한다.

언약 관계 안에서 하나님의 은혜에 대한 바른 응답은 감사와 함께 순종하는 것이다. 성서에는 하나님에 대한 섬김 및 순종과 관련된 많은 말씀이 있다. 하지만 우리의 최종 목적은 종이 되는 것이 아니라 서로 사랑하는 연인 혹은 친구가 되는 것이다. 하나님과 우리의 궁극적 관계는 강제적이거나 혹은 철이 자력에 끌리는 것과 같은 관계는 아닐 것이다. 이런 관계에는 요구도 없고 부르심도 없을 것이다. 우리가 이런 궁극적인 관계가 어떤 것일지를 상상하기는 어렵다. 그러나 조지 허버트는 그의 작품 선집에 실린 시 중 아마도 가장 뛰어난 마지막 시에서 우리의 최종 관계에 관한 변화의 과정이 어떤 것일지에 대해 한 가지 장면을 제공한다. 그는 그리스도를 사랑의 신으로 상상한다. 거기서 그리스도는 허버트에게 (지금은 성찬식에서, 그리고 마지막에서는 천국 잔치에서) 환영의 인사를 건네신다. 또한 허버트는 성공회 성찬 예식을 따르는 둘 사이의 대화를 묘사한다. 허버트는 자신을 죄책과 뉘우침으로 주저하는 모습으로 묘사한다.

그러나 민감하신 사랑은
내가 처음 들어설 때부터 머뭇거린 것을 아시고
내 곁에 더 가까이 다가오셔서
내게 필요한 것이 무엇이냐고 부드럽게 물으셨네.
나는 "이곳에 합당한 손님입니다"라고 대답했네.
사랑은 "네가 바로 그 사람이다"라고 말씀하셨네.

여기서 사랑은 허버트가 의롭게 된 것을 보여주신다. 허버트는 자신이 환영받을 가치가 있다는 사실을 아직 체험하지 못하고 있지만, 사랑은 그가 이미 그럴 자격이 있는 사람이라고 말씀해주신다. 허버트는 다시 뒷걸음친다. 그는 사랑을 바로 쳐다볼 수가 없다. 그렇지만 사랑은 허버트의 볼 수 있는 눈을 만든 것은 바로 자신이며, 자신이 허버트의 죄책을 짊어졌다고 말씀하신다. 마침내 허버트의 자존감은 부끄러움 속에서 꺾인다. 그래서 그는 식탁에서 시중을 들겠다고 제안한다. 하지만 사랑은 이 제안마저 거부한다.

"너는 먼저 앉아 내 음식을 먹어라" 사랑이 말씀하셨네.
나는 앉아 음식을 먹었네.

불안은 안식과 함께 사라진다. 우리는 다음과 같은 것을 들었다. "우리가 지금은 부분적으로 알지만 그때는 완전하게 알게 될 것이다"(고전 13:12). 또한 나는 우리가 지금은 불완전하게 사랑하지만 그때는 완전하게 사랑할 것이라는 것이 사실이라고 생각한다. 그때 우리는 여전히 사랑 안에서 자라가겠지만, 이상적 사랑과 현실적 사랑의 질적 차이는 더 이상 존재하지 않을 것이다. 우리가 지금 익숙하게 알고 있는 대부분의 도덕은 사라질 것이다. 그것은 우리가 성장한 이후에 벗어버릴 껍데기였을 뿐이다. 살인, 거짓말, 탐욕을 하지 못하도록 우리를 가르치는 규범들도 더 이상 존재하지 않을 것이고, 이런 규범들을 통합하는 지침도 더 이상 없을 것이다. 외부로부터 우리를 강제하거나 끌어당기는 힘도 더 이상 존재하지 않을 것이다. 그렇다면 우리는 처음 시작할 때 말했던 도덕적 개념의 세 가지 요소에 대해 어떻게 생각해야 할까? 즉 창조의 전체성 혹은 통합성, 창조 안에 있는 인간의 고귀하고 평등한 보편적 가치, 그리고 각각의 모든 사람에게 있는 고유성 등은 어떻게 될까? 내 생각으로는 그것들의 중요성도 아마도 점차 사라질 것이다. 우리는 하나님이 아닌 존재들을 어떻게 사랑하게 될지에 대해서는 잘 알지 못한다. 하지만 우리는 하나님과 서로 사랑하는 동반자가 될 것이라는 사실만은 확실히 안다. 그래서 나는 우리가 창조의 통합성, 그리고 하나님이 만드신 각 사람의 평등성과 고유성 같은 것을 존중할 것을 알며, 그것들에 대한 존중은 우리의 궁극적 목적인 하나님에 대한 사랑의 일부가 될 것이라는 사실을 확신한다.

참고 문헌

서론

John E. Hare. *The Moral Gap*. Oxford: Clarendon Press, 1996.

John E. Hare. *God's Call*. Grand Rapids, Mich.: Eerdmans, 2001.

제1장 | 도덕이란 무엇인가?

Ogden Nash. "Kind of an Ode to Duty." In *I'm a Stranger Here Myself*. London: Little, Brown, 1959.

John E. Hare and Carey B. Joynt. *Ethics and International Affairs*. London: Macmillan, 1981.

제2장 | 하나님 없는 도덕적 간극의 해소

Henry Bedinger Mitchell, ed. *Talks on Religion*. New York: Longmans, Green, 1908.

Albert Shaw. *Municipal Government in Great Britain*. 1895. Quoted in Ebenezer Howard, *Garden Cities of To-Morrow*. London: Faber & Faber, 1945.

M. S. Dworkin. *Dewey on Education*. New York: Bureau of Publications, Teachers' College, Columbia University, 1959(『존 듀이 교육론』, CIR 역간).

"A Humanist Manifesto," *The New Humanist* 6, no. 3 (1933).

T. K. Stanton. "Liberal Arts. Experiential Learning and Public Service: Necessary Ingredients for Socially Responsible Undergraduate Education," in *Combining Service and Learning*. Edited by J. C. Kendall. VoL 1. Raleigh, N.C.: National Society for Internships and Experiential Education, 1990.

James Kunstler. "Where Evil Dwells," paper presented at Congress for the New Urbanism, Milwaukee, Wisconsin, 1999.

Immanuel Kant. *The Metaphysics of Morals*. Translated by Mary Gregor. Cambridge: Cambridge University Press, 1991(『도덕형이상학』, 한길사 역간).

J. S. Mill. *Utilitarianism*. London: Collins, 1962(『공리주의』, 책세상 역간).

Shelley Kagan. *The Limits of Morality*. New York: Oxford University Press, 1989.

John Dewey. *The Later Works*. Edited by Jo Ann Boydston, Carbondale: Southern Illinois University Press, 1961–1990.

Plato. *Meno*. In *The Collected Dialogues of Plato*. Princeton, N.J.: Princeton University Press, 1961(『메논』, EJB 역간).

Nel Noddings. *Caring*. Berkeley: University of California Press, 1984.

Larry Arnhart. *Darwinian Natural Right*. Albany: State University of New York Press, 1998.

Michael Ruse. *Can a Darwinian Be a Christian?* New York: Cambridge University Press, 2001(『다윈주의자가 기독교인이 될 수 있는가』, 청년정신 역간).

R. H. Frank, T. Gilovich and D. Regan. 'Does Studying Economics Inhibit Cooperation?' *Journal of Economic Perspectives* 7 (1993).

James Griffin. *Well-Being*. Oxford: Clarendon Press, 1986.

Philip Hefner. *The Human Factor*. Minneapolis: Fortress, 1993.

제3장 ┃ 하나님의 도우심

John Donne. "Ecstasy." In *The Norton Anthology of Poetry*. New York: Norton, 1996.

Gerard Manley Hopkins. "As Kingfishers Catch Fire" and "The Windhover." In The *Norton Anthology of Poetry*. New York: Norton, 1996.

제4장 ┃ 하나님의 섭리

Bernard Williams. *Shame and Necessity*. Berkeley: Univerisity of California Press, 1994.

A. E. Housman. "Terence, This Is Stupid Stuff" In *The Norton Anthology of Poetry*. New York: Norton, 1996.

Nicholas Wolterstorff. *Lament for a Son*. Grand Rapids, Mich: Eerdmans, 1987(『나는 사랑하는 사람을 잃었습니다』, 좋은씨앗 역간).

C. S. Lewis. *A Grief Observed*. San Francisco: Harper, 1994(『헤아려 본 슬픔』, 홍성사 역간).

Joni Eareckson Tada and Steve Estes. *A Step Further*. Grand Rapids, Mich.: Zondervan, 1978(『한 걸음 더』, CLC 역간).

제5장 ┃ 도덕의 권위

Immanuel Kant. *Religion Within the Limits of Reason Alone*. Translated by Theodore M. Greene and Hoyt H. Hudson. New York: Harper & Row, 1960(『이성의 한계 안에서의 종교』, 아카넷 역간).

제6장 ┃ 선

Plato. *Ion*. In *The Collected Dialogues of Plato*. Princeton, N.J.: Princeton University Press, 1961(『이온/크라튈로스』, 숲 역간).

제7장 ┃ 인간의 본성

J. Z. Young. *An Introduction to the Study of Man*. Oxford: Clarendon Press, 1971.

Aristotle. *Nicomachean Ethics*. Translated by Terence Irwin. Indianapolis: Hackett, 1999(『니코마코스 윤리학』, 길 역간).

제8장 | 이성

Thomas Carson. *Value and the Good Life*. South Bend, Ind.: University of Notre Dame Press, 2000.

J. David Velleman. "Brandt's Definition of 'Good,'" *Philosophical Review* 97 (1988).

Søren Kierkegaard. *Either/Or*. Edited and translated by Howard and Edna Hong. Princeton, N.J.: Princeton University Press, 1987(『이것이냐 저것이냐』, 치우 역간).

James D. Bratt, ed. *Abraham Kuyper: A Centennial Reader*. Grand Rapids, Mich.: Eerdmans, 1998.

Shakespeare. "Sonnet 116." In *The Norton Anthology of Poetry*. New York: Norton, 1996.

Immanuel Kant. *Critique of Pure Reason*. Translated by Norman Kemp Smith. New York: St. Martin's, 1965(『순수이성비판』, 아카넷 역간).

제9장 | 공동체

Theognis, quoted in J. B. Bury. *History of Greece*. London: Macmillan, 1963.

Amartya Sen, "Other People," *The New Republic*, December 18, 2000.

Plato. *Republic*. In *The Collected Dialogues of Plato*. Princeton, N.J.: Princeton University Press, 1961(『국가』, 서광사 역간).

Carol Gilligan. *In a Different Voice*. Cambridge, Mass.: Harvard University Press, 1993(『다른 목소리로』, 동녘 역간).

제10장 | 자율성

J. B. Schneewind. "The Divine Corporation and the History of Ethics." In *Philosophy and History*. Edited by Richard Rorty, J. B. Schneewind and Quentin Skinner. Cambridge: Cambridge University Press, 1984.

Robert M. Adams. "Autonomy and Theological Ethics." In *The Virtue of Faith*. Oxford: Oxford University Press, 1987.

Allan Wolter, ed. and trans. *Duns Scotus on the Will and Morality*. Washington, D.C.: Catholic University of America Press, 1997.

George Herbert. "The Pulley" and "Love (III)." In *The Norton Anthology of Poetry*. New York: Norton, 1996.

Augustine. *Confessions*. Translated by Henry Chadwick. Oxford: Oxford University Press, 1991(『고백록』, 성바오로딸수도회 역간).

우리는 어떻게 선한 삶을 살 수 있는가?

도덕적 삶 속에서 다가오시는 하나님

Copyright ⓒ 새물결플러스 2018

1쇄 발행 2018년 8월 13일

지은이 존 헤어
옮긴이 정원호
펴낸이 김요한
펴낸곳 새물결플러스

편 집 왕희광 정인철 최율리 박규준 노재현 한바울 신준호
　　　　 정혜인 이형일 서종원 조광수
디자인 이성아 이재희 박슬기 이새봄
마케팅 박성민 이윤범
총 무 김명화 이성순
영 상 최정호 조용석 곽상원
아카데미 유영성 차상희

홈페이지 www.holywaveplus.com
이메일 hwpbooks@hwpbooks.com
출판등록 2008년 8월 21일 제2008-24호
주 소 (우) 07214 서울특별시 영등포구 양평로 11, 4층(당산동5가)
전 화 02) 2652-3161
팩 스 02) 2652-3191

ISBN 979-11-6129-073-7 03230

책값은 뒤표지에 있습니다.

이 도서의 국립중앙도서관 출판예정도서목록(CIP)은 서지정보유통지원시스
템 홈페이지(seoji.nl.go.kr)와 국가자료공동목록시스템(nl.go.kr/kolisnet)
에서 이용하실 수 있습니다. CIP2018023983